KB067291

꿈,

잊혀진 하나님의 언어

국립중앙도서관 출판예정도서목록(CIP)

꿈, 잊혀진 하나님의 언어 / 지은이: 존 A. 샌포드 ; 옮긴이
: 정태기. — 서울 : 동연, 2018
　　　p. ;　　cm

원표제: Dreams : God's forgotten language
원저자명: John A. Sanford
영어 원작을 한국어로 번역
ISBN 978-89-6447-404-4 03180 : ₩15000

꿈 심리학[--心理學]

181.383-KDC6
154.63-DDC23　　　　　　　　　　　　CIP2018013945

DREAMS: God's Forgotten Language
Copyright © 1968, 1989 by John A. Sanford.
Published by arrangement with HaperCollins Publishers.
All rights reserved.

Korean translation copyright © 2018 by Dong Yeon Press.
Korean translation right arranged with HaperCollins Publishers,
through EYA(Eric Yang Agency).

이 책의 한국어판 저작권은 EYA(Eric Yang Agency)를 통한
HaperCollins Publishers와의 독점 계약으로 도서출판 동연에 있습니다.
저작권법에 의해 한국 내에서 보호를 받는 저작물이므로
무단 전재와 무단 복제를 금합니다.

# 꿈

## 잊혀진 하나님의 언어

존 A. 샌포드 지음 | 정태기 옮김

동연

**일러두기**

본문에 나오는 성경 구절은 주로 공동번역을 사용하였습니다.

## 역자 서문

앞으로 태어날 아기의 미래를 내다보는 어머니의 태몽이 있는가 하면 위험에 직면했을 때 어떤 묘한 해결책을 제시해 주는 신기한 꿈도 있다. 또한 생전 듣도 보도 못한 사건이나 사람들을 만나는 꿈도 있고, 상식으로는 이해가 불가능한 꿈도 있다. 우리나라 사람들은 이런 이해 불가능한 꿈을 종종 '개꿈'이라고 부른다. 한편 유명한 설교자 에머슨 포스딕은 많은 설교의 주제들을 꿈에서 얻어냈다. 그의 침대 머리맡에는 언제나 연필과 메모지가 놓여 있었다.

꿈이란 무엇인가? 우리가 잠들어 있는 동안 잠깐 왔다가 사라지는 하찮은 심리적 유희일까?

꿈은 우리에게 무엇인가를 이야기해 주는 인격의 핵심인 영의 언어이다. 여기서 영이란 인간이 지니고 있는 하나님의 형상이라고 할 수 있다. 우리는 하나님의 형상인 영을 통해 하나님을 만날 수 있다. 꿈은 바로 하나님의 형상인 영이 인간에게 하는 이야기다. 그런 면에서 꿈은 하나님이 인간에게 말씀하시는 수단으로 이해할 수 있다.

그런데 영이 쓰는 언어는 대부분 상징이다. 꿈의 상징을 이해하지 못하면 우리는 꿈의 메시지를 놓치고 만다.

총체적 인격의 핵심인 영은 의식의 체계를 초월하고 시간과 공간을 넘어선다. 이성이 깨닫지 못하고 지나쳐 버리는 것을 꿈은 결코 놓치지 않는다. 그래서 삶에 중요한 의미를 모르고 지나칠 경우

영은 반드시 꿈을 통해 우리의 의식으로 하여금 그 의미를 깨닫도록 강요한다. 자신이 어디에 서 있는지 모를 때, 영은 꿈을 통해 상징을 통해 현재의 위치를 분명히 알려준다. 그러나 꿈을 무시하는 사람은 꿈의 가르침을 받을 수 없다.

역자는 많은 사람들을 상담하는 동안 반드시 꿈 이야기를 청했다. 꿈을 통해 내담자가 전혀 깨닫지 못하는 세계, 그러나 내담자에게는 지극히 중요한 세계를 쉽게 파악할 수 있다. 꿈은 그의 과거나 현재, 미래를 자유롭게 왕래하면서 그에게 필요한 것을 전달해 주기 때문이다. 이런 꿈의 이야기를 이해할 수 있을 때 그의 세계는 그만큼 깊어지고 넓어진다. 이 책을 번역하는 목적은 바로 여기에 있다.

저자 샌포드는 성직자로서 융 심리학자로서 널리 알려진 학자요, 특히 종교적인 꿈의 이해에 있어서는 세계적으로 널리 알려진 분이다.

이 책을 통해 꿈은 허상이 아니라 우리의 삶 속에 존재하는 하나의 실체라는 것을 깨달을 수 있을 뿐만 아니라, 우리가 애매하게 알고 있는 무의식이 아주 친근하게 느껴지게 되었다. 무엇보다도 융의 심리학 세계를 아주 쉽게 이해하도록 우리를 도와주었다는 점이 기쁘다.

마지막으로 많은 사람을 상담해야 하는 성직자들과 교사들 그리고 자기의 내적 성장을 원하는 사람들에게 이 책이 조금이라도 도움이 되기를 바란다. 이 책에 사용된 용어를 보다 분명히 이해하려면 저자 머리말과 주(註)를 참조하길 바란다. 원문의 뜻에서 벗어나지 않으려고 최선을 다했지만 부족한 점이 있음을 안다. 독자들의 양해를 바란다.

2006년 5월
방배동 연구원에서
정 태 기

## 저자 서문

본서는 꿈과 종교의 관계를 다루고 있다. 특히 기독교인이 꾸는 꿈이 어떻게 신앙체험과 관계가 있는지 살펴보았다. 그러나 꿈을 분석한 전문 서적은 아니다. 신앙체험과 상관이 없는 문제는 다루지 않았다. 또한 심리학 서적도 아니다. 융의 심리학 이론을 여러 번 인용한 이유는, 우리가 매일 밤 꾸는 꿈에 종교적인 기능이 담겨 있다는 사실을 강조하기 위해서이다.

이 책은 크게 두 부분으로 구성되었다.

첫째, 필자가 성직자로서 상담했던 경험을 근거로 목회상담에서 꿈이 어떻게 활용되는지 살펴보았다. 가능한 한 특별한 수식 없이 꿈을 소개했으며, 필요한 만큼만 심리학적 해석을 달았다.

둘째, 꿈이 지니고 있는 신학적 의미를 폭넓게 조명했다. 성경과 초대 교회에서 꿈은 어떤 역할을 했는지 살펴보았다. 특히 꿈의 특성과 구조를 정리해 보려고 했다. 그리고 선과 악의 문제가 꿈에서 어떻게 나타나는지 알아보았다. 이를 통해 꿈은 하나님이 우리에게 속삭이는 말이므로 올바르게 이해해야 한다는 결론에 이르렀다.

필자는 사람들에게 자신의 꿈과 삶의 이야기를 쓸 수 있도록 허락을 받아 이 책을 완성했다. 그들이 없었다면 이 책은 세상에 나올 수 없었다. 그러나 사생활을 보장하기 위해 가명을 썼으며 필요에 따라 각색했다.

본문으로 넘어가기에 앞서, 융 심리학 이론의 기초를 간단히 소개한다.

'자아'(Ego)는 인간의 의식적인 부분을 가리킨다. 사람들은 모두 자신이 누구인지 알고 있다. 자신이 깨어 있는지 잠자고 있는지도 안다. 또한 인간은 기억하고, 판단하고, 실천한다. 이런 행동과 정신 작용을 직접 관장하고, 인식하는 '나'(I)가 있다. 이를 '자아'라고 한다. 엄밀하게 말하자면 자아에는 '무의식적인 면'(unconscious-ness)도 공존한다. 그러나 이 책에서는 '의식적인 면'(consciousne-ss)만을 자아라고 부르자. 이렇게 볼 때 꿈이란 항상 인간의 자아를 표현해 주는 것이라고 말할 수 있다.

'무의식'(unconscious)이란 자각하지 못하는 인격과 관계가 있다. 프로이트(Freud)는 인간에게서 무의식이 작용하고 있다는 사실을 밝혔으며, 융도 인간이 자각하지 못하는 인격적인 부분을 '무의식'이라고 불렀다. 필자는 '무의식'이라는 용어를 선명하게 인식될 수 있고 설명될 수 있는 정신적 실체로서 사용하지 않았다. 우리의 지식이 거기까지 미치지 못하기 때문이다.

무의식은 '잠재의식'이라고 하는 편이 더 좋은데, 왜냐하면 무의식은 의식의 수면 아래 잠겨 있는 어떤 존재를 의미하기 때문이다. 일반적인 견해에 따르면 무의식은 자아보다 열등하지만, 때로는 자아를 능가하기도 한다. 고차원적인 정신력은 대부분 정신세계의 수면 아래 깔려 있는 무의식에서 솟아오른다. '정신세계'(psyche)란 자아와 무의식을 포함한 총체적인 인격을 의미한다. 정신세계는 이둘을 포함하는 총체적 유기체를 지칭하는 심리학 용어다. 정신의 내적인 힘이나 활동을 표현할 때 '정신세계'라는 용어를 쓴다. "꿈은 정신세계의 체험이다"라는 말은 꿈이 정신세계의 밖이 아니라 안에서 일어나는 것을 의미한다. 종교계에서 종종 목격되는 초자연적인 현상과는 거리가 멀다.

## 영문 출판에 부치는 글

『꿈- 잊혀진 하나님의 언어』는 1966년 독일어로 출간되었다. 이번 영문판 출간을 계기로 많은 이들에게 이 책의 선구적인 지식을 알릴 수 있어 기쁘다. 본서는 평신도에게 꿈과 신앙경험의 관계를 단순명쾌하게 설명하기 위한 안내서이다. 꿈에 대해 학식을 갖춘 독자에게는 본서에서 다루는 꿈이 지루하고 실망스러울 수 있다. 필자는 정교한 내용 분석보다는 평범한 일상 가운데 감추어진 현상을 드러내고 싶었다. 대수롭지 않게 넘겨버리는 꿈속에 함축되어 있는 정신의 작용과 그 의미를 파헤치고 싶었다.

나는 꿈이 잊혀진 하나님의 언어라고 생각한다. 그러나 내가 말하는 하나님은 신학에서 다루는 하나님이 아니다. 가급적이면 손에 잡히지 않는 추상적인 말은 피했다. 꿈은 하나님에게서 온 것이다. 우리가 꿈을 꾸었는지 안 꾸었는지 알 수 있는 인식 작용을 '자아' (ego)라고 부르자. 자아의 입장에서 볼 때, 꿈은 우리가 아직 모르는 정신세계의 핵심과 깊은 연관이 있다. 꿈은 우리를 어떤 목적으로 인도한다. 꿈은 우리가 알지 못하는 우리의 근본 문제를 해결하기 위해 창의적인 방법으로 대화를 시도하고 있다. 이 창의적인 요소는 하나님에게 속한 부분이다. 이때의 하나님은 믿음이나 율법이 아니다. 우리와 항상 함께하시는, 인간의 정신세계에서 활동하고 계시는 하나님이다.

나는 융(C. G. Jung)의 심리학을 공부하며 꿈을 이해하게 되었다. 이 책에서 인용한 심리학의 근거들은 모두 융에게서 온 것이다.

그러나 여기 인용한 기독교 신앙체험에 대한 자료나 통찰력은 이미 융을 알고 있는 사람이 보더라도 충분히 흥미를 느낄 수 있으리라 믿는다.

이 책의 마지막 장(章)에서는 우리가 생각했던 것보다 훨씬 더 중요한 두 가지 문제를 제기했다. 악(惡)의 문제는 마지막 장에서만 거론되는데 사실은 더 많이 연구해야 할 부분이다. 그리고 꿈의 문제와 종교적 인식은 아주 중요한 것인데, 이 책에서는 이 문제를 간략하게 설명했기 때문에 다음에 쓸 저서에서 더 자세히 취급하고 싶다.

이 책을 통해서 폭넓은 정신세계를 자각하길 바란다. 삶은 생동한다. 추상적인 말로는 생동하는 삶을 이해할 수 없다. 이제 우리는 영적인 실체를 느낄 수 있다. 물질이 아닌 세계, 즉 우리 감각으로서는 느낄 수 없는 세계, 다시 말해서 일정한 공간을 점유하지 않는 세계가 꿈을 통해서 또는 다른 많은 방법으로 모습을 드러낸다. 인간은 꿈을 통해 생명력으로 충만한 신의 계시를 받는다. 이 모든 일이 인간의 의식에서 벌어진다. 이 책이 만질 수 없지만 생생하게 살아 숨 쉬는 그런 세계의 실체를 통찰하는 데 조금이라도 보탬이 된다면 그것으로 충분하다.

이 책이 나오기까지 도움을 준 헬렌 메세이(Helen Macey) 양, 루스 버드(Ruth Budd) 부인, 워싱턴 주 시애틀에 있는 친구 조지 도찌(George Doczi)에게 감사한다. 특히 조지는 독문판과 영문판을 연결시켜 주는 데 굉장한 도움을 주었다.

John A. Sanford

차 례

# 제 I 부

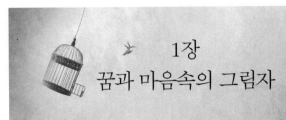

1장
꿈과 마음속의 그림자

## 1

다음의 경우를 살펴보자.

어느 날 나는 절망에 빠진 톰을 방문했다. 톰의 침실로 찾아갔다. 톰은 침대에 누워 있었고 나는 의자에 앉아 있었다. 정오가 조금 지난 시간이었다. 톰은 우울하고 피곤해 보였다. 그는 머뭇거리면서 말문을 뗐다. 어렸을 때 심하게 앓았다고 했다. 몇 년 동안 침대에 누워서 지냈다. 다행히 그는 병을 이겨내고 건강을 되찾았다. 아무런 지장 없이 삶을 영유하게 되었다. 그러나 병이 도져 다시 고통을 받게 되었다. 병을 이겨내지 못하면 아마도 몇 달 이내에, 아무리 길게 잡아도 1년을 넘기지 못할 것이라고 톰은 말했다. 의사는 쉬면서 계속 약을 복용하라고 처방했을 뿐이다.

쉴 줄 모르는 사람이 어디 있겠는가. 그러나 톰에게는 아내와 아이들이 있었다. 그는 가족을 먹여 살려야 하는 가장이었다. 톰은,

하루 종일 일해도 모자랄 판에 어떻게 가만히 누워있겠느냐고 하소 연했다. 그는 더 이상 직장에 나갈 수도, 가족을 부양할 수도 없었 다. 더 이상 봉급도 나오지 않았고 실업보험도 없었다. 병세도 별 다른 차도를 보이지 않았다.

나는 그의 얘기에 귀를 기울이며 입장을 바꿔서 생각해 보려고 애썼다. 그러나 그에게 무슨 이야기를 해줄 수 있겠는가? '하나님은 당신을 사랑하기 때문에 버리지 않으실 것이다, 보호하실 것이다' 라고 위로할 수 있을까? 톰에게는 단지 평범하고 상투적인 말에 불 과하다. 그가 이해하기에는 너무 모호하고, 현재의 상황과 동떨어 져 있다. 톰은 가혹한 현실에 분노하고 있었다. 이런 경우에는 설교 로 해결되지 않는다. 물론 우리는 하나님에 관한 이야기도 했다. 그 러나 그 이야기를 꺼낸 사람은 바로 톰이었다. 그는 얼마나 자신의 믿음이 약해졌는지 고백했다. 그의 아내 역시 하나님께 기도를 했 지만 그 기도대로 이루어지지 않은 데 대해 절망하여 믿음이 흔들 리고 있다고 말했다. 불행히도 그는 젊었을 때 어떤 목사에게 실망 한 적이 있었고, 그 일로 인하여 하나님과 사람들을 신뢰할 수 없게 되었다.

불신의 장벽을 세우고 있는 톰에게는 자기의 감정을 터놓고 이 야기한다는 사실 하나만으로도 큰 위안이 되었다. 사람들은 항상 자신의 정신적 괴로움을 다른 사람과 함께 나누고 싶어 한다. 그러 나 톰은 자신의 처지를 털어놓기가 어색한지 시선 둘 곳을 찾지 못 했고, 눈에 생기마저 없었다.

톰의 아내가 나의 설교를 기억하고 있었다. 내가 꿈에 관해 설교한 지 몇 주 지난 어느 날, 톰의 아내가 전화를 걸어 방문을 요청했다. 나는 꿈이 성서의 인물들에게 암시를 주었던 것처럼 오늘날의 우리에게도 무엇인가를 알려준다고 설교했었다. 톰과 그의 아내는 지푸라기라도 잡는 심정으로 전화를 건 것이다.

톰은 꿈을 많이 꿨는데, 그중에서도 우리가 주목할 만한 꿈이 있었다. 그가 몇 년 동안 되풀이해서 꾼 꿈이었다. 나는 그에게 최근에도 같은 꿈을 꾼 적이 있느냐고 물었다. 그는 며칠 전에도 꾸었다며 내용을 들려주었다.

저는 방 안에 틀어박혀 손바닥만한 창문으로 밖을 내다보고 있었습니다. 밖에서는 사람들이 골프를 치고 있었습니다. 그들과 함께 어울리고 싶었지만 창문이 너무 작아서 나갈 수가 없었습니다.

수백 년 동안 대부분의 사람들은 꿈을 무시해 왔다. 꿈은 터무니없는 것이라고 치부했다. "꿈은 그 날 있었던 일의 여운이나 과식 때문에 꾸는 것이다. 따라서 무의미하다." 그러나 나의 경험에 비춰보면 그렇지 않다. 곤경에 처했을 때 꿈은 내가 가야 할 길을 알려주었다. 앞으로 제시될 다른 사람들의 꿈 이야기와 그에 관한 연구들은 꿈에 대한 편견을 없애는 데 도움을 줄 것이다. 나는 꿈은 '사실'이라고 전제하고 이야기를 풀어갈 것이다. 나무와 돌, 새가 존재하는 것처럼 실제로 꿈도 존재한다. 물론 현미경과 같은 과학적 도구로 꿈을 관찰할 수는 없다. 왜냐하면 꿈은 희미한 기억으로만 남아 있기 때문이다.

꿈은 주관적일 수밖에 없다. 꿈을 꾼 당사자가 관심을 갖고 되살리지 않으면 사라지고 만다. 세상에서 빈번하게 일어나는 사건들처럼 꿈도 주의 깊게 관찰할 필요가 있다. 지금까지 우리들은 세상에 존재하는 것이면 무엇이든지 그 나름대로의 기능을 가지고 있다고 여겨왔다. 그런데 왜 꿈은 쓸모가 없다고 생각하는가? 꿈만은 무의미하다고 확신할 수 있는가? 더구나 톰과 같은 상황에 처했을 때는 '꿈이 의미가 있다, 없다'고 섣불리 판단해서는 안 된다. 꿈을 믿는다고 톰이 잃을 것이 있는가? 톰은 꿈이 상징적인 방법으로 그 의미를 전달한다고 믿게 되었고, 얻은 것이 많았다. 톰과 나는 이 모든 것을 허심탄회하게 이야기했다. 이제는 꿈의 의미를 파악하는 일만 남았다.

프로이트는 최초로 꿈의 의미를 탐구한 현대 심리학자이다. 그는 꿈에 무엇인가 숨겨져 있다고 생각했다. 꿈의 저변에는 여러 이유 때문에 직접 표현할 수 없는 또 다른 의미가 안개처럼 숨어 있다고 믿었다. 융은 꿈을 애매모호한 것으로 보지 않았다. 꿈은 인간의 무의식적인 본능을 정확하고 분명하게 표현해 준다는 것이다.

나는 여러 경험을 통해 융의 견해가 옳다고 확신하게 되었다. 그러나 나는 융과 달리 꿈을 상징적인 언어라고 생각한다. 꿈을 이해하려면 꿈의 상징적 의미를 이해해야 한다. 그 상징적인 의미를 파악하려면 당사자에게 꿈을 설명하도록 해야 한다. 그가 들려주는 꿈은 바로 그의 정신세계에서 일어난 일이다. 당사자가 꿈을 이야기하는 동안 실마리를 찾을 수 있다.

나는 톰에게 골프가 어떤 의미인지 물었다. 톰은 골프를 좋아했다. 틈틈이 시간 나는 대로 골프를 쳤다고 했다. 그러나 이제는 건강이 좋지 않기 때문에 골프를 칠 수가 없다고 했다. 이 때문에 그는 매우 섭섭해 했다. 어린 시절의 경험이 밑바탕에 깔려 있다. 어린 시절에 창밖을 내다보며 다른 아이들이 노는 것을 보고 있어야만 했던 일이 꿈으로 재현되었던 것이다.

그렇다면 그가 방 안에 갇혔다는 것은 무엇을 의미하는가? 현재 그가 처한 상황과 매우 흡사하다. 그는 갇혀 있다. 자유롭게 활동할 수 없다. 그러나 그것은 꿈이다. 꿈이라면 밖으로 나갈 수도 있지 않을까?

"톰, 골프를 치고 싶으면서 왜 방 안에서 나오지 않았습니까?"

"문이 없었기 때문입니다."

톰의 대답은 꿈의 의미를 밝혀 주는 횃불처럼 느껴졌다.

'골프를 친다는 것'은 '삶은 영위하는 것'을 의미한다. 이 말은 이해하기 어렵지도 않고 애매모호하지도 않다. 톰이 골프를 친다는 것은 건강과 기쁨, 그리고 활력이 있다는 것을 의미한다고 했다. 톰은 좁은 공간에 갇혀 있기 때문에 자신의 삶을 제대로 누릴 수 없었다. 병약했던 어린 시절에 그랬던 것처럼 동경의 눈망울로 창밖을 내다볼 수밖에 없었다.

그는 갇혀 있었다. 창문은 빠져나가기에는 너무 좁았고 다른 문은 없었다. 창문이란 밖을 내다보는 통로이다. 만약 톰을 가둔 방이 그의 의식적인 세계요 밖에서 골프를 치는 것이 그의 인생이라고 가정한다면, 그 창문은 그가 자신의 인생을 바라보는 관점을 의미한다고 볼 수 있다. 즉 톰의 인생관은 너무 작고 좁다. 삶을 더 폭넓게 바라볼 수 있다면 그는 갇힌 곳에서 나올 수 있으며 보다 큰 자유를 얻을 수 있다. 문은 '들어오고 나가는 통로'이다. 그의 방에 문이 없다는 것은 고난에서 빠져나갈 여지가 없다는 것을 암시한다. 이로써 톰의 꿈이 갖는 의미는 명확해졌다. 톰은 그의 현재 상황에 갇혀 있었고, 빠져나올 수 있는 방법을 몰랐기 때문에 제대로 살아갈 수 없었던 것이다. 따라서 꿈은 상징적인 방법으로 그 의미를 말해 준다고 말할 수 있다.

그런데 우리는 꿈이 암시하는 내용을 왜 평소에 생각하지 못할까? 왜 하필 꿈(상징적인 언어)으로 나타나는가? 다른 방식으로 생각해 보자. 꿈이 우리의 자아, 즉 우리에게 친숙한 '나'라는 정신세계에서 나온다고 단언할 수 있을까? 꿈이 전달하고자 하는 의미는 우리의 의식적인 인격으로부터 솟아오른 것이 아니다. 인간의 무의식적 영역에서 온다고 생각할 수 있지 않을까?

정신의 일부를 이루는 무의식은 '나'에게 무엇인가 말을 하고 있다. 그러나 무의식은 우리가 이해할 수 있는 직접적인 방법으로 말을 걸지 않는다. 우리에게는 비밀로 하고, 이웃에게 귓속말을 한다. 그 말은 귀로 들을 수 없고, 눈으로 볼 수 없다. 전혀 다른 대화의 방법을 찾아내야만 한다. 상징적인 언어로 이해해야 한다. 하나의 가설이지만, 무의식이 의식에게 꿈을 통해 말을 건다고 가정할 수 있다. 무의식은 상징적 언어인 꿈을 통해 우리의 삶에 대한 이야기를 의식에게 건넨다. 특히 우리가 어떤 상황에 처해 있는지를 드러내 주기도 한다.

그 가설을 증명할 수 있는 방법이 하나 있는데, 이를 우리의 경험에 적용해 보고 들어맞는지 지켜보면 된다. 우선 이 가설을 톰의 꿈에 적용시켜 보자. 그 꿈은 톰에게 상징적으로, 그러나 분명하게 그 의미를 말해주고 있다는 사실을 알 수 있다. 즉 그가 인생을 바라보는 시야가 좁고, 도망쳐 나올 문이 없기 때문에 고통 속에서 헤어날 길이 없다는 것이다.

나는 이 모든 것을 톰에게 설명했다. 그는 충분히 이해하지는 못했지만 이러한 해석에 의미가 있다고 인정했다. 그 당시 톰에게 말할 수는 없었지만 나는 그를 치유할 수 있다고 생각했다. 그 꿈은 톰이 고통을 받지 않아도 된다는 것을 암시해 주었기 때문이다.

톰과 그의 인생에 존재하는 단 하나의 문제는 바로 문이 없다는 사실이다. 톰 자신도 빠져 나갈 방법이 있다는 사실을 전혀 깨닫지 못했다. 그때 '나는 길이요 진리요 생명이다'라는 그리스도의 말씀과 그 외에도 인생의 문을 나타내주는 많은 예를 떠올렸다. 그렇지만 이 길이란 무엇을 의미하며, 어떻게 찾을 수 있을까? '그의 무의식의 세계와 꿈'이 해답이라고 생각한다.

톰은 의식적인 사고로만 모든 것을 해결하려고 했다. 무의식의 힘을 이용하면 문이 열릴 것이라는 사실을 깨닫지 못했다. 나는 톰이 갇힌 방은 바로 자신의 좁고 한정된 의식적 사고이며, 꿈은 갇혀 있는 방의 문을 열어 줄 것이라고 차분히 설명했다. 그러자 톰은 그 의미를 깨달은 듯 꿈에 대해 관심을 기울였다. 우리는 그가 또 다른 꿈을 꿀 때까지 기다리기로 했고, 꿈을 꾸면 다시 이야기하기로 했다. 이전에는 그가 쓸쓸하고 외로워 보였다. 그러나 그날 톰은 여유가 생겼다. 그는 자신이 체험한 무의식적 경험의 의미가 드러나기를 기다렸다.

며칠이 지난 후 그로부터 연락이 왔다. 그는 더 많은 꿈을 꾸었으며, 의사는 그에게 또 다른 처방을 내렸다고 말했다. 의사는 톰에게 매일 몇 시간씩 일어나서 활동할 수 있도록 허락했다. 그는 기쁜 마음으로 사무실로 찾아왔다. 나는 그의 새로운 꿈이 어떤 것인지 궁금했다. 그 꿈은 그가 오랫동안 꾸어왔던 꿈과는 아주 판이한 것이었다.

우리는 이미 꿈에 의미가 담겨 있다고 이야기한 바 있다. 그렇다면 반복되는 꿈은, 무의식의 동일한 메시지를 반복하여 당사자에게 전달하는 것이라고 말할 수 있다. 그리고 그 메시지는 매우 중요한 것임에 틀림없다. 똑같은 꿈을 자주 꾼다는 것은 몇 년 동안 톰을 괴롭혀 왔던 정신적인 문제가 여전히 남아 있다는 뜻이다.

새로운 꿈에 대해 들어보기 전에, 그를 수 년 동안 괴롭혀 온 꿈의 내용을 살펴보자.

저는 전쟁터에 있었습니다. 그때 사악하게 생긴 사람이 총과 칼을 들고 나타났습니다. 저는 도망쳤습니다. 그러나 그는 끈질기게 쫓아와서 저를 죽였습니다.

이 꿈은 단지 암흑과 죽음을 의미할 뿐이다. 이 꿈의 메시지는 분명하다. 즉 누군가가 꿈꾸는 사람을 죽이려고 한다.

그를 죽이려는 사람은 누구인가?

그 꿈에서 일어난 일은 무엇을 의미하는가?

왜 이런 꿈을 꾸게 되었는가?


먼저 톰의 적대자가 누구인지 알아보기로 하자. 인간은 겉보기와 달리 콤플렉스 덩어리이다. 이 콤플렉스는 꿈을 통해 여러 형태로 나타난다. 특히 자신과 대립되어 적개심을 갖고 있거나 열등감을 느끼게 하는 동성(同姓), 두려워하거나 경멸하는 사람 등이 꿈에서 반복적으로 나타난다. 그 적대자는 누구인가? 자신에게 콤플렉스를 느끼게 하는 그 사람인가?

아니다. 우리는 꿈에서 자기 자신이 적으로 등장한다는 사실을 알아차리지 못한다. 그 적대자는 자기 자신이다. 달리 말하면 자기 내부에 존재하면서도 의식되지 않기를 원하는 무의식이다.

앞에서 꿈의 본질을 설명하기 위해 무의식적으로 작용하는 정신적 실체에 대해 언급했다. 그 정신적 실체는 인간 내부에 있는 적대자와 관련이 깊다. 대다수의 사람들은 자기 자신과 대면하기를 꺼린다. 죄책감 때문에 기억하기조차 싫은 일들, 자신의 연약함 때문에 회피하고 싶은 일들이 비일비재하다. 그래서 우리는 불쾌했던 경험을 털어내고, 아무 일도 없었던 것처럼 행동하려고 한다. 그러나 무시한다고 해서 과거지사가 없어지는 것은 아니다. 단지 억압된 상태에 불과하다. 억압된 경험은 다른 사람의 형상을 띠고 자기 무의식에 상존한다. 무의식에 도사리고 있는 실체는 하나의 이름을 가지고 규칙적으로 꿈에 등장한다.

융은 이 실체를 '그림자'(Shadow)라고 부른다.

톰의 꿈은 명확하지 않다. 톰은 전쟁터에 있었고, 자기 안에 있는 알지 못하는 그림자가 두려워 도망쳤다는 것뿐이다. 톰은 그 꿈을 몇 년 동안 계속 꾸어왔다. 따라서 그 그림자의 정체는 그에게 오랫동안 진행되어 온 문제라는 것을 미루어 짐작할 수 있다. 결코 낯선 외부의 일이 될 수는 없다.

그렇다면 꿈꾼 사람의 죽음은 무엇을 뜻하는가? 톰은 꿈에서 무기에 맞아 실제로 죽어가고 있다고 믿었다. 현실의 그에게 죽음은 파멸을 의미할지도 모른다. 반면에 변화를 의미하기도 한다. 기독교에서는 항상 죽음과 부활의 상징을 통해서 의미심장한 변화를 이끌어낼 수 있다고 말한다. 거듭나기 위해서는 낡은 것이 죽어야 한다. 죽지 않으면 어떠한 변화도 기대할 수 없다. 이것이 기독교 신앙의 신비로운 점이다. 그리스도의 죽음은 곧 부활이다. 성서는 옛 사람인 아담의 죽음과 새로운 사람의 탄생 등 인간의 변화를 묘사하는 말들로 가득 차 있다. 바울은 "나는 매일 죽는다"라고 말했다. '죽는다'는 말은 '변화한다'는 말과 동의어이다.

'죽음'이 '변화'를 상징한다면, 적대자가 왜 톰을 죽이려 했는지 분명해진다. 그림자는 톰의 변화를 간절히 바라고 있다. 따라서 톰 자신의 부정적인 면이 죽고, 톰이 자발적으로 인격의 변화를 시도하여 자신과 직면하면 상태는 호전될 것이다. 그렇지 못할 경우 무의식은 필요할 때마다 꿈을 통해 그에게 변화를 촉구할 것이다.

톰의 꿈은, '변화'를 내포하고 있다. 꿈은 그 의미를 전달하기 위해 이해할 수 없는 상징들, 즉 전쟁, 투쟁, 적대자, 죽음 등의 부정을 쓴다. 그 꿈의 의미를 이해하기 쉽게 풀어보자.

"당신은 내적으로 투쟁하고 있으며, 당신 자신으로부터 도망치려고 한다. 당신은 죽어서 다시 태어나야 한다. 그러나 당신이 문제를 회피하고 도망치려 한다면 오히려 더욱 큰 곤경에 처하게 될 것이다."

혹자는 이와 같은 주장을 추측에 불과하다고 말할지 모른다. 나는 그 꿈의 의미를 확신한다. 지금까지 수천 가지의 꿈을 접하면서 자료를 축적했고, 상징의 언어를 배울 수 있었다. 톰의 꿈은 '변화의 기미'를 알려준다. 이 꿈은 톰에게 자신의 상황을 넓게 바라볼 수 있는 여지를 주었다. 톰은 자신이 의식하든 의식하지 못하든 자신에게 일어났던 모든 일들을 고려하고 있었다. 또한 톰 안에 있는 실체가 그 자신의 변화를 요구하고 있다는 점도 알 수 있다. 나아가 만일 톰이 이러한 정신적인 변화를 회피할 경우 병을 앓게 되리라는 것도 예감할 수 있다. 톰과 상담하는 동안 나누었던 다양한 감정, 꿈 이야기 등 대화의 내용을 모두 이야기하자면 한도 끝도 없다. 톰과의 상담과정은 순탄치만은 않았다. 톰은 꿈과 생활(내면적으로 잠재되어있는 현실)을 서로 관련시켜 생각하면서부터 눈에 띄게 건강을 회복했다. 의사는 톰에게 일을 해도 좋다고 했다.

그렇지만 꿈은 계속되었다. 내용은 복잡했고, 그 뜻을 파악하기 어려울 만큼 현란한 상징으로 나타났다. 더욱이 그림자 같은 어둡고 사납게 생긴 사람이 계속 나타난다. 톰은 그렇게도 오랫동안 문제가 지속되는 것이 불안했다.

톰은 다시 번민에 휩싸였다. 이전의 병세가 재발하여 극도로 흥분해서 의사를 찾아갔다. 병세가 악화되는 것은 아닐까? 그러나 노파심이었다. 그러한 증세는 자기 자신을 인식하는 고통스런 과정에서 최후에 나타나는 강렬한 저항이었다. 이러한 과정을 거치면서 톰은 자기의 현재 상황을 비참했던 과거와 연관시켜 생각하게 되었다. 두려움은 사라졌다. 그는 쓰라린 경험으로부터 자유로워졌다.

나는 그가 몹시 두려워하는 무엇이 있다는 사실을 알 수 있었다. 단정할 수는 없지만, 자신을 신뢰하는 사람들에게조차 고백하기를 두려워할 만한 무언가가 있었다.

이러한 내적 갈등과 고백이 진행되는 동안 신체적 상태는 악화되었으나 달리 뾰족한 방법이 없었다. 모든 것은 일이 다 끝난 후에야 분명해지는 법이다. 톰은 자기에게 관심을 기울이는 사람에게 솔직히 고백하기로 결심했다. 공포에서 해방될 수 있는 유일한 방법이 고백밖에 없다는 사실을 깨달았기 때문이다. 그것은 마치 치과의사에게 치료받는 것과 같다. 이를 빼는 것은 고통스런 일이지만 일단 이를 뺀 뒤에는 두려움이 사라진다. 톰은 용기를 가지고 다른 사람들과 올바른 관계를 맺었다. 이후부터 사람들과 기쁨을 나눌 수 있게 되었다. 그러자 곧 그의 건강은 놀라울 만큼 호전되었다. 그는 이전과 다른 꿈을 꾸었다.


저는 다시 전쟁터에 있었습니다. 적이 칼을 뽑아들고 다가왔습니다. 그가 저를 죽이려고 했습니다. 저는 도망쳤습니다. 그러다 멈추어서 돌아보며 말했습니다. '그래, 나를 죽이고 싶으면 죽여 봐.' 적은 잠시 머뭇거리다가 미소를 짓더니 돌아가 버렸습니다.

앞에서 설명했듯이 이 꿈에 대한 해석은 명료하다. 즉 그림자가 다시 나타나서 난폭하게 위협했지만, 톰은 그림자에 맞서서 공포를 갖게 했던 죽음을 달게 받아들인 것이다. 그림자가 의도했던 목적이 달성된 셈이다. 즉 그는 의연하게 죽음을 받아들임으로써 변화되었다. '살인자'는 이제 더 이상 그에게 필요치 않다. 그를 위협하던 그림자는 미소 지으며 사라졌다.

나에게는 이 꿈이 참으로 인상적이었다. 그래서 이 꿈과 비교할 만한 성서의 이야기를 인용하고자 한다. 야곱이 어떤 상대와 밤새 씨름하는 이야기이다.[1]

야곱은 장자인 형이 받아야 할 아버지의 축복을 가로챘다. 야곱은 보복이 두려워 삼촌 라반의 집으로 피신한다. 때가 이르자 야곱은 하나님의 명령에 따라 라반의 땅을 떠나 형 에서가 살고 있는 고향으로 돌아가게 된다. 마침내 그는 자기 고향이 건너다보이는 얍복 강가에 이르게 된다. 그는 형 에서가 있는 고향으로 무작정 들어갈 수도 없고 그렇다고 라반의 땅으로 되돌아갈 수도 없다. 강을 건너면 그의 형의 분노를 감당해야 한다. 형이 그를 어떻게 대할지 알 수 없었다. 야곱은 우선 가족과 종들을 보내 놓고 홀로 밤을 지새웠다.

여기서 우리는 그가 하나님의 명령에 대한 의혹과 두려움, 그리고 죄책감으로 괴로워하고 있음을 짐작할 수 있다. 야곱은 그날 밤 홀연히 나타난 어떤 사람과 씨름을 하게 된다. 야곱은 그와의 결투를 받아들였고 그 사람이 "날이 새니 나는 가야겠다"라고 말할 때까지 온힘을 다하여 씨름했다. 야곱은 끝까지 버텼다.

---

1 창 32:22 ff.

**〈천사와 씨름하는 야곱〉, 들라크루아**
그가 이르되 날이 새려하니 나로 가게 하라 야곱이 이르
되 당신이 내게 축복하지 아니하면 가게 하지 아니하겠나
이다(창세기 32:26)

"당신이 저를 축복하기 전까지는 보낼 수 없습니다."

그러자 그 사람이 말했다.

"이제 너는 야곱이라 불리지 않고 이스라엘('하나님과 씨름하는
자')이라 불릴 것이다. 네가 하나님과 싸워 이겼기 때문이다."[2]

야곱과 씨름한 사람은 바로 야곱 자신이다. 심리학적으로 말하
면 그는 자신의 그림자, 자신 안에 있는 또 다른 사람, 두려움, 죄책
감, 의심 등으로부터 도망쳤던 것이다. 바로 이 그림자를 하나님께

---

[2] 28절의 "사람들과 더불어"란 말은 후대에 삽입된 것이라고 학자들은 주장한다.

서 사용하신 것이다. 따라서 자신 안의 또 다른 사람과의 투쟁은 곧 하나님과의 투쟁인 셈이다. 그 결과 야곱은 이스라엘이라는 이름을 얻었고, 인격적인 변화를 체험한다. 성서시대에는 이름이 그 사람의 성격을 나타냈다. 그렇기 때문에 사람의 이름을 안다는 것은 그 사람의 내적 존재를 아는 것이었다(창 32:29에서 그 사람이 야곱에게 자신의 이름을 밝히지 않은 것도 바로 그 때문이다). 따라서 야곱은 이제 야곱이 아니라 하나님과 싸워 이긴 이스라엘이다. 더 이상 그는, 형 에서를 속여 장자권을 가로챈 이기적이고 영악한 자가 아니라 그의 백성의 조상 이스라엘이 되었다.

성서를 역사적인 사실로 믿고 안 믿고는 문제가 되지 않는다. 단지 우리는 이 성서 이야기가 심리학적으로 큰 의미를 지닌다는 점에 주목해야 한다. 성서가 실제로 일어났던 사건의 기록이든지 아니면 전승된 이야기이든지 간에, 성서는 야곱의 시대에서만큼이나 오늘날에도 우리에게 심리학적인 진리를 말해주고 있다. 하나님은 그림자의 모습으로 우리를 공격하시기 때문에 대적자인 것처럼 보이지만, 사실은 우리 인간이 근본적으로 변화되기를 원하신다. 이와 같이 자주 반복되는 심리적 상황 가운데 전형적으로 나타나는 이야기를 우리는 '원형적'이라고 한다.

다시 톰의 이야기로 돌아가 보자. 톰은 새로운 꿈을 꾼 후 건강상태가 호전되었다. 상담은 계속되었으며 6개월 만에 건강을 회복했다. 그는 신체적 질병을 상상이 아니라 실제로 앓았으므로 꿈의 문제에 관심을 가지고 치유하지 않았다면 죽었을지도 모른다. 꿈은 그가 건강을 되찾을 수 있도록 도와주었다. 그 꿈들은 복잡하게 얽힌 생각을 정리해서 건강한 육체, 자유로운 의식, 개선된 관계로 나아가도록 이끌어 주었다. 그가 변할 수 있었던 이유는 지혜로서 꿈의 의미를 깨달았기 때문이다. 따라서 나는 지혜를 하나님이라고 서슴없이 부른다. 하나님은 인간의 삶을 초월하는, 목적을 가진 거대한 힘에 대해 인간이 붙인 이름이다. 따라서 인간의 꿈은 그 힘을 표현한 것이라고 말할 수 있다.

어떤 사람은 이렇게 질문할 것이다.

"하나님이 우리의 꿈을 주관하는 분이라면 우리가 직접 꿈을 다룬다는 것이 두려운 일이 아닌가?"

물론 두려운 일이다. 그러나 톰은 최악의 상황이었다. 그래서 위험을 감수할 수 있었다. 톰조차도 그의 꿈과 연관된 무의식 세계를 다루는 것이 그리 쉽지 않다는 점을 알고 있었다. 그러나 힘들고 어려운 과정이지만 꼭 필요한 일이다. 하나님은 우리를 모세로 삼아 불가능한 내적 과업을 수행하도록 파송하신다. 우리가 그분을 피하려고 하면 우리를 파멸로 몰아넣어 위협하시므로, 인간이 하나님을 두려워하는 것은 당연하다.

꿈을 다루면서 다정하고 인자한 하나님과 만나기를 기대해서는 안 된다. 꿈을 꾸게 하시는 그분은 인간에게 무언가 요구하시는 하나님이시다. 하나님께서는 인간에게 힘을 주시어 새롭게 살아갈 수 있도록 도와주시되, 인간으로서 마땅히 수행해야 할 일을 촉구하신다. 쉬운 길을 찾으려고 하면 무의식적인 정신적 실체를 무시하고 지나치기 쉽다. 하나님의 율법을 억지로 믿으라고 강요하기보다 꿈을 통해 하나님과 직접 만나도록 도와주는 편이 훨씬 바람직하다.

2

톰의 이야기가 평범하지는 않다. 모든 사람이 다 톰처럼 문제를 가지고 있는 것은 아니다. 그러나 우리들은 모두 꿈을 꾸며, 그 꿈에는 항상 의미심장한 메시지가 담겨 있다. 우리들 모두가 꿈을 꾼다는 것은, 과학적인 근거에 토대한 '사실'이다.[3] 잠자는 사람의 안구운동을 관찰하고 뇌파전위 기록 장치를 이용하여 그 사람이 꿈을 꾸고 있는지 아닌지를 알 수 있다. 이를 면밀히 실험한 과학자 윌리엄 디멘트(William Dement) 박사는, 거의 모든 사람들이 자신이 기억하든 기억하지 못하든 간에 하룻밤에 여러 번의 꿈을 꾼다는 사실을 밝혔다.[4]

뇌파 실험에 대해서는 후에 더 상세히 설명할 것이다. 일단은 모든 꿈에 의미가 있다고 가정하고 이를 믿어보자. 많은 꿈을 연구해 온 바로는 아직까지 그 어떠한 꿈도 목적이 없거나 무의미하다고 생각되지 않는다. 어떤 꿈은 중요한 의미를 지니고 있지만, 어떤 꿈은 전혀 가치가 없다고 말하는 것은 경솔하다. 마치 어떤 사람은 중력의 법칙에 따라 움직이고 어떤 사람은 그렇지 않다고 말하는 것과 같다. 물론 어떤 꿈은 단지 우리가 그 상징적인 의미를 이해하지

---

[3] 어떤 사람들은 꿈 내용이 잘 기억나지 않는다고 불평한다. 그런 사람은 잘 때 머리맡에 종이와 연필을 준비해 두고 꿈에서 깨자마자 꿈꾼 것을 생각나는 대로 적으면 된다. 그래도 꿈이 잘 생각나지 않을 때는, 여러 가지 이유가 있다. 즉, 무의식중에 어떤 일을 두려워하거나, 그러한 일들을 이야기할 대상이 없거나, '엉뚱한 짓'에 대한 섣부른 반감이 작용해서 그런 경우가 있다.

[4] 디멘트(Dement)의 논문, *Journal of the American Psychoanalytic Association*(April, 1965)을 보라.

못하기 때문에 모호하게 보인다.

꿈이 가지고 있는 중요한 특성을 실례를 통해 살펴보자. 이 예는 나에게 상담하러 온 한 여성의 이야기이다. 그녀의 문제는 그리 절박한 것이 아니었다. 그녀가 그전에 나에게 다른 문제를 가지고 상담하러 오지 않았더라면 아마도 그녀의 문제에 별다른 주의를 기울이지 않았을 것이다.

중년의 여성이었다. 매사 빈틈이 없었고, 유능했으며 매우 성실했다. 또한 건강해 보였고 특이한 성격을 지닌 사람이었다. 모든 사람이 그러하듯이 그 여자도 안정된 삶을 중시했다. 사람들은 안정된 생활을 누리기 위해 땀방울을 흘린다. 또한 안정된 생활에 위협이 올까 봐 걱정도 한다. 그 여자에게 안정된 생활이란 직장에서 인정받는 것이었다. 그녀는 원하는 대로 능력을 인정받았다. 즉 유능한 여사원으로서의 전문성을 높게 평가받았다. 그런데 얼마 전부터 일에 대해 불만을 품게 되었다. 그녀는 대부분의 시간을 행정 업무에 쏟아 부은 나머지, 사람들과 교제할 시간이 없다고 느꼈다. 그러다가 업무가 바뀌었는데 그녀는 아직 변화를 받아들일 만큼 준비가되어 있지 못하다고 여겼다. 그녀의 부서가 완전히 재편되었고 직원들도 교체되었던 것이다.

이런 과정에서 루이스는(그녀의 이름을 루이스라고 하자) 새롭게 업무를 맡으면서 행정 업무가 줄어들고 사람과 만나는 시간이 늘었다. 봉급은 여전했고 맡은 일의 비중도 컸지만, 그녀의 직책이 애매했다. 원하는 대로 되었다. 그러나 루이스는 이 갑작스런 변화 때문에 지위를 잃을지도 모른다는 두려움을 느끼게 되었으며 자신이 하찮은 존재로 보일까 봐 불안해했다. 루이스는 자신의 가치관보다 다른 사람들이 자기를 어떻게 생각하는지, 그리고 자기 직위가 보장되었는지에 대해 더 신경을 썼다. 그녀는 자기의 지위가 곧 자기를 나타낸다고 믿었다. 그녀는 '중요한 여성'이라는 상(像)에 들어맞지 않는 자신의 모습들은 외면했다. 그녀의 전체 인격을 차지하는, 진정으로 가치 있는 것들을 상당 부분 상실했다. 우리들 누구나가 겪을 수 있는 사소한 위기에 처해 있던 중, 그녀는 꿈을 꾸었다.

꿈에 시어머니와 비슷한 모습을 한 여자가 나타났습니다. 그녀는 시어머니 나이 정도 되어 보였으며 하얀 옷을 입고 있었습니다. 그 여자는 제가 모르는 다른 사람(아마도 제 자신이었을 것입니다)과 이야기하고 있었습니다. 처음 뚜렷하게 보였던 그 여자는 이야기를 나누는 동안 점점 희미해졌습니다. 입은 옷은 평범했으며 마치 종업원의 제복처럼 앞에 단추가 달려 있었습니다. 저는 이런 차림의 여자가 제 앞에 있는 것이 불쾌해서 이렇게 말했습니다. '나는 하녀가 필요 없으니 당신의 방으로 가 계세요. 내일 보는 것이 좋겠어요.' 갑자기 장면이 바뀌고 저는 뒤뜰에 있었습니다. 어두웠습니다. 새벽인 것 같았습니다. 뒤뜰은 어수선했으며 빈 나무상자와 작은 장작 토막들이 흩어져 있었습니다. 장작과 상자들을 쌓아올려 정돈했습니다. 바로 그때 또 다시 희미한 모습의 그 여자가 나타나서 말했습니다. '저도 일을 할 수가 있어요. 제가 하도록 해주세요.' 저는 그녀가 참견하는 게 기분 나빴습니다. 그래서 말했습니다. '도와줄 필요 없어요, 가세요.' 희미한 모습의 그 여자는 침착한 눈빛으로 저를 쳐다보면서 그대로 서 있었습니다. 그때 어떤 남자가 나지막하나 힘찬 목소리로 말했습니다. '당신은 왜 그녀에게 일을 못하게 하지요?' 저는 그 사람을 보지는 못했으나 분명히 남자의 목소리였습니다. 그리고는 잠에서 깨어났습니다.

내용이 다양한 꿈이다. 이 꿈에 나타난 세부적인 내용들은 각기 나름대로의 역할을 하고 있다. 일단 중요한 부분만 분석해 보자. 먼저 목소리만 등장한 남자의 정체는 꿈꾸는 사람의 아니무스(animus, 여성에게 있는 남성적 심리 요소; 역주)이다.

이 꿈에서 중요한 것은 꿈꾸는 사람과 천한 하녀와의 만남이다. 꿈꾸는 사람은 이 하녀의 도움을 원치 않았다. 그 여자가 앞에 서 있는 것조차 싫어했다. 반대로 하녀는 루이스를 도우려고 했다. 만약 꿈을 부정한다면 이 책을 덮어버릴 것이다. 그러나 꿈에게 말할 기회를 주자. 루이스의 꿈을 과학적으로 분석해 볼 때 다음과 같은 의문을 제기할 수 있다.

"그렇다면 그 하녀는 누구인가?"

그 하녀는 현실에 존재하는 인물이나 허구적인 상(像)이 아니다. 그녀가 실제 인물이라면, 꿈꾸는 사람 자신 안에서 찾을 수 있다.

그 하녀는 바로 그녀가 보여주는 모습 그 자체일 수 있다. 즉 루이스에게 내재해 있는 열등하고 천한 부분, 요컨대 그림자이다. 이제 우리는 이러한 가설을 입증할 수 있다. 왜냐하면 실제로 그 당시 그녀는 자신의 지위를 위협받아 걱정하고 있었고, 자신이 맡은 일이 하찮은 일이라고 여겼기 때문이다. 그녀는 '하녀'와 같은 자신의 일면을 받아들일 수 없었기 때문에 현재 위치를 불안해했던 것이다.

그림자는 루이스가 원하지 않는 자신의 열등한 모습이다. 동시에 그 그림자는 루이스가 처한 상황을 극복하기 위해 꼭 필요한 능력이자 태도이다. 문자 그대로 풀이하면, 하녀가 말한 대로 루이스는 자기 손으로 일을 하고 싶다. 어떻게 해야 할까? 루이스는 열등감을 인정하고 자신을 낮추어 사람들과 협력해야 한다. 루이스는 자신에게 있는 겸손한 마음, 다시 말해 가장 훌륭한 자질 중의 하나를 무시하고 억압했던 것이다.

루이스는 자신이 '긍정적인 그림자'를 가지고 있다는 사실을 알지 못했다. 꿈에 나타난 하녀는 뒤뜰을 정리하기에 가장 적합한 인물이다. 이런 그림자는 꿈꾸는 사람이 진지하게 노력할 때 형성된다. 누구나 눈에 잘 띄는 집 앞은 깨끗이 정돈한다. 그러나 사람의 손이 닿지 않는 숲길을 걷노라면 깡통이나 쓰레기 같은 오물도 보고, 무성하게 자란 잔디와 더러운 물이 고여 있는 웅덩이도 보게 된다. '뒤뜰'이란 꿈꾸는 사람의 '마음의 뒤뜰'이다. 대부분의 사람들은 마음의 뒤뜰을 못 본다. 하나님을 위해 뒤뜰을 깔끔히 정리해야 하는데도 불구하고 우리는 집 앞만을 쓸고 닦는다. 그 꿈을 꿀 당시까지 루이스는 그림자를 받아들일 만한 준비가 되어 있지 않았다. 루이스는 차츰 자기의 마음을 직시하려고 노력했다. 우리가 인식하지 못하는 내적인 모습은 그림자를 통해 나타난다. 톰이 도망쳤을 때 그림자는 무서운 존재였지만, 톰이 그림자와 대면하자 그림자는 웃었다. 루이스는 뒤뜰을 정리하려고 진지하게 노력했기 때문에 그림자가 자신을 도우려고 했음을 깨달았다.

루이스는 성실하고 지혜로운 사람이었다. 그녀는 꿈의 참뜻을 이해했다. 그녀는 이를 계기로 마음과 뜻을 다해 처신했다. 직장에서뿐만 아니라 그녀와 관계를 맺는 모든 사람들에게 더욱 신뢰받게 되었다. 이제 그녀의 직책은 전보다 더 중요해졌다. 무엇보다 그녀는 자기의 열등한 면, 즉 그림자를 받아들임으로써 더 이상 지위에 집착하지 않게 되었다. 그녀는 진실로 지위로부터 자유로워졌다.


## 3

베드로와 도마도 의심이 많았으며, 광야의 엘리야도 절망에 빠졌었다. 그리스도도 십자가에서 하나님이 자기를 버렸다고 생각했다. 아무리 큰 믿음을 가진 사람일지라도 의심이 없을 수는 없다. 아무리 순수한 사람이라 하더라도 어두운 면이 있기 마련이다. 인간 누구에게나 마음 한구석에는 겉으로 드러난 것과 상반된 속성이 감추어져 있다.

우리는 자주 이 사실을 간과한다. 그래서 한쪽의 면만을 주장하다가 결국 그것의 희생자가 되고 만다. 이러한 희생자의 대표적인 예가 오늘날 미국의 전형적인 목사들이다. 그들은 틀에 박힌 모델을 정해 놓고 그에 맞춰 행동하려고 한다. 목사는 일주일 내내 설교문을 쓰고, 사랑과 친절을 베풀어야 하며, 고통 받는 인간에게 희망을 주고 치유의 손길을 뻗쳐야 하는 존재이다. 그러나 목사 자신에게 닥쳐오는 의심과 증오심, 악, 때때로 느껴지는 절망감은 어떻게 해결해야 하는가? 목사들은 일반인이 생각하는 것보다 훨씬 더 자유롭지 못하다. 사실 악마들은 목사를 훨씬 더 집요하게 괴롭힐 수 있다.

한 젊은 목사는 거의 파멸 직전에까지 갔었다. 그의 꿈을 통해 목사가 겪는 고통을 고찰해 보자. 그는 충분한 교육을 받았으며 열정적인 사람이었다. 그는 스스로를 선(善)과 믿음, 그리고 사랑이 가득한 사람이라고 자부했었다.

어느 날 밤, 그는 악마와 싸우는 꿈을 꾸다가 절망과 공포에 싸여 깨어났다. 그때부터 그는 고통에 시달렸다. 마치 악마의 군단이 그의 방에 가득 차 있는 것처럼 느껴졌다. 그는 불안에 떨었으며 마침내 누군가에게 도움이 필요했다.

젊은 목사의 첫 번째 꿈에 무시무시하고 포악한 사람들이 나타났다는 사실에서 꿈이 어떤 작용을 했는지 쉽게 파악할 수 있다. 그는 목사의 모델에 일치하지 않아 억압한, 자신의 어두운 면인 그림자를 만난 것이다. 증오와 의심을 품게 하고 불안에 떨도록 만들었던 악마가 자기 안에 있다는 것을 깨달았을 때 흥미로운 일이 일어났다. 의식의 이면에 도사리고 있는 무의식을 알게 된다고 하여 목사로서의 자질이 훼손되지는 않는다. 자신의 가장 인간적인 면을 깨달을 때 진실로 다른 사람들을 도울 수 있다.

이 목사는 흥미로운 꿈을 자주 꾸었다. 여기서는 그를 정신적으로 성장할 수 있도록 이끌어 준 꿈을 살펴보자. 그 목사가 '선(善), 믿음, 사랑'으로 사역하려고 할 때면 상반되는 그림자는 더욱 기세등등해졌다. 예를 들면 부활주일처럼 업무와 설교 준비로 밤늦게까지 분주히 일하는 날이면 한층 거세졌다. 사랑, 선, 믿음 등과 상반되는 요소들이 부활주일이라고 해서 잠잠하겠는가. 억압된 요소들은 무의식 세계를 누비며 눈덩이처럼 커졌다. 이 특별한 절기에, 그 젊은 목사는 자기 자신과 만나지 않을 수 없었다. 그때 그 젊은 목사는 자신이 얼마나 의심이 많고 냉소적이며 무감각한가를 깨달았다. 부활주일 기간에 그는 다음과 같은 꿈을 꾸었다.

길을 가다가 허름한 가게에 들어갔습니다. 그 가게 주인은 저를 이상하게 쳐다보았습니다. 차림표를 살펴보았습니다. 그곳은 음식점이었습니다. 정오쯤 된 것 같습니다. 제 나이 또래의 험상궂은 사람들이 들어와서 저와 함께 둥근 탁자에 앉았습니다. 그들 중 한 명이 유독 저를 쳐다보았습니다. 저는 그 사람을 예전에 만난 적이 있었던 것 같습니다. 우리는 판이하게 달랐습니다. 저는 목사이고 그는 비트족(비트제너레이션)이었습니다. 그는 저에게 자기를 아느냐고 물었고 저는 안다고 대답했다. 우리는 오랫동안 이야기했습니다. 그는 전에 저를 속인 적이 있다고 말했습니다. 그는 직업이 없었으며 바닷가에서 낚시를 하면서 대부분의 시간을 보내고 있다고 했습니다.

이 꿈은, 젊은 목사의 내면 상황을 고스란히 반영하고 있다. 이 꿈에서 목사와 비트족이 둥근 탁자에서 만났다는 점에 주목해야 한다. 비트족은 누구인가? 우리는 이 비트족이 '톰의 적'이나 '루이스의 하녀'와 비슷한 점이 있다는 사실을 알 수 있다. 비트족은 그 목사의 그림자임이 분명하다. 목사와 비트족은 서로 대조적인 성격이다. 목사는 교회의 전통적 신앙과 도덕성, 인간에 대한 지대한 관심 등을 가져야 한다. 또한 목회자로서의 사역에 최선을 다해야 한다. 비트족은 정반대이다. 그는 전통적인 신앙과 도덕을 팽개치고 일도 전혀 하지 않는 존재이다. 이 둘의 만남은 마치 방탕한 동생과 그 형의 만남을 연상시킨다. 목사뿐만 아니라 모든 사람이 두 가지 반대되는 속성을 지니고 있다. 따라서 어느 한 면이 다른 한 면을 부정할 수 없으며 그 중요성을 무시할 수 없다.

이 꿈에서 재미있는 것은 두 사람의 관계이다. 목사는 그 비트족과 어울렸다. 비트족은 결정적인 질문을 던진다.

"당신은 나를 알고 있습니까?"

목사는 '네'라고 진지하게 대답했다. 우리는 그림자를 아는가? 이것이 항상 열쇠가 되는 질문이다. 이러한 인식을 통해 목사와 비트족은 바람직한 결과에 이를 수 있는 대화의 장을 맞는다. 다시 말해 그 둘은 인격적으로 대등한 관계에 놓인다. 우리는 이 둘 중에 어느 한 쪽만이 참된 자아라고 말할 수 없다. 전(全) 인격이란, 양자를 다 포함하는 것이며 동시에 이 둘을 초월하는 것이다.

이제 우리는 한 인격 안에 자아(ego)와 그림자(shadow)가 모두 존재한다는 사실을 알았다. 그렇다면 자아와 그림자를 초월한 전인성을 상징하는 것은 무엇인가? 이 두 가지 요소를 포용하는 것은 무엇인가?

이 꿈에서 초월적인 전인성을 상징하는 것은 두 사람이 앉았던 둥근 탁자이다. 탁자는 그 둘레에 앉아 있는 사람들을 하나로 묶는다. 서로 다른 사고방식을 지닌 사람들을 정신적으로 일치시켜 주

**완전을 상징하는 도형**
원은 중심에 이르는 거리가 같은 점의 자취이고, 정사각형은 네 변의 길이가
같은 도형이다. 대칭을 이루고 있어 상하, 좌우가 따로 없다. 어느 방향에서
보아도 항상 같은 모습이다.

는 상징물이다. 한 식탁에서 함께 음식을 먹는 행위는 친교를 의미
한다. 예수께서 제자들과 함께 탁자에 둘러앉아 마지막 만찬을 나
누었던 것처럼 오늘날의 기독교인들도 여전히 성찬을 나눈다.

이렇게 꿈꾼 당사자와 그림자와의 융합을 상징하는 탁자는 그
형태로 인해 상징성이 강화된다. 탁자는 주로 둥근형 혹은 정사각
형으로 묘사된다. 전인성, 일치 또는 완전이란 개념을 기하학적으
로 표현했을 때 정사각형이나 원만큼 분명한 상징은 없다. 두 도형
은 균형과 조화를 이루고 있다. 정사각형은 네 변의 길이가 같고,
원은 원을 이루는 모든 점이 중심점으로부터 같은 거리에 있다. 세
계 어느 종교에서나 원과 정사각형을 이용하여 전인성을 상징적으
로 표현하는 예를 찾아볼 수 있다. 이런 상징은 각 개인의 인격에서
표출되는 것이 아니라, 모든 인간이 공통적으로 지니고 있는 인간
본성의 보다 '깊은 곳'에서 생긴다. 이 '깊은 곳'을 융은 '집단무의식'
(collective unconscious)이라고 불렀다.

이런 전제 아래 젊은 목사의 꿈을 풀어보자. 즉 꿈꾼 당사자는

목사로서의 임무가 벅차게 느껴지자 자기 자신과 어긋나게 되었고, 의식적인 사고와 무의식적인 사고와의 조화를 이루지 않아 고통 받았다. 그 꿈은 목사에게 자신의 양면성을 깨닫게 해주었으며, 또한 그 양면이 생명력 있게 연결될 수 있다는 것을 알려 주었다. 그 양면은 따로따로 존재할 때보다 한데 결합될 때 더 큰 힘을 발휘한다.

이 꿈은 또 다른 면에서, 다소 흥미로우면서도 심오한 의미를 내포하고 있다. 특히 그 비트족은 일하지 않고 바닷가에서 낚시하는 것으로 하루를 소일하고 있다고 말했다. 이러한 생활은 바쁘게 일하면서 하루를 보내는 목사의 생활과는 대조적이다. 그러나 그 비트족이 실제로 바닷가에서 낚시를 하는지는 아무도 모른다. 고대부터 물고기는 심리학적인 상징으로 특별한 의미를 지녀왔다.[5] 물고기는 눈으로 볼 수 없는 깊은 물속에서 사는 생물로서 생명력 있는 무의식의 세계를 상징한다. 초대교회 때 물고기는 그리스도를 상징했다. 그래서 그 꿈은 우리의 그림자가 정신세계에서 매우 중요한 위치를 차지하고 있다는 진실을 깨닫게 해준다. 그 그림자는 멸시

---

5 예를 들면, 율리우스 아프리카누스(Julius Africanus)의 현존하는 작품, *The Ante-Nicene Fathers*, Vol. VI, 128에 나오는 재미있는 구절이다. 페르시아에 있는 초기 기독교 전설을 대하면, 우리는 그리스도에 비유된 고대 페르시아 전설을 읽게 된다. 즉 "여기 흐르는 물은 성령의 영원한 물줄기를 내뿜는다. 이 물에는 하나님의 낚시로 잡는 단 한 마리의 물고기가 있는데 그 물고기는 자기 몸으로 전 세계를 먹여 살린다." 또 다른 예는 안드레와 바울행전(외경), 묵시적 이야기에서 나온다. 거기에 보면 어린 그리스도가 12,000마리의 물고기를 잡는데 그 고기들은 그를 따라 마른 땅 위로 나온다. 확실히 그리스도를 성체적인 물고기로 상징하는 것은 2세기경 널리 행해졌다. 물 밑에 살다가 잡혀서 밝은 곳으로 옮겨지는 생물인 물고기는 무의식에 담겨진 활기에 찬 것들을 상징하는 자연물이다. 이처럼 무의식 속에 있는 것들도 붙잡혀서 의식 속으로 옮겨질 수 있는 것이다.

받는 존재가 아니다. 왜냐하면 그 그림자는 인간에게 필요한 것을 정확하게 '낚아 올려' 주기 때문이다.

지금까지 이 장(章)에서 이야기한 것을 다음과 같이 요약할 수 있다.

나는 세 사람에게 나타난 다섯 가지 꿈을 소개하면서 인간의 본성과 그에 얽힌 문제들을 다루었다. 그러나 꿈에 관한 자료를 접한 적이 없는 사람들에게는 이런 해석이 독단적으로 보일지도 모른다. 그러나 이처럼 경험적인 연구를 통해 많은 꿈들과 친숙해짐으로써 확고한 지식의 기반을 다질 수 있다. 몇 송이의 수선화만 보고서 수선화는 언제나 희고 노랗다고 말할 수는 없을 것이다. 그러나 많은 수선화를 보았다면, 이론상으로는 언젠가 푸른 수선화가 나타날 가능성이 있다 하더라도 '모든 수선화는 희고 노랗다'는 전제가 정당화될 수 있는 것이다. 따라서 수많은 꿈들을 연구하고 몇 가지 전형적인 꿈의 형태와 구조를 발견한 후에, 우리는 자신 있게 꿈의 형태는 꿈꾸는 사람의 그림자와 같다고 말할 수 있을 것이다. 앞으로의 꿈들과 치료 과정이 가설을 뒷받침해 준다면 확고한 바탕 위에서 꿈을 해석하는 것이 가능해지리라고 확신할 수 있다. 그러나 꿈을 해석하는 일을 처음 접한 사람은 그러한 해석을 명백하게 이해할 수 없을 것이다. 그것은 마치 처음 수선화를 본 사람이 "수선화가 항상 그런 색깔을 하고 있는지 어떻게 아십니까?"라고 질문하는 것과 같다. 이러한 난관을 극복하기 위해 가능한 한 논리적으로 꿈을 해석해 보려고 했다. 사실 꿈은 자체의 논리를 가지고 있으며 꿈에 나타나는 상징들은 본래 합리적이다.

이 다섯 가지 꿈에는 공통적으로 그림자의 문제가 내포되어 있다. 톰의 경우 그림자는 치명적인 적으로 나타나는데, 결국은 적과 화해했다. 루이스의 경우 그림자는 거부되긴 했지만 그녀의 내면에 존재하고 있는 긍정적인 잠재력으로 나타났다. 목사의 경우에는 그림자의 문제를 창조적으로 해결할 가능성을 볼 수 있었다.

그림자의 문제는 융에 의해 심리학적인 언어로 공식화되기 시작했다. 그러나 그것은 인류의 역사만큼이나 오래된 문제이다. 문학에서는 스티븐슨(Robert Louis Stevenson)의 『지킬 박사와 하이드』(*Dr. Jekyll and Mr. Hyde*), 그리고 『발란트래 경』(*The Master of Ballantrae*)에서 그림자 문제의 좋은 예를 볼 수 있다. 성서는 조화를 이루어야만 하는 인간 본성의 두 가지 상반되는 면들에 관한 숱한 예화가 있다. 카인과 아벨, 야곱과 에서, 마리아와 마르다, 형과 방탕한 아우 등이다. 인간은 항상 선을 언급하면서도 악을 행하여 왔기 때문에 그림자에 관한 문제는 역사적으로도 명백하다. 기독교 국가들은 오랜 세월 전쟁을 일삼았는데, 자신들이 악을 저질렀으면서도 상대방을 비난하여 왔다. 또한 기독교 정신을 피상적으로 신봉하는 것도 막을 방도가 없다. 제2차 세계대전 때 인간의 그림자는 격노로 불타올랐다. 그때 기독교 국가들은 마귀에 사로잡혔던 것 같다. 인간 본성에는 원래부터 그림자가 존재하고 있다. 인간이 그림자의 존재를 깨닫지 못했을 때는 파괴적으로 표출된다. 그래서 오늘날 우리는, 인식되지 못하고 또 회복되지 못한 그림자가 파멸을 초래할지도 모른다고 두려워한다. 사람들은 평화를 주장하면서도 동시에 전쟁을 준비하고 있다. 분명히 인간에게는 상반된 두 가지 본성이 내재하고 있다. 때문에 우리가 증오심, 두려움으로 이웃을 비난하는 것은 문제 해결에 도움이 되지 않는다.

꿈은 그림자의 진실을 가르쳐 주기 때문에 그림자의 파괴적 표출을 막을 수 있는 방법도 배울 수 있다. 꿈이 가르쳐 주는 진실을 앞에서 이야기 한 다섯 가지 경우를 살펴 요약해 보았다.

그림자는 실체이다. 인간이 자신의 겉으로 드러난 악(惡)이나 열등한 면을 부정하면 이들은 무의식의 세계로 숨게 된다. 악은 무의식 속에서 활동하므로 우리는 이중으로 위험에 처하게 된다. 따라서 인간의 참된 본성을 인식하지 못한다면 어떠한 문제도 해결할 수 없다. 더욱이 그림자는 전(全) 인격과 상관없이 무의식을 통하여 스스로 작동하기 때문에 상황을 악화시킨다.

꿈은 그림자를 보여줌으로써 인간의 의식적인 태도를 보상한다. 인간은 의식적으로 행동할 때는 자신의 본성 가운데 일부를 억압한다. 표현하지 않은 인간의 본성은 꿈을 통해 나타난다.

꿈은 그림자가 가치를 말해 준다. 톰의 그림자는 실제로 그가 정신적으로 성숙할 수 있도록 도왔으며, 루이스의 그림자도 그녀에게 꼭 필요했던 것이다. 그림자를 두려워하고 배척할 때 그 그림자는 파멸을 불러오지만, 그림자를 정확하게 인식하고 수용할 때는 그 그림자가 인간 안에서 제 역할을 수행한다. 꿈은 전(全) 인격의 드라마에서 인간의 약하고 열등한 면이 또한 중요한 역할을 한다는 것을 보여 준다.

꿈은 또 다른 개념을 소개하여 인간 본성을 이해하게 해준다. 즉 꿈은 자아를 초월한 중요한 것이 인간에게 내재해 있음을 밝혀 준다. 전인적인 인간은 자아(ego)가 표현하는 인격의 부분들을 능가한다.

전(全) 인격 속에서는 모든 것이 자기 나름대로의 역할을 수행하는데, 거기에는 그림자도 포함되어 있다. 이 개념은 본 장(章)에서 소개한 꿈들이 암시하고 있다. 이러한 개념을 지금 언급하는 것은, 그것이 인간의 모든 꿈을 통해 계속해서 위협적인 요소로 다시 나타나기 때문이다. 실제로 자아와 그림자를 함께 묶어 조화를 이루게 한다는 것은 대단히 중요하다. 이 세상을 재앙에서 벗어나게 하려면 자아와 그림자 간의 조화를 이뤄야 한다. 만약 인간에게 인식되지 않고 분노한 채로 그림자가 다시 한번 바깥으로 표출될 경우, 그림자는 의식의 제어를 벗어나 파괴의 힘을 발휘할 것이다.

그러므로 본 장(章)에서 나는, 꿈은 '무의미한 것'이 아니라 '생기를 전달하는 지적 매체'라는 점을 강조하고 싶다. 그림자의 문제는 심리학적인 문제라고만 말할 수도 없으며, 그렇다고 종교를 위한 도덕적 문제라고만 주장할 수도 없다. 그림자의 문제를 해결하려면 심리학적인 통찰력과 종교적인 관점을 두루 갖추어야 한다. 꿈의 차원에서 볼 때 심리학과 종교는 떼려야 뗄 수 없는 관계에 있다.

예수 그리스도는 이렇게 말씀하셨다.

너의 적과 함께 있는 동안 빨리 화해하여라.

우리는 예수님이 항상 적대적인 이웃에 대해 말씀하신 사실을 알고 있다. 꿈은 인간이 그림자와 화해하여 평화롭게 살아갈 수 있다고 말하고 있다. 사실 자기 안에 있는 적과 평화롭게 지내는 것은 불가능한 일이다. 왜냐하면 인간 내면에 존재하는 악한 마음이 이웃을 비난하도록 만들기 때문이다. 예수님이 역사적 인물이라는 것을 인정하든지 그렇지 않든지 간에 '너의 적과 화해하라'는 그의 충고는 심리학적으로나 종교적으로 의미심장하다.

이제 교회는 이상이나 신조와 같은 의식적인 측면보다는 살아 있는 실체인 그림자에 주목해야 한다. 따라서 목사는 신학자로서가 아니라 영(靈)을 치료하는 의사로서 활동하면 좋은 결과를 얻을 수 있다. 인간이 신약 성서를 읽지 않으면 아마도 하나님은 인간과 대화하지 않으려 하실지도 모른다. 하나님께서는 아직까지 계시가 끝났다고 말씀하시지 않았다. 그래서 그분께서는 오늘도 여전히 인간의 꿈에서 말씀하신다! 하나님이 오늘 우리에게 말씀하시는 것 중의 하나는 이것이다. "기독교인들아, 너의 적과 평화를 이루어라." 우리는 이 말씀에 귀 기울여야 한다.

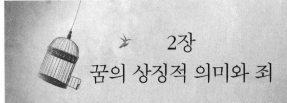

# 2장
# 꿈의 상징적 의미와 죄

"아주 오래 전에 일어났던 일인데 마치 어제 일처럼 생생하게 기억합니다."

마가렛이라는 한 중년 여인이 찾아와서 한 말이다. 마가렛은 예민하고 조바심이 많았다. 그녀는 불행하고 미숙했던 소녀였다. 그녀는 비참했던 어린 시절의 짐을 진 채 너무 어린 나이에 결혼했다. 어린 시절은 끔찍했다.

부모는 자주 다투다가 그녀가 아주 어렸을 때 이혼했다. 그 후 어머니는 재혼했는데, 그녀에게 계부를 친아버지라고 속였다. 계부는 그 어린 소녀를 학대했다. 그녀는 거짓말에 속아왔다는 것을 깨달았다. 친아버지가 아닌 아버지와, 그녀를 좋아하지도 않고 거짓말까지 했던 어머니 밑에서 걸핏하면 화를 내는 아이로 자라났다. 그녀는 불행한 삶에서 하루라도 빨리 도망치기 위해 일찍 결혼했다. 그러나 결혼 생활은 오래가지 못했다. 그 짧은 결혼생활 동안 그녀에게 또 다른 엄청나고 끔찍한 운명이 덮쳐 왔다. 그것은 그녀에게 무시무시한 죄악이었기 때문에 나는 이를 누설할 수가 없다.

마가렛은 대단한 용기와 결단력을 가지고 있었다. 그녀는 사람들을 불신했기 때문에 어느 누구에게도 자신에게 벌어진 사건을 고백할 수 없었다. 마가렛은 과거를 철저히 감춘 채 생활을 이어갔다. 그녀는 직장을 얻었고, 열심히 일했다.

그녀는 재혼했지만 얼마 못 가서 남편과 사별했다. 비록 짧은 결혼생활이었지만 이 기간 동안 마가렛은 난생 처음으로 행복을 느낄 수 있었다. 그녀의 두 번째 남편은 그녀의 친아버지를 제외하고는 처음으로 그녀를 사랑해준 남자였다.

두 번째 남편을 잃은 아픔에서 회복되자 마가렛은 다시 결혼했다. 세 번째 남편 역시 병들어 여러 해 동안 힘든 나날을 보내야만 했지만 결혼 생활은 오래 지속되었다.

"자신과 자신의 성공을 자랑할 수 있는 여자가 여기 있다."

그녀를 두고 이렇게 말할 수 있을지 모른다. 그러나 누구도 이 여자의 어린 시절에 대해 알지 못했다. 어느 누구도 그녀가 불행한 현실을 그토록 철저하게 견디고 성공적으로 이겨냈다는 사실을 알 수 없었다.

사람들이 어떻게 자신을 고백하게 되는지 그 과정을 살펴보면 매우 흥미롭다. 자기 고백은 전혀 동떨어진 이야기로 시작된다. 점차 대화가 진전되고, 우연한 동기에 신뢰가 형성되면 비로소 마음의 빗장을 푼다. 마가렛 역시 처음에는 사소한 문제로 찾아왔다. 대화가 이어지면서 그녀는 자신의 내부에 잠재돼 있던 감춰진 마음을 깨닫게 되었다. 그 마음의 존재를 밖으로 끄집어내면서 그녀는 울음을 터뜨렸다. 생전 처음 마음속 밑바닥에 깔린 불행감과 그녀가 겪은 어두웠던 과거를 털어놓았다.

다른 사람에게 자신의 마음을 처음 털어놓을 때, 심리치료자들이 '카타르시스'(catharsis)라고 부르는 감정적 해방감을 경험한다. 해방감은 특별한 치유의 경험이다. 카타르시스를 전혀 경험하지 못한 인생은 불완전하다. 마가렛의 경우 감정적 해방감이 곧 나타나지 않았다. 그녀는 죄책감을 던 것이 아니라 오히려 더 크게 느꼈다. 죄책감은 무의식 속에 너무 깊이 파묻혀 있었기 때문에 그녀는 죄책감의 존재를 인식하지 못했다. 뚜껑이 열리자 무의식 속에 가라앉아 있던 죄책감이 떠올랐다. 죄책감은 마치 봇물 터지듯 걷잡을 수 없이 흘러넘쳤다.

누군가를 돕는 입장이라면, 상대방이 피할 수 없는 정신적 위기를 겪을 때 참을성 있게 기다려야 한다. 그러나 어떻게 상대방을 정신적 압박에서 벗어나도록 도울 것인가? 설교를 하거나 하나님의 영원한 용서를 들려줘야 하는가? 그러나 마가렛은 그 정도 지식은 알고 있었다. '영원한 용서'는 설교를 통해 귀에 못이 박힐 만큼 들었다. 그녀를 위해 할 수 있는 일은 무엇일까? 나는 그녀와 그녀의 일에 대해 진지하게 숙고했다. 또한 그녀가 용서받을 수 있다고 믿었다. 이런 내 마음을 말없이 보여주어야 한다. 이 단계에서 마가렛은 꿈을 꾸었으며, 얼마 후에 다른 꿈을 꾸었다. 그 첫 번째 꿈을 들여다보자.

저는 꽤 넓고 네모진 방에 있었습니다. 그 방은 기분 나쁠 정도로

으스스하고 어두컴컴했습니다. 저는 벽에 등을 기댄 채 바닥에 앉아 있었습니다. 맞은편에는 문이 하나 있었는데 그 문은 닫혀 있었던 것 같습니다. 방 한가운데는 우물 같기도 하고 관 모양의 철로 된 갱 같기도 한 물체가 박혀 있었습니다. 그 구멍은 바닥과 수평을 이루고 있었고 지름은 약 40cm는 되어 보였습니다. 어쨌든 제가 들어가기에는 너무 좁았습니다. 저는 손바닥과 무릎으로 천천히 기어가서 그 속을 들여다보았습니다. 어둡고 끝없이 깊다는 것 외에는 아무 것도 알 수 없었습니다.

그러나 곧, 아마도 두 번째 보았을 때인 것 같습니다. 가로 세로가 20cm 정도 되는 정사각형의 흰 종이가 보였습니다. 그것은 구멍의 매우 깊은 아래쪽에서부터 천천히 떠올랐습니다. 저는 그 종이가 백지라는 것을 쉽게 알아보았습니다. 마치 그 종이는 불이 붙은 것처럼 빛나는 것 같기도 하고 형광으로 보이기도 했습니다. 그곳은 우물인 것 같았지만 물은 없었습니다. 어쨌든 아무 것도 보이지 않았습니다. 저는 두려워 벽으로 다시 기어갔습니다.

그때 제가 사랑하는 작은 강아지가 그 방 반대편에 나타났습니다. 그 강아지는 문을 통해 들어온 것 같았습니다. 그 강아지는 저를 보자 곧장 우물을 향해 걸어갔습니다. 그러나 저에게 오지는 않고 등을 돌린 채 아무 말 없이 우물 속으로 뛰어들었습니다. 저는 남편에게 소리를 질렀습니다. 아니, 소리를 질렀다고 생각했습니다. 그리고 소리를 지르는 바람에 잠에서 깨어났습니다.

두 번째 꿈의 내용은 다음과 같다.

휴가에서 돌아온 지 약 일주일 후에 매우 짧지만 인상적인 꿈을 꾸었습니다. 저는 위를 쳐다본 것 외에는 아무 것도 기억나지 않습니다. 등을 대고 누워 있었든지 아니면 서 있었든지 했던 것 같습니다. 가로 세로가 약 20cm 가량 되는 정사각형의 종이들이 쏟아져 제 주변에 떠 있었습니다. 만질 수는 없었지만 그것들은 저에게로 곧장 내려오거나 떨어질 것만 같았습니다. 그것들은 몹시 새하얗습니다. 분명히 백지였습니다. 어느 정도 빛이 나는 것 같았습니다. 꿈을 돌이켜 보건대 그 종이는 눈처럼 소리 없이 사뿐히 내려오는 것 같았습니다. 이 꿈은 전혀 불쾌하지 않았던 것 같습니다.

마가렛은 두 꿈에 대해 분명하게 설명했다. 우물 또는 쇠 구멍은 그녀에게 두려움을 불러일으켰다. 그 우물에는 물이 없는 것 같았으며, 땅 속으로 통해 있는 것 같았다. 그녀는 우물을 몹시 두려워했으며, 그녀의 조그만 강아지를 가족처럼 몹시 사랑했다. 첫 번째 꿈에서는 두려움을 느껴서 우물 속을 들여다보기가 싫었다고 말했다. 첫 번째 꿈에 나타난 종이 한 장과 두 번째 꿈에 나타난 여러 장의 흰 종이가 특히 유사하다는 점을 그녀는 알아챘다. 그러나 두 번째 꿈에서는 첫 번째 꿈에서와 같은 두려움이 없었다.

이제 마가렛의 꿈에 나타난 상징들의 의미를 살펴보자.

그녀의 첫 번째 꿈에는 세 가지 중요한 요소가 있다. 우물 또는 쇠 구멍, 종이, 강아지이다. 이러한 상징들의 의미를 알게 되면 그 꿈이 무엇을 말하고 있는지 명백해질 것이다. 우물의 의미를 먼저 생각해 보자.

우물은 땅 속으로 들어가 있다. '하늘'하면 천국이 생각나고 하늘에 계신 아버지가 연상되는 것처럼, 땅은 사물과 사람들이 묻히고 사라지는 땅의 어머니가 사는 영역이다. 수세기 동안 인간은 땅 깊은 곳을 지옥, 악마의 세계, 미지의 세계, 황천, 그리고 마침내 육체가 묻힐 곳으로 여겨 왔다. 물론 땅은 생명을 낳고 열매를 맺게 하는 곳이기도 하나 여기서는 분명히 재난을 연상시킨다.

그 꿈에 나타난 땅은 일상적이고 의식적인 세계와는 대조적인 알지 못하는 어두운 무의식의 영역을 상징한다. 방 한가운데 있는 우물은 의식의 중심에 이같이 깊은 곳이 있다는 점을 나타낸다. 꿈의 내용은, 우리 자신이 깊은 곳을 들여다보아야 하며 심지어 거기에 들어가야 한다는 것을 의미한다. 인간에게는 그 순간 두려움이 앞선다.

독자들은 지금 내가 말하고자 하는 내용을 이미 알고 있을지도 모른다. 나는, 벽과 땅이 지옥과 같은 것을 암시한다고 보는데, 이는 대개의 사람들이 공통적으로 갖는 생각이다. 세계 어느 곳의 신화나 종교에서, 그리고 꿈에서조차 땅은 열매를 맺게 하는 생명의 근원이면서 동시에 파괴적이고 불가해한 것을 의미한다. 지옥과 무덤에 대한 이야기는, 마가렛이라는 한 사람의 개인적 상징이 아니라 거의 보편적인 의미를 지니고 있다. 이런 연상을 이용하여 접근하는 이유는 마가렛 개인적 체험을 넘어선, 보편적 정신의 근본적 차원까지 다루려고 하기 때문이다. 전인성(全人性)의 상징인 원은 무의식의 차원에서 오며, 융이 이러한 정신의 차원을 '집단무의식'이라고 부른다는 것은 젊은 목사의 꿈을 통해 이미 설명했다.

'정사각형 모양의 빛나는 흰 종이'는 이러한 집단적이거나 원형적인 요소가 더욱 명백하게 내포하고 있다. 이 백지가 깨끗하고 아무 것도 적혀 있지 않았다는 것 외에 또 다른 무엇을 뜻하는지는 마가렛 자신도 상상할 수 없었다. 그러나 앞에서 살펴본 바와 같이 정사각형과 원은 인간의 전인성과 관련이 있는 경우가 많다. 그리고 빛나는 모습은 곧 이 정사각형, 즉 전인성이 '죽음'을 뜻하는 것이 아니라 '생명력을 가진 정신적 실체'라는 사실을 암시한다.

강아지는 집에서 기르는 동물이다. 동물은 본능적이다. 동물은 미약하나마 의식적인 판단력도 지니고 있지만 대부분 생각 없이 본능적으로 행동한다. 마가렛의 애완용 동물은 그녀의 본능을 연상시킨다. 꿈에서 강아지는 인간의 의식적인 생각이 망설이고 있을 때 본능적으로 옳은 방향이나 행동을 취하도록 도와주는 구원의 의미를 지닌다. 이를테면 동화 『오즈의 마법사』에 그러한 예가 잘 나타나있다. 이 동화를 보면 작은 강아지의 본능적이고 충동적인 행동 때문에 도로시와 친구들이 위험에서 벗어난다.

흰 종이는 깨끗함과 새로움을 의미한다. 종이의 정사각형 모양은 전인성과 완전성을 가리킨다. 그 종이가 위에서 아래로 내려오는 것은 곧 하늘에서 내려오는 것이며, 따라서 그 종이의 본래 위치는 더 높은 곳임을 알 수 있다. 이렇게 본다면 그 종이는 마가렛의 인생을 상징하는 것이라고 할 수 있다. 비록 무생물인 종이의 모습으로 나타나긴 했지만, 위로부터 그녀에게 백지(*tabula rasa*)로 다시 주어진 것이다. 그녀의 인생은 이제 새하얗게 되어서 다시 한 번 쓰이기를 기다리고 있다. 그렇다면 마가렛의 꿈은 '전인적 삶에 대한 희망이 위로부터 다시 한번 주어진 것이다.

그러나 이 구원의 힘은 자신의 깊은 곳에서부터 솟아나는 것이 아니라 그곳으로 끌려들어가는 것이다. 가장 높은 곳에서 가장 낮은 곳으로 내려간다. 두렵긴 하지만, 종이가 의미하는 전인성을 추구하기 위해 그녀의 본능은 망설이지 않고 깊은 곳으로 돌진하려고 한다. 나는 이사야의 말을 인용하여 그녀에게 이야기하였다.

> 지금 와서 함께 이야기해 보자. 주님은 말씀하신다. 비록 너의 죄가 주홍빛 같을지라도 눈같이 희게 되리라. 너의 죄가 주홍빛같이 붉더라도 양털같이 되리라.[1]

마가렛이 꿈의 의미를 알고 난 후 죄책감으로부터 벗어났다면 얼마나 좋았겠는가! 그러나 사실은 그렇지 않았다. 그녀는 몹시 두려워했다. 그것은 두 번째 꿈 때문이었다. 이 꿈에서는 정사각형의 희고 빛나는 종이들이 쏟아졌다. 이 꿈은 마치 마가렛에게 용서의 실체 즉, 그녀의 삶이 참으로 깨끗해졌다고 말해 주는 것 같다. 하지만 하얀 종이가 쏟아졌다는 것만으로 이처럼 호의적으로 해석하는 것이 우스꽝스럽게 생각될지 모른다.

그러나 마가렛이 계속해서 꾼 꿈들은 그녀에게 깊은 인상을 주었다. 그녀는 회복의 기미를 보였고, 죄책감도 점차 사라져갔다.

얼마 후 마가렛은 그 동안의 꿈들의 후편이라 할 만한 꿈을 꾸었다.

---

1 사 1:18.

그녀는 다시 어두운 우물가에 서서 밑을 들여다보았다. 입구는 그녀가 들어가기에 충분했다. 그러나 마가렛은 몹시 두려워서 내려갈 수 없었다. 그때 한 남자가 나타나서 아무 말 없이 그녀를 우물 속으로 떠밀었다. 마가렛은 떨어지면서 자기가 아주 깊은 곳으로 빠지고 있다고 생각했다. 그녀는 아무런 고통 없이 땅에 닿았다. 그곳은 아름다운 정원이었다.

이 꿈을 꾼 이후로 마가렛의 두려움은 눈에 띄게 줄었다. 이 꿈에 대해서는 한 남자가 나타난 것 외에 특별히 해석이 필요 없다. 마가렛의 결단을 기다리지 못하고 더 빨리 깊은 곳으로 들어가도록 재촉했던 것 같다. 드디어 마가렛이 그 깊은 곳으로 들어갔고, 그녀는 무의식의 세계가 무서운 구렁텅이는 아니었음을 알았다. 그곳은 아름다운 정원이었다.

이 꿈은 하나의 실제적인 경험이다. 인간의 삶을 초월한 영적 세계의 깊이와 높이를 보여준 꿈이었다. 다시 말하여 무의식은 기억하기조차 싫은 사실들을 밀어 넣는 지하실이 아니라,[2] 치유와 전인성을 목표로 의식과 함께 살아 움직이는 실체이다.

또한 꿈은 기독교인에게 있어서 용서에 관한 메시지를 담고 있다. 용서는 십자가가 내포하고 있는 의미 가운데 핵심적인 것의 하나이다. 용서는 영혼에 관련된 일이요 내적 체험이다. 그런데 용서를 받으려면 인간의 죄책감이 내재해 있는 그 깊은 곳을 인식해야 한다.

___

2 심리분석으로서, 예를 들면 프로이트와 그의 학파가 그렇게 이야기했다.

교회에 나가는 모든 사람들은 하나님께서는 죄를 용서하시며, 그리스도께서는 인간의 죄를 걸머지고 십자가에서 돌아가셨다는 사실을 잘 알고 있다. 그러나 실제로 자신이 용서를 받아 자유롭다고 마음속 깊이 느끼는 사람은 많지 않다. 이러한 사실은 우리가 무의식의 영역을 들춰볼 때 비로소 분명하게 나타난다. 기독교의 메시지와 실제 상황과의 격차를 깨달은 사람이라면 이렇게 자문하지 않을 수 없다. "무엇이 잘못되었을까?"

문제는 인간이 죄를 인식하지 못하는 데서 비롯된다. 대체로 현대인들은 죄책감을 갖지 않는다. 기독교인들 중에도 매사를 편하게 생각하여 인간이 죄를 지어도 하나님께서 그 죄를 말끔히 씻어 주기 때문에 더 이상 죄의식을 가지고 살 필요가 없다고 말한다. 게다가 심리학자들은 죄의식을 갖는 것은 어리석은 짓이라고 말한다. 즉 죄의식은 청교도식 발상으로, 빅토리아 왕조 때부터 전해져 내려온 불필요한 짐이라는 것이다. 그 결과, 자신의 죄를 절박한 문제로 받아들이는 사람이 거의 없다.

죄책감을 갖지 않은 행복한 상태를 공연히 어지럽히고 싶은 마음은 추호도 없다! 손쉽게 살아가려고 하는 기독교인들이나 도덕적 허무주의를 주장하는 심리학자들의 생각이 맞는다면 기꺼이 문제 제기를 중단할 것이다. 그러나 죄의 문제는 아직도 해결되지 않았으며, 인간은 계속해서 죄를 내적 부담으로 여긴다. 이러한 상태에서는 아무것도 개선되지 않는다. 문제를 의식하지 못하는 한, 해결 방법은 없다. 다시 말해서 우리가 무엇에 대해 죄의식을 가지는지 알지 못한다면 용서를 체험할 수 없다. 만약 자기 스스로 죄를 의식하지 않으려고 한다면 정신적 긴장으로 병이 생기거나(중풍에 걸린 사람처럼, 눅 5:18 ff.), 사고를 일으키든지, 쓸데없는 걱정으로 고통을 겪게 될 것이다. '죄 콤플렉스' 같은 것은 심리학적으로 다루어야 할 문제이지만, 인간적인 죄는 살아 있는 존재에겐 필요불가결한 것이다.

여기서 잠깐, 죄 문제에 대한 심리학적 해결방식과 쉽게 살아가려고 하는 기독교인들의 해결방식의 오류들을 짚어보자. 프로이트는 대체로 죄책감이란 초자아에서 나오는 것이라고 주장한다. 초자아란 마음에서 이루어지는 판단의 장치이며, 옳고 그름에 대한 부모, 종교, 사회의 가르침의 결과라고 설명한다. 프로이트 학파는 초자아는 죄에 대해 책임을 지며, 특히 초자아의 도덕적 판단은 자연적인 욕망·본능과 충돌한다고 말한다. 그들은 사회의 질서를 지키기 위해서는 초자아가 반드시 필요하다고 주장한다. 그러면서도 프로이트 요법은 초자아를 감소시켜 개개인으로 하여금 쾌락을 추구하는 자연적인 욕망들, 특히 성적 욕구를 보다 쉽게 충족시킬 수 있게 함으로써 긴장과 불안의 해소를 목표로 한다.

죄책감에 대한 이러한 분석에는 타당한 점도 있다. 우리가 죄라고 느끼는 것은 종종 사회의 기대에 따라 조건 지어져서 인간의 양심을 괴롭히고 그릇된 방향으로 이끌기도 하기 때문이다. 프로이트적 분석에 따른 치료에서는 어느 정도까지는 본능적이고 인간적인 자기를 받아들이도록 양심을 재교육할 것이다. 육체적인 욕구를 강하게 금기시했던 청교도적 양심이 바로 그러한 치료를 받아야 할 한 예인데, 이 점을 지적한 프로이트에게 우리는 감사해야 할 것이다. 자아 속에서 고양(高揚)된 양심은 무질서한 본능을 막아주는 방패 역할을 한다. 우리가 단지 육체적 욕망이나 욕구의 충족에 만족하는 동물과 같다면 인간은 불쌍하고 서글픈 존재일 것이다. 그러나 인간의 자아는 본능적인 욕구에 직면할 수 있을 만큼 강하다고 배운 프로이트 신봉자들은 이제는 우리의 어떤 욕망들을 자연스럽고 바람직한 것으로 받아들일 줄 알아야 한다고 주장하는 것은 당연하다.

반면에 융은 초자아 대신에 '집단적 사고'(collective thinking)라는 개념을 사용한다. 집단적 사고란 일반적으로 우리 마음을 차지하고 있는 생각을 의미한다. 그렇지만 그러한 생각들은 실제로 우리 자신의 생각이 아니며, 때로는 우리 자신의 진실과 갈등을 일으키기도 한다. 초자아는 우리가 소속된 도덕을 의미하지만, 그것은 보다 광범위한 집단적 사고의 일부분에 지나지 않는다. 집단적 사고는 우리 자신의 개성이나 하나님으로부터 비롯되는 것이 아니라 일반적인 생각에 근거하는 것이므로 우리의 진정한 창의력을 억압한다.

근원적인 도덕성은 양심 또는 부모나 사회에 의해 형성된 도덕에 있지 않고 인간의 더 높은 자아의식 속에 존재하는 하나님에게 있다. 그것은 또한 인간에게 자신의 내적인 진실을 따르라고 요구한다. 이를 깨닫지 못한 프로이트 학파의 심리학도 있다. 어떤 일이 잘못되었다는 것은, 사회가 그것이 잘못이라 말하기 때문이 아니라 그것이 우리의 가장 깊고 진실한 본성에 위배되기 때문이다. 예를 들어 어떤 여성이 무의식적으로 낙태를 죄로 생각한다면 그것은 낙태가 법에 위배되기 때문이 아니라 자기 본성에 위배되기 때문이다.

십계명 같은 종교적 도덕은 인간의 내적인 진실(또는 하나님의 음성)을 반영하거나 구체화시킨 것이다. 도덕적 계명들은 정당성이 있다. 그것은 도덕률 자체가 절대적으로 옳기 때문이 아니라, 우리 안에 계시는 하나님의 음성이 모든 인간에게 삶에 대해 말해 주는 것을 일반화시켰기 때문이다. 이제는 더 이상 교회나 사회의 교훈에 의존하여 도덕적 안내를 받지 말고 인간 내적 진실이 이끄는 대로 살아갈 때이다. 우리는 영혼의 법도 인간의 법만큼 요구하는 것이 많다는 사실을 명심해야 한다.

또 다른 실례가 있다. 어느 날 한 여자가 우울증과 정신적인 이상 증세 때문에 상담을 요청해 왔다. 그녀를 치료하던 의사는 그러한 증세가 육체적인 원인에서 온 것이 아니라고 진단했다. 그녀는 비정상적인 방법으로 상대방 남자와 함께 성적 흥분의 절정에 도달한 경험이 있는데, 그 남자와 결혼하지 않았다. 그녀는 시대가 변했고, 하나님도 그러한 일로 인간을 더 이상 정죄하지 않는다고 생각했다. 그녀는 이런 식으로 자기의 죄를 합리화시켰으며 죄를 의식하지도 않았다. 그런데 그녀의 꿈은 이러한 경험들에 대해서 계속하여 무엇인가를 암시하고 있었다. 그녀는 그러한 사실을 받아들이려고 하지 않았다. 그러나 그녀의 영혼은 그 같은 사실들을 토해내려고 했다. 결국 그녀는 양심의 가책을 느껴 죄를 인정하고 신뢰하는 상담자에게 과거를 털어놓았다. 비로소 그녀는 받아들일 수 없는 기억에 대한 무의식적 속박에서 헤어날 수 있게 되었다.

그녀의 의식은 현대적인 추세에 따라 우발적인 성적 경험을 정당하게 받아들였던 것이다. 오히려 그녀는 자신이 왜 앓게 되었는지 이상하게 생각할 뿐이었다. 그러나 그녀의 무의식은 그 일을 관대하게 넘기지 않고 그녀에게 그 문제를 처리하도록 꿈을 통해 계속 요구했다.

프로이트는 종교라는 이름 아래 인간의 성적인 본능을 억압해선 안 된다고 했다. 마찬가지로 본능이라는 이름 아래 종교적이고 도덕적인 본질을 억압해서도 안 된다. 이 둘은 균형을 이루고 있으나 서로 충돌하려고 한다. 어느 한 쪽이든지 억압하려고 한다면 결국 불행한 결과를 초래하게 된다. 이는 심리학 이론으로도 죄책감의 문제를 해결할 수 없기 때문이다. 하지만 죄책감이 있을 때에만 회복될 수 있기 때문에 때로는 죄책감을 느낄 필요가 있다.

다음과 같은 이야기를 상담자는 얼마나 여러 번 되풀이했는지 모른다.

한 여자가 정신과 의사와 상담하면서 간통한 사실을 고백했다. 그녀는 전에도 다른 의사와 상담을 했었는데, 그 의사는 그녀에게 본능대로 행하면 되고 죄책감 따위는 가질 필요가 없다고 말했었다. 그러나 그녀가 계속 죄책감에 사로잡히게 되자 두 번째 의사는 목사를 찾아가라고 권유했다. 그 여자는 목사에게 간통을 말했고 죄를 고백했다. 그러나 그 목사도 그녀를 도울 수 없었다. 왜냐하면 그는 모든 사람은 때때로 실수를 범하며, 하나님은 그것을 용서하신다고 이야기하여 그녀를 안심시켰기 때문이다. 그 목사는 친절하며 이해심 많고, 관대한 사람 같았지만 사실은 잔인한 사람이었다. 그 여자는 다시 정신과 의사에게로 돌아왔는데, 그 정신과 의사는 다시 그녀를 성직자에게로 보내어 하나님의 용서를 실제로 느끼도록 도와야 했다.

용은 두 개의 머리를 가지고 있다. 대개 인간은 자기의 죄를 인정하려고 하지도 않으며 용서를 받을 수 있다고 생각하지도 않는다. '그것은 문제가 되지 않는다'라고 생각하면서도 적어도 죄와 대면해서는 절망을 느끼고 결코 다시는 깨끗해질 수 없다고 생각한다. 이것은 모순이다. 왜냐하면 자기의 죄를 합리화하면 용서를 받아들이기가 쉬울 것이라고 생각하지만, 이상하게도 그러한 합리주의자들이 자신의 죄에 직면해서는 절망에 빠지기 때문이다.

이러한 문제가 늘 꿈에서 재현된다는 사실은 놀라운 일이 아니다. 때때로 꿈은 인간의 잊고 있는 죄를 상기시켜 주며, 어떤 경우에는 죄를 씻을 수 있다는 것도 암시해준다. 꿈은 항상 '나의 죄는 문제가 되지 않는다'는 의식적인 방어와 '나에게는 더 이상 희망이 없다'는 비관적인 포기를 서로 보완하려 한다.

이제 몇 가지 결론을 내려 보기로 하자.

1. 본 장(章)에서는 몇 가지 꿈을 분석하면서 상담을 청해 온 사람과 그들이 도달했던 꿈의 해석을 소개했다. 물론 꿈은 실험의 소재가 될 수 없다. 꿈 해석의 옳고 그름은, 오직 꿈꾸는 사람이 그것을 얼마나 의미 있다고 느끼는가와 해석자의 경험을 바탕으로 한 다른 꿈 자료들과의 비교를 통해서 알 수 있다. 또한 무엇보다도 연

이어 일어나는 사건의 과정을 통해서 알 수 있다. 우리는 다시 제1
장에서와 같은 결론에 도달하게 되었다. 즉 인간에게는, 이전과는
다른 관점에서 자신을 볼 수 있도록 도와주며 치유와 전(全) 인격을
지향해 가는 무의식적인 지혜의 근원과 같은 것이 내재하고 있다는
결론이다. 이 지혜는 꿈을 매체로 이용하여 인간이 상징적인 메시
지를 의식적으로 이해하도록 도와준다. 나는 꿈의 배후에 있는 실
체를 설명하기 위해 '지혜'(wisdom)라는 말을 사용했다. 나는 때때
로 이 책의 다른 곳에서 꿈의 '목적성' 또는 꿈 이면에 있는 '지능'에
대해 언급할 것이다. 이러한 용어를 사용할 때 무의식은 의식적인
정신과 같이 뚜렷한 의지를 가지고 있는 것처럼 인격화된다. 엄밀
하게 말하자면 과학적으로 옳지 않다. 왜냐하면 무의식을 하나의
정신적인 실체인 것처럼 말할 수는 있지만, 그 무의식의 본질이 무
엇인지는 알지 못하기 때문이다. 내가 '목적성'이니 '지능'이니 하는
용어들을 사용하는 이유는, 무의식이 실제로 목적과 지혜를 가진
인격적인 존재처럼 느껴지기 때문이다. 융은 자신이 어렸을 때 꾸
었던 꿈을 이야기하면서 다음과 같은 질문을 던진 적이 있다.

  내 안에서 누가 말하고 있었던 것일까? 누가 그것들을 생각했을까?
  어떠한 우수한 지능이 작용했을까?[3]

나도 융처럼 느꼈다.

─────────────────

3 C. G. Jung, *Memories, Dreams, Reflection, Pantheon Books*, 14.

2. 꿈은 상징을 통해 이야기한다. 인간은 언제나 꿈을 꾸어 왔다. 물론 여러 가지 다른 언어들이 있지만, 꿈이 그것 자체를 '생각하고 표현하는' 일반적인 언어는 상징이다. 이 상징적인 언어는 모든 의식적인 언어의 장벽을 초월한다. 그 상징은 두 가지의 근원에서 비롯된다. 그 하나는 인간의 개인적인 경험이다. 따라서 작은 강아지는 바로 꿈꾸는 사람 자신의 강아지였던 것이다. 그러나 모든 인간에게 공통된 또 다른 근원을 생각하지 않으면 이해할 수 없는 상징들이 있다. 땅, 흰 것, 정사각형 등이 인간에게 수세기 동안 무엇을 의미해 왔는지를 이해해야 꿈에 나타나는 상징들의 의미를 온전히 알 수 있다. 그래서 융은 그것을 '집단무의식'이라고 명명했다는 점도 앞에서 언급했다. 여기서 우리는 발달 가능성을 지닌 정신생활의 보편적인 근원을 살펴볼 수 있었다.

3. 꿈에 숨어 있는 분명한 목적, 상징적 요소로 나타나는 깊은 근원, 그리고 정신적 균형을 위한 보상적 기능 등을 우리가 인식하고 있다면, 이제는 꿈이 무엇을 추구하는가를 물어야 한다. 꿈이 추구하는 것들은 인격의 목표가 의식적인 자아로부터 유래되는 것이 아니라 우리가 알지 못하는 무의식적인 근원에서 유래되는 것이기 때문이다. 그렇다면 인격의 목표는 무엇인가? 꿈에 자주 나타나는 원, 둥근 탁자, 정사각형 등의 상징은 인격의 목표가 전(全) 인격 또는 모든 인격의 자질이 포함된 정신적 총체임을 의미한다.

4. 인격적으로 성장하는 데 크게 도움을 주었던 마가렛의 꿈은

오늘날 대부분의 사람들이 겪고 있는 정신적인 문제와 관계가 있다. 죄의식에 대한 모든 문제(죄의식이란 무엇인가? 어떻게 용서받고 구원을 얻을 수 있는가?)는 대부분의 사람들이 의식적으로 직면하는 것이 아니라 무의식적으로 부딪히는 문제이다. 교회는 십자가의 상징을 사람들에게 계속하여 이야기하고 있다. 따라서 교회는 하나님의 영원한 용서도 선포해야만 한다. 그러나 용서는 영혼이 관계되는 일이기에 교회의 메시지가 인간들의 마음속 깊은 곳에서 진실로 받아들여지지 않는 한, 어떠한 영향도 끼칠 수 없게 된다. 마가렛의 꿈은, 교회가 궁극적인 실체의 본질을 독단적으로 규정하지 말고 우리의 꿈이 전해 주는 영혼의 언어를 더욱 경청해야 한다는 암시이다.

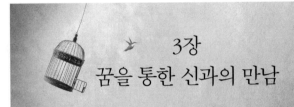

## 3장
## 꿈을 통한 신과의 만남

저희 앞에서 변형되사 그 얼굴이 해같이 빛나며 옷이 빛과 같이 희어졌더라.[1]

지금까지는 특히 심리적이고 종교적인 문제들과 관련된 꿈들을 다뤘다. 본 장(章)에서는 색다른 꿈에 대해 살펴보자. 첫 번째 예는, 나의 아버지가 세상을 떠나기 일주일 전에 꾸었던 꿈이다.

나와 마찬가지로 아버지, 할아버지, 증조할아버지 모두 성공회 신부였다. 그러나 아버지는 불운한 시기를 거치고 난 다음에야 비로소 성직자의 길을 선택했다. 젊은 시절 그는 뉴잉글랜드의 여러 공장에서 기술을 배웠으며 비교적 늦게 대학에 입학했다. 졸업 후 얼마 동안 라틴어를 가르쳤는데 흥미를 느끼지 못하고 중국으로 건너갔다. 그곳에서 아버지는 평범한 기술자로, 선생으로, 그리고 평

---

1 마 17:2.

신도 선교사로 일했다고 한다.

아버지가 늦은 나이에 성직을 택한 것은 할아버지와의 충돌 때문인 것 같다. 그들의 관계는 아주 모호했었다. 어쨌든 아버지는 중국에서 혼자 조용히 지내다가 서른두 살 때 성공회의 신부로 안수를 받았다. 그 무렵 아버지는 중국 장로교 선교사의 딸인 어머니와 결혼하였다. 중국에서 얼마동안 지낸 후 부모님은 미국으로 돌아왔다. 아버지는 뉴저지의 한 교구를 맡아 23년 동안 성실히 성직을 수행했다. 아버지는 연로하자 매사추세츠에 있는 작은 교회로 옮겼고, 우스터(Worcester) 근교인 웨스트보로에서 살게 되었다.

아버지는 현대 심리학에 대한 특별한 지식도 없었고 교육도 받지 않았지만, 타고난 목회자였고 교인과의 관계도 좋았다. 그는 친절하고 지혜롭고 모범적인 백인 성직자였으며, 개인적인 내적 갈등을 딛고 평생 동안 불안한 영혼들을 돌본, 교계의 알려지지 않은 영웅 중의 한 사람이었다. 아버지의 목회 경험들은, 그가 세상을 떠나기 직전에 썼던 『하나님의 치유하시는 힘』[2]이라는 책에 기록되어 있다. 나는 아버지의 꿈을 기록하거나 알아둘 만큼 그를 잘 알지 못했다. 그의 아들이며 동료 목사인 내가 꿈에 대해 많은 관심을 가지게 되었을 때에도 아버지는 별 반응이 없었다.

아버지는 세상을 떠나기 8년 전쯤부터 협심증의 초기 증세를 보였다. 점차 병세가 악화되자 아버지는 활동을 줄였다. 그가 세상을 떠나기 2년 전부터는 신장까지 나빠졌다. 아버지는 빈번히 병원을 드나들었다. 병원 출입은 그에게 고통스럽고 창피스럽고 우울한 일

---

2 Prentice Hall, New York.

이었다. 성직자도 사람이다. 아버지는 고통스런 투병생활을 하던 중, 죽음에 대한 불안감을 나에게 털어놓았다. 곧 죽게 될 것이라고 생각하셨나 보다. 그는 죽기 일주일 전에 다음과 같은 꿈을 꾸었다. 그는 그 의미를 감지하여 어머니에게 꿈을 들려주었고, 어머니는 그 이야기를 받아 적었다. 다음의 내용은 어머니가 들려준 것이다.

꿈에 너의 아버지는 자지 않고 거실에 있었단다. 그런데 그 방이 바뀌더니 아버지가 어렸을 때 살던 버몬트의 오래된 집으로 변했지. 아버지는 당신의 방에 누워 있었단다. 또 다시 그 방은 네 아버지가 처음 직장을 얻은 곳인 코네티컷으로, 중국으로, 그가 종종 들렀던 펜실베이니아로, 뉴저지로 바뀌었고, 다시 거실로 변했단다. 중국 장면에서는 내(나의 어머니)가 나타났고 장면이 바뀔 때마다 조금씩 늙어갔다. 그리고 네 아버지는 다시 거실에 누워 있었단다. 내가 층계를 내려오고 있었다는구나. 거실에는 의사가 네 아버지를 지키고 있었지. 의사는 '그가 죽었습니다'라고 말했대. 그리고서 다른 사람들이 꿈에서 사라졌단다. 네 아버지는 벽난로 위에 놓여 있는 시계를 보았는데, 시계 바늘 멈추었단다. 시계가 멈추자 벽난로 시계 뒤에 있는 창문이 열리더니 밝은 빛이 들어왔단다. 열린 창문은 넓어지고 그 빛은 휘황찬란한 길이 되었지. 그러자 그는 빛의 길을 따라 걸어갔단다.

아버지는 임박한 죽음을 알려주는 꿈이라는 여겼지만 불안해하지는 않았다. 그는 일주일 후에 숨을 거두었는데 마지막 모습은 평온하였다. 그는 전날 밤 잠든 그 모습 그대로 누워 있었다. 우리는 묘비에 그가 걸어간 '빛의 길'을 새겨 넣었다.

자신의 죽음에 대한 꿈을 꾸는 것은 특별한 일이 아니다. 나는 어떤 명확한 결론을 내릴 만큼 꿈을 충분히 꾸어보지는 못했지만, 어떤 꿈은 다가오는 일을 커다란 불행으로, 또는 아름다운 것으로 암시해 준다는 것이 나의 생각이다. 아마도 당사자가 얼마나 죽음을 잘 대비했는지, 그리고 얼마만큼 삶을 충실히 살아왔는지에 따라 꿈의 형태는 달라질 것이다. 아버지의 꿈은 죽음을 암시하고 있는 것이 분명하다. 멈춘 시계 바늘은 아버지의 시간이 이제 끝났으며 곧 죽음이 다가온다는 사실을 가르쳐 준다. 그 꿈은 인생의 순간들을 파노라마처럼 차례대로 남김없이 보여준다. 무엇보다 놀라운 것은 시계 뒤로 나 있는, 나의 아버지가 걸어가신 빛의 길이다. 빛의 길은, 죽음이 끝이 아니고 다른 삶의 시작임을 암시한다. 그에게 시간과 공간을 초월한 새로운 세계가 열렸다는 것을 암시한다.

이러한 꿈에 대해 사람들이 나타내는 반응은 제각각이다. 유물론적이고 합리적으로 사고하는 사람들은 육감의 세계를 초월한 실체가 존재한다는 것을 받아들이려 하지 않는다. 매우 실질적이고 눈에 보이는 세계만을 중시하는 현대인들은 이런 꿈을 무시하며, 엉뚱한 일로 매도한다. 그러나 그 꿈을 꾸었다는 사실은 변하지 않는다. 꿈은 실제로 일어난 사건이므로 신중하게 고려할 만한 가치가 있다. 혹자는 꿈에 대해 '뚱딴지같은 일', '비과학'이라고 말할지도 모른다. 그러나 그렇게 말하는 사람이 오히려 비과학적인 사람이다. 왜냐하면 그들은 모든 실체는 합리적이고 유물론적인 용어로 표현할 수 있다는 과학적이지 못한 가설을 내세우기 때문이다. 그러한 가설에서 출발한다면, 어떤 실체에 다른 차원이 있다는 증거를 비과학적이라며 거부할 것이다. 그러나 진실한 과학자는 가설에서 시작하지 않고 분명한 사실에서부터 시작한다. 꿈은 인간의 삶 가운데서 일어나는 여러 가지 사건들과 마찬가지로 현존한다. 다만 꿈은 손으로 붙잡을 수 없고 쉽사리 과학적인 실험의 대상으로 삼을 수 없을 뿐이다.

이와 같은 꿈은 인간의 유물론적인 사고의 밑바탕에 깔려 있는 핵심을 정확하게 들추어 준다. 인간은 현재적이고 감지할 수 있는 물리적 세계를 수용한다. 물질은 겉으로 드러나 있으며 과학적으로 실험할 수 있다. 그러나 꿈처럼 시간과 공간을 초월한 존재의 영역에 대한 사고는 우리 시대의 집단적 사고와 일치하지 않는다. 공산주의는 이러한 사고의 영역을 노골적으로 부인하고 있다. 서구 사회 사람들 역시 종교의 유적들을 간직하긴 하지만, 감각을 초월한 세계를 부인한다.

우리가 진정한 기독교인이라면 보이지 않는 세계를 신중히 생각해야 한다. 니케아신조(信條. 신앙고백문. 신경)에서는 "유일하시고 전능하신 하나님께서 하늘과 땅을 창조하셨을 뿐만 아니라 눈에 보이는 것과 보이지 않는 것까지 모두 창조하셨다"라고 고백하고 있다.

그는 또 성찬식의 신앙고백에서 내적이고 영적인 은혜에 대한 신앙이, 외적이고 눈에 보이는 성찬식으로 나타나는 것이라고 이야기한다. 성서를 보면 어디에서나 눈에 보이지 않는 영적 세계의 영역에 대해서 설명하고 있다. 예수님의 삶은 꿈과 천사의 현현으로부터 시작되었고, 예수님의 사역은 성령에 의한 세례와 악마의 유혹으로 시작되어 변화산상에서 절정을 이루었고 십자가상의 죽음을 통해 달성되었다. 바울 역시 다메섹 도상에서 하나님께 사로 잡혀 하늘로부터 환상을 보고 계시를 들었다. 바울은 이때 이 세계를 움직이는 새로운 힘과 원칙을 깨달았다. 그래서 바울은 눈에 보이지 않는 세계를 선포하였고, 그리스도 안에서 십자가를 통해 거듭났다는 것을 계속 주장했다.

성서를 통해 영적 세계의 존재를 증명하려는 것은 아니다. 물론 여러 가지 비판이나 의심을 초월해서 성서를 받아들이면, 영적 세계의 존재는 증명된다. 나는 개인적으로 성서에서 깊은 감동을 받았지만 그렇다고 많은 독자들이 나와 같은 방식으로 성서를 받아들일 수 있으리라고 기대하지는 않는다. 따라서 성서 본문에만 근거하여 나의 견해를 피력하고 싶지는 않다. 그러나 나는, 눈에 보이지 않는 실체를 믿고 이를 위해 죽을 각오가 되어 있는 사람들에게서 기독교의 진수를 찾을 수 있다고 본다. 물론 다른 종교의 경우도 마찬가지로 이러한 신념을 가지고 있는 사람들에게서 그 종교의 진가를 발견할 수 있을 것이다.

앞으로 두 가지 꿈을 더 소개할 것인데, 여기서 유의해야 할 점이 있다. 인간의 정신 깊은 곳에 내재하고 있는 꿈의 원천은 시간과 공간의 제약을 받지 않는다. 이런 전제 아래에서만 꿈을 설명할 수 있다. 한마디 덧붙이자. 여기서 예로 든 꿈들은 매우 신중하게 선택한 것이다. 수많은 사람들이 미래를 예언하는 것처럼 보이는, 또는 의식적으로는 알 수 없는 사건이 실제로 일어나고 있다고 알려주는 것처럼 보이는 꿈을 나에게 들려주었다. 특히 제2차 세계대전 기간에 사람들은 그런 꿈을 많이 꾸었다. 그러나 건강한 정신 상태에서 안정된 생활을 하고 있는 사람들의 경험만을 여기 소개하고자 한다. 시간과 공간을 초월하는 꿈을 연구한다고 해서 형이상학적이고 무책임한 추측을 하는 것은 아니다. 오히려 매우 신중하고 과학적인 관찰을 통해 꿈의 세계로 접근해 갈 것이다. 가장 신빙성이 있고 믿을 만한 꿈의 근거는 언제나 주관적이다. 그래서 다른 자연과학처럼 하나의 근거에 따라 여러 꿈을 해석할 수는 없다. 이러한 어려움을 나는 너무 잘 알고 있기에 섣불리 하나의 원칙에 따라 꿈을 해석할 생각은 없다. 꿈이 실존하고 있음은 사실이다. 그러나 건강한 사람조차 꿈을 자주 꾸고 있기 때문에 우리는 꿈을 간과해 버리기가 쉽다. 우리의 삶에서 일어나는 여러 가지 사건들처럼 꿈 역시 심사숙고할 필요가 있다.

여기 소개하는 첫 번째 예는 어느 중년 부인의 꿈이다. 그녀는 유능하고 정직하며 지성과 침착한 성품을 지녔다. 그녀는 꿈이 심리적으로 중요한 역할을 하고 있다는 것을 깨닫지 못하고 있었다. 그녀가 나에게 들려준 이야기를 그대로 옮겨본다.

이 꿈은 1944년 12월 9일에 꾸었습니다. 우리 아기는 1942년 11월 29일, 생후 4개월 만에 갑자기 죽었습니다. 저는 꿈에서 30세 정도로 보이는 젊은 여자가 이제 막 걸음마를 배우고 있는 남자 아이의 손을 잡고 있는 모습을 보았습니다. 비록 두 사람이 점점 저에게서 멀어졌지만 저는 직감적으로 남자 아이가 제 아이라는 사실을 알았습니다. 특히 그 아이의 탄탄한 작은 다리를 보고 그 사실을 확신했습니다.

두 사람은 꽃이 피어 있는 비탈진 잔디밭을 자유롭고 행복한 모습으로 내려가고 있었습니다. 그 꽃들의 색깔은 형언할 수 없을 정도로 아름다웠습니다. 그들은 이 세상 사람들이 아닌 것 같았습니다. 그 젊은 여자는 허리띠가 달린 형언할 수 없는 색깔의 느슨한 옷을 걸치고 있었습니다. 저는 그녀가 매우 가깝게 느껴졌기 때문에 나와 매우 친근한 사람일 것이라고 생각했습니다.

저는 그 꿈이 너무 생생했기 때문에 일어나서 남편에게 그 아이에 대해 이야기했습니다. 저는 그 꿈을 꾸고 큰 위안을 받았습니다. 남편에게 이렇게 말했습니다. '저는 우리의 아이가 그 애 할머니와 함께 있다고 생각해요. 왜냐하면 꿈에서 그 여자는 매우 가깝게 느껴졌거든요. 그 여자가 그 아이를 잘 돌보고 있었기 때문에 아이는 아주 건강해 보였어요.' 저는 행복했습니다. 그때가 새벽 1시 30분이라고 남편이 시간을 알려 주었습니다.

다음 날 아침 저는 제 어머니가 새벽 1시 30분에 돌아가셨다는 전보를 받았습니다. 그 꿈을 꾸었던 바로 그 시간이었습니다. 저는 어머니의 장례식에 가면서도 슬프지 않았습니다. 그 이후에도 어머니나 아기 때문에 슬픔에 잠기는 일은 없었습니다.


이 꿈에 나타난 상징에 대해서는 형이상학적으로 설명할 필요가 없다. 그렇다면 우리는 이 꿈에 나타난 상징들, 즉 남자 아이, 꽃, 언덕 등을 어떻게 해석해야 할까? 그 상징들은 우리가 설명할 수 없는 또 다른 실체 속에서 우리의 삶이 지속되고 있음을 가르쳐 준다. 우리는 다음 두 가지 사실을 기억해야 한다.

첫째, 그 꿈을 꾼 시각은, 꿈꾼 사람의 어머니가 죽은 시각과 일치한다.

둘째, 그 꿈은 비합리적이지만 꿈꾼 사람에게 깊은 확신을 주었다.

의식의 세계는 시간과 공간의 제한을 받는다. 그러나 첫 번째 사실은 꿈을 형성하는 무의식의 바탕이 시간과 공간의 제한을 받지 않는다는 점을 보여준다. 두 번째 사실은 우리가 보고 느끼는 현실은 또 다른 실제에 영향을 받는다는 점을 보여 준다. 따라서 참된 종교는 인간의 의식에 떠오르는 단편적인 생각이나 감정에 기대지 않는다. 또한 단순히 부모가 오래 살기를 바라는 식의 마음에 바탕을 두지 않는다. 즉 참된 종교는 니케아 신조에서처럼, 보이는 세계와 보이지 않는 세계가 실제로 존재한다는 인식에 근거를 둔다.

다른 꿈을 들어보자. 이 꿈은 내가 모르는 사람의 꿈이다. 나는 친구의 도움으로 그 꿈을 알게 되었다. 이 꿈은 인상적이고 전형적인 것이어서 여기에 소개할 필요가 있다고 판단했다. 내 친구가 이야기한 그대로 소개하겠다.

어떤 부인이 3일 동안 계속 되풀이해서 꾼 꿈이다. 그녀는 나뭇잎이 떠있는 흙탕물에 사람이 빠져 있는 꿈을 꾸었다. 3일째 되는 날 그녀는 부엌에서 일하고 있다가 갑자기 아무런 이유 없이 이웃집 마당으로 뛰어갔다. 그곳에는 방치된 연못이 있었고 그 연못에는 낙엽이 떠 있었으며 그 아래 누군가 둥둥 떠 있었다. 바로 그녀의 어린 아들이었다. 그녀는 의식적으로 그러한 사실을 인식할 수 없었으나 그녀의 무의식이 그 사건을 감지하게 했으며 마침내 사고가 났을 때 연못에 빠진 아들을 건져내어 인공호흡으로 살려낼 수 있었다. 그녀는 꿈 덕분에 아들의 목숨을 건졌다. 만약 그녀가 꿈을 통해 하나님의 경고를 받지 않았더라면 그녀의 아들은 익사하고 말았을 것이다. 더 나아가 만일 그녀에게 그 꿈을 해석해 줄 사람이 있었다면 그 연못에 철조망을 치든가 혹은 다른 방법으로 사고를 예방했을 것이다.

다른 꿈들처럼 이 꿈도 시간과 공간을 초월하여 사건을 인식시킨다. 공간과 시간을 초월한 실체가 사실상 존재하며, 인간의 정신은 그 실체에 접근할 수 있다는 점은 유물론적인 사고에서 보면 이상하고 낯설다.[3]

과학은 놀랄 정도로 발전되어 왔다. 그러나 과학적으로만 사고하려는 인간은 다음과 같은 '햄릿의 경고'를 신중하게 받아들여야 한다.

호레이쇼! 하늘과 땅 사이에는 당신이 생각한 것보다 더 많은 것이 있다오.

그러나 꿈을 당연한 사실로 받아들인다면 지금까지 인간이 이해

---

3 전통에 길들여진 우리의 생각은 그러한 꿈 전체를 부정하려고 하며 잘못된 생각으로 꿈을 처리하려고 한다. 분명히 우리가 과학적으로 그러한 꿈을 다루고자 한다면 상당한 어려움을 겪게 된다는 것을 인정하지 않을 수 없다. 그런데도 그러한 일은 있을 수 없다는 선입견을 가지고 꿈을 거부해 버린다면 그것은 그렇게도 과학적인가? 어리석은 사람만이 그렇게 말할 수 있다. 왜냐하면 그러한 말은 창조적인 세계에 어울리지 않기 때문이다.

했던 것보다 훨씬 더 깊이 있게 인간의 종교적 본능과 그 실체를 이해하게 된다. 종교의 근원은 많은 심리학자들의 피상적인 이론이나 오늘날 신학자들의 빈약한 주지주의(主知主義)보다 더 심오하다. 그렇다고 해서 틀에 박힌 종교적인 태도로 꿈을 고지식하게 감추려 해서는 안 된다. 지렁이도 밟으면 꿈틀거리듯 무엇이든지 억압하면 할수록 고개를 들고 일어난다.

사람들은 이 이야기를 듣고 다음과 같은 질문을 던지게 될 것이다. "왜 이 엄마만 이런 꿈을 꾸었을까? 왜 다른 엄마는 이런 꿈을 못 꾸는가? 같은 날 물에 빠진 다른 아이들은 놓아두고 왜 유독 그 여자의 아이만을 구할 수 있었는가? 어떤 이유로 '하나님'은 이러한 선택을 하셨는가? 그 이야기처럼 실제 상황 속에서 일하시는 하나님은 어떠한 분이신가?"

꿈을 신중하게 받아들이게 되면 우리는 하나님에 관한 독단적이고 교리적인 이론에 더 이상 만족할 수 없을 것이다. 하나님은 인간에게 미지의 실체를 탐구하게 하신다. 우리의 지식과 이해가 부족하다는 사실을 깨닫고 우리는 당황하게 된다. 지금까지 우리가 무언가 알고 있다고 착각해 왔던 지성이라는 수단은, 불합리한 현실에 직면하는 순간 더 이상 효과를 발휘할 수 없다. 학문을 연구하는 신학자들까지도 자신들이 꾸는 꿈을 무시해 버리는 경향이 있다. 너무나 많은 사람들이 꿈을 비과학적이고 대수롭지 않은 것으로 여겨왔다. 우리는 꿈을 통해 들을 수 있는 하나님의 음성을 심각할 정도로 저지당하고 있다.

지금까지 시공을 초월한 꿈의 실체에 대해 언급한 이유는, 과학적이고 종교적인 이해를 바르게 하는데 아주 중요하다고 보기 때문이었다. 또 나는 우리가 자주 꾸는 꿈들이 부인할 수 없는 엄연한 사실로 이해해야 한다고 주장했다. 그러나 미래를 예측할 수 있는 꿈들은 매우 드물다. 대체로 삶과 죽음이 교차되는 긴급하고도 위험한 경지에 처했을 때나 고차원적인 정신을 유발하는 특별한 상황에서만 일어나는 것 같다. 그래서 전쟁이 벌어지는 동안 이러한 꿈들을 많이 꾼다. 그러나 평범한 인생여정에서는 이런 특이한 꿈을 경험하기 어렵다. 또한 대부분의 꿈들이 꿈을 꾼 사람의 일상생활과 밀접한 연관을 가진 것들이다.

지금까지 언급한 내용을 정리해 보자.

1. 위급한 상황에 처했을 때 예기치 않게 되풀이해서 꾸는 꿈은 시간과 공간을 넘어서는 초현실적인 관점에서만 설명이 가능하다. 인간의 종교적인 본성은, 부분적으로는 의식 저변에 깔려 있는 보이지 않는 무의식적인 실체에 근거하고 있음을 암시한다. 바울의 말이 이를 잘 표현해준다.

> 우리가 지금은 거울로 보는 것 같이 희미하나 그때에는 얼굴과 얼굴을 맞대고 볼 것입니다.[4]

2. 본 장에서는 꿈을 무의식적인 정신세계가 가지는 고도의 자

---

4 고전 13:12.

율적인 표현으로 그렸다. 인간의 의식적인 사고는 인간의 정신세계를 독차지하는 실체가 아니다. 우리는 또 다른 정신세계와 함께 거처하고 있는데 그 세계를 의식하지 못하기 때문에 '무의식'(unconscious)이라 부른다. 무의식은, 의식 그 자체로는 이해할 수 없는 사실을 우리에게 일깨운다. 꿈은 의식적인 사고의 한계를 보완해 준다.

3. 우리는 무의식과 꿈의 성격, 그리고 꿈에서 벌어지는 일들이 본질적으로 불합리하다는 점을 알고 있다. 달리 말해 우리는 꿈을 이성적이고 논리적인 사고로 처리할 수 없다. 바람에 대해서 예수님이 하신 말씀 가운데 이런 구절이 있다.

바람은 제가 불고 싶은 대로 분다. 너는 그 소리를 듣고도 어디서 불어와서 어디로 가는지를 모른다.[5]

우리의 꿈도 바람처럼 변덕스럽고 비합리적인 것처럼 보이나 사실은 그렇지 않다.

4. 꿈은 왜 꾸는가? 다시 말해 꿈이 원하는 것은 무엇인가? 무의식적 세계가 우리의 의식보다 더 우월한 목표를 추구할 때 꿈을 꾸는 것은 아닐까? 다음 장(章)에서 성서에 대해 이야기할 때 나오겠지만, 인간은 언제나 자기의 삶 가운데서 초인간적인 경험을 하게

---

5 요 3:8.

되면 그 경험을 하나님이 함께하신 사건이라고 이야기한다. 캄캄한 밤, 눈에 보이지 않는 영혼이 꿈을 통해 인간의 의식 세계를 잘 음미하고 검토하도록 이끌어준다. 꿈은 가슴 설레며, 보람찬 경험이다. 특히 꿈은 치유로 나아가게 한다. 그러나 때로는 놀라운 일일 수도 있다. 꿈을 통한 무의식과의 만남은, 지식 중심의 현대 신학이나 피상적이면서도 유물론적인 과학세계를 혼란에 빠뜨릴 수 있다.

예수께서 대답하셨습니다…. '누구든지 다시 나지 않으면 하나님 나라를 볼 수 없다.' 니고데모가 예수께 '사람이 늙은 뒤에 어떻게 다시 날 수 있겠습니까? 어머니 뱃속에 다시 들어갔다가 날 수가 없지 않겠습니까?' 하고 말하니 예수께서 대답하셨습니다. '내가 진정으로 진정으로 네게 말한다. 누구든지 물과 성령으로 나지 않으면 하나님 나라에 들어갈 수 없다.'[1]

지금까지 이야기한 대로 꿈이 중요하다면 왜 오늘날 꿈에 대해 이렇게 무지한 것일까? 왜 사람들은 그들에게 들려오는 음성을 못 듣는가? 꿈을 왜 곡해하는가? 신학교에서도 꿈에 대해 듣지 못하고 강단에서도 들을 수 없으며 의사들로부터도 들을 수가 없다. 그 이유를 무지에만 돌릴 수는 없다. 기독교인은 성서를 가지고 있고, 성서는 꿈의 중요성을 분명히 우리에게 말한다. 또 우리는 50년 동안

---

1 요 3:3-5.

이나 꿈을 현대적인 방법으로 해석한 프로이트와 융을 읽고 있다.

우리가 꿈이 들려주는 메시지에 귀를 틀어막은 가장 큰 이유는 두려움 때문이다. 꿈이 의미를 지니고 있다고 생각하기가 무섭기 때문이다. 우리 자신에 대한 불쾌하면서도 놀라운 사실들을 생각하도록 강요할지도 모른다. 무의식의 세계를 직시하는 일은 괴롭고 혹독한 일이다. 본 장(章)에서 자세하게 논하고 싶은 것은 성서 속의 니고데모가 오늘날에도 현대인의 사고 가운데 아직 살아 있다는 것이다.

불쌍한 니고데모! 니고데모는 예수님이 학식이 높은 선생이라는 소문을 듣고 찾아갔다. 그런데 예수는 니고데모가 듣길 원하는 말은 뒷전이고, '거듭남'에 대해서 말씀하셨다. 예수님은 감추려고 한 것이 아니다. 눈에 보이지 않는 실체를 전달하기 위해 상징적인 방법을 동원한 것뿐이다. 그러나 니고데모는 문자 그대로 이해하려고 했기 때문에 예수님의 말씀을 이해하지 못했다. 그래서 니고데모는 이렇게밖에 말할 수 없었다. "사람이 그 어머니 뱃속에 다시 들어갈 수가 있습니까?"

꿈이 우리에게 전해주는 메시지를 방해하는 것은 바로 니고데모가 보여준 문자적이요 유물론적인 사고이다. 니고데모 같은 태도로서는 꿈의 영적인 측면을 이해하기 어렵다. 불행하게도 니고데모의 사고방식이 오늘날 우리의 사고를 지배하고 있다.

꿈의 의미를 이해할 수 없도록 방해하는 사고방식(니고데모 같은 생각)을 '집단적(collective) 사고'나 '대중적(mass) 사고'라 부를 수 있다. 우리의 마음과 정신이 우리 자신 내부로부터 우러나오지 않고 외부의 보편적인 사고의 지배를 받을 때 항상 집단적 사고가 나타난다.[2] 집단적 사고는 부모나 동족, 스승 또 현재 형성되어 있는 지적이면서도 감각적인 문화에서 습득한 모든 태도와 선입관으로 이루어진다. 집단적 사고 양식은 인간의 개성을 억압할 뿐만 아니라 인간의 내면으로부터 들리는 음성을 듣지 못하도록 방해한다. 집단적 사고는 공기 속에 퍼져 있는 먼지와 같아서 인간이 태어날 때부터 마셔왔기 때문에 이것이 미치는 영역과 끼치는 영향력은 우리가 생각하는 것보다 훨씬 뿌리 깊다.

집단적 사고는 끊임없이 우리의 생각과 철학에 영향을 미친다. 말과 행동은 우리의 생활 전반에 걸쳐서 작용한다. 강단에 선 설교자가 집단적 사고의 영향을 받게 되면, 보이지 않는 힘에 그의 정신이 예속되어 자기 자신의 목소리로 말하지 못하게 된다. 집단적 사고는 가정을 지키는 주부에게서도 똑같이 볼 수가 있다. 만일 그 여인의 마음속에 돌아가신 어머니의 기억이 살아 있다면, 그 여인은 자기 마음대로 일을 처리하지 못한다. 이 역시 집단적인 사고의 영향이다.

인간이 집단적 사고를 할 경우 심리적으로 갈등을 겪고 정신이

---

2 독자는 "집단적 사고"(collective thinking)와 우리가 앞에서 말한 집단무의식(collective unconscious)을 혼동하지 말아야 한다. 후자는 보편적인 무의식이다. 가끔 객관적 정신세계(Objective Psyche)라고 부르기도 하는데 그것은 모든 사람의 정신세계에 공통적인 것이며, 우리 조상 대대로 물려받은 경험의 저장소이며 미래에 대한 강한 충동의 저장소이다. 집단적 사고는(융은 "집단적 의식"(collective consciousness)이라고 부른다) 인간의 의식을 사로잡는 어떤 것이라고 할 수 있다. 이 용어는 쉽게 혼동되기 때문에 나는 집단적 사고 대신에 "대중적 사고"(mass thinking)라는 말을 자주 사용할 것이다.

병든다. 급성우울증이나 암에 걸려 있다고 믿는 강박적 사고 등의 임상증세는 그 사람의 개성을 사로잡고 있는 집단적 사고에 그 원인이 있음을 종종 경험한다. 이런 증상의 심리적인 원인을 캐보면 과거의 어떤 충격 때문이 아니라 현재 자신의 창의적인 충동을 억압하고 있기 때문이다. 우리의 문화는 전반적으로 집단적 사고에 물들어 있다. 달리 말해 우리의 영(靈)이 병들어 있다.

집단적 사고만큼 꿈의 의미를 무시하거나 왜곡하는 것도 없다. 당장 교회의 경우만 보더라도 꿈을 전혀 다루지 않는다. 내가 수년 동안 성직수업을 받는 동안에도 꿈에 대해서는 한마디도 들은 적이 없다. 성서가 꿈을 수없이 이야기하고 있고 초대교회에서는 꿈을 크게 존중하고 있었음에도 불구하고 현대 성서주석에서는 꿈이 신앙경험에 끼치는 영향에 대해 아무런 언급이 없다. 꿈에 대해 설교를 하는 것도 좋게 여기지 않는다. 이러한 부정적인 반응은 일반사회에서도 마찬가지이다. 꿈이 완전히 무시되지는 않을지라도 역시 집단적 사고 때문에 잘못 이해하거나 왜곡한다.

꿈에 대해 흔히 갖는 전형적인 태도를 소개해 보자. 이것은 『현대의 건강』(Today's Health)이라는 잡지 1960년 6월호에 게재된 기사이다. "훌륭한 질문"이라는 제목의 기사에서 한 의사는 다음과 같이 대답했다. 먼저 그 질문을 들어보자.

저는 자주 사나운 사자에게 쫓기는 꿈을 꿉니다. 사자에게 잡히지는 않았지만 꿈에서 너무 힘들게 달린 탓인지 다리와 쑤셔서 잠을 깨곤 합니다. 이유가 뭘까요?

꿈에 대한 질문에 의사는 이렇게 대답한다.

일반적으로 꿈을 꾸는 이유는 두 가지입니다. 하나는 일찍이 경험했던 사건의 영향입니다. 대개는 전날의 경험이 원인일 수 있습니다. 경우에 따라서는 매우 오래 전에 겪었던 사건이 갑작스런 꿈의 원인이 될 수도 있습니다. 다른 하나는 외부의 자극 때문입니다. 이때 자극을 받은 사람은 잠을 자다가 반응을 나타냅니다. 잠을 깨울 정도는 아니더라도 무의식중에 소리를 지르기도 합니다. 이런 소리가 다시 자극이 되거나 혹은 어떤 곤란한 자극이 가해지면 당사자는 그에 알맞은 상황을 꿈으로 신속하게 구성합니다. 상상력이 빈곤한 사람조차도 복잡한 꿈을 꿀 수 있습니다. 참으로 놀라운 일입니다.
귀하의 경우, 다리의 통증 때문에 사자에게 쫓기는 꿈을 꾸는 것 같습니다. 꿈은 다리의 고통을 귀하에게 알려주고 설명하기 위한 방편입니다. 신체적으로 병이 있기 때문에 다리가 쑤시는 것은 아닌지 의사를 찾아가야 합니다.
만약 병이 발견되지 않았다면 당신은 과거의 경험을 두려워하기 때문에 이런 꿈을 반복해서 꾸는 것입니다. 그 사자는 아마도 당신이 두려워하고 있는 누군가를 나타낼 것입니다. 잠재의식은 때때로 혼란스런 경험들을 재현하기 위해 상징을 이용합니다.

이제 이 의사가 무엇을 말하고 있는지 주시해 보자.
첫째, 꿈에서 나타나는 사건은 신체적인 자극 때문에 생긴다는 설명이다. 즉 질문자가 꿈에서 겪는 모든 정신적 고통은 다리의 고통 때문이라는 것이다. 이런 손쉬운 해답은 특별한 설명이 없어도 당연한 듯이 여겨진다. 그러나 과학적인 근거가 없다. 비과학적인 설명일 뿐이다. 단지 누구나 그렇다고 믿는 집단적 사고에 불과하다.

둘째, 신체적 질환이 아닌 경우라면 심리적인 요인일 것이라는 설명이다. 이 관점에서 보면, 사자는 다리의 고통이 아니라 '당신이 두려워하는 사람'이다.

셋째, 외부의 자극에 기인한다는 설명이다. 잠을 깨울 정도는 아니지만 잠재의식에 영향을 끼칠 만큼 이상한 소리를 듣게 되면 꿈을 꾼다고 풀이한다. 매우 드물기는 하지만 외부의 자극 때문에 꿈을 꾸는 경우가 있다. 이때도 외부의 자극은 꿈을 꾸는 사람의 뜻과 목적에 따라 바뀐다.

그러나 이 모든 설명은 한 가지 문제에 봉착한다.

"상상력이 아무리 빈곤한 사람조차도 그렇게 복잡한 꿈을 꿀 수 있습니다. 참으로 놀라운 일입니다"

의사는 대수롭지 않게 이야기했지만 그는 자신이 한 말의 뜻을 깨닫고 있었을까? '상상력이 빈곤한' 사람에게 일어나는 '이 놀랄 만큼 복잡한 내용'은 무엇인가? 그 내용은 아무런 의미가 없는가? 또 하나 주목해야 할 문제는 사자에 관한 것이다. 이 사자는 누구인가? 사자는 왜 꿈꾼 사람을 뒤쫓는가? 만약 '사자'가 육체적인 고통을 뜻한다면 왜 그런 꿈을 꾸었는가? 꿈꾼 사람이 누군가를 두려워한다면 왜 사자 대신 그 사람에 관한 꿈을 꾸지는 않았는가? 그러나 꿈을 구체적으로 해석하고자 한다면 우리는 꿈을 전혀 이해할 수 없다. 꿈을 이성적으로 설명하고자 하면 더욱 아무 것도 설명할 수 없게 되며, 밤마다 의식과 무의식 사이에서 일어나는 모든 역동적인 만남을 인식하지 못하게 된다.

다음 장(章)에서도 언급하겠지만 무엇보다도 꿈꾼 사람과 꿈꾼 사람의 당시 상황, 그리고 꿈에 나타나는 상징과 꿈꾼 사람과의 관계를 고려하지 않고 꿈을 분석할 수는 없다. 그러나 이와 같이 무의식적인 정신 영역에서 사람들이 탐욕스럽고 본능적인 면을 나타내는 사자 꿈을 자주 꾼다는 것은 흥미로운 일이다. 이 꿈은 마치 베드로가 우리에게 경고한 성서 구절과 흡사하다.

여러분의 원수인 악마가 으르렁대는 사자처럼 먹이를 찾아 돌아다닙니다.[3]

꿈은 꿈꾼 사람의 무의식적인 본능과 연관된 것을 그린다. 사람은 무의식적인 본능을 거부하기 때문에 그 본능은 마치 악마 같은 탐욕스런 상태로 등장한다. 의식과 무의식이 일으키는 갈등이 사자에게 쫓기는 꿈의 형태로 되풀이된다. 이런 꿈은 무의식에 도사리고 있는 적대자를 인식하도록 도와준다. 이와 비슷하거나 훨씬 더 심오한 상징을 가진 꿈은, 자아와 무의식 간의 생동적인 관계를 보여준다. 그러나 정신적이고 영적인 실체를 구체적인 언어로 바꾸려는 생각 때문에 우리는 꿈을 깊이 이해하지 못한다. 이는 오늘날 인간들이 집단적 사고에 의해 지배당하고 있기 때문인데 이 때문에 심각한 정신장애가 나타나고 있다.

---

3 벧전 5:8.

그렇다면 꿈은 이러한 문제에 대해 도대체 무엇이라고 말하고 있는가? 꿈은 인간의 의식적인 생각 속에 벌어지고 있는 상황을 깨닫고 있는가? 이러한 문제들을 마가렛의 꿈 이야기와 관련해서 다시 한번 생각해 보자.

첫째, 마가렛은 과거의 저지른 죄를 용서받은 후에도 상담을 계속했다. 그 여자는 하나님과 자신의 진실한 모습을 끝없이 추구하려는 사람이었다. 상담 과정에서 특별한 심리적 문제나 미해결된 인간관계가 그녀에게 남아 있는 것 같지는 않았지만, 그녀를 방해하여 앞으로 더 이상 나아가지 못하게 하는 장애물이 있는 것 같았다. 이러한 상태에 있을 때 마가렛은 또 다시 꿈을 꾸었다.

꿈은 직사각형의 탁자가 놓인 보통 크기의 방에서 시작되었습니다. 서너 사람이 탁자에 둘러앉아 종이, 편지, 기타 사무용품을 가지고 일하고 있었습니다. 퇴근 시간이 거의 다 될 무렵이었습니다. 알맞은 크기의 봉투에 집어넣기 위해 흩어진 서류들을 모으느라 정신이 없었습니다. 이렇게 분주한 가운데 우리는 폐결핵에 관해 이야기를 나누었습니다. 저는 그들과 함께 있었지만 제 자신을 보지 못했습니다. 그런데 갑자기 ○○ 의사가 문 앞에 나타나더니 방으로 들어왔다. 그 의사는 화를 잔뜩 내면서 제가 폐결핵에 걸려있으면서도 전문의에게 보이지 않았다고 책망했습니다. 병을 이렇게 소홀히 하는 것은 매우 나쁘다고 몹시 화를 내면서 저를 뚫어져라 쳐다보았습니다. 그가 무서웠습니다. 그러나 병에 대해서 지킬 것은 지켜왔고 또 매년 엑스레이 사진도 찍어 왔다고 말했습니다. 또한 오래 전에 폐렴에 걸려 그 흔적은 남아 있으나 지금은 아무 이상이 없다고 설명했습니다.

갑자기 장면이 바뀌더니 이번에는 폐결핵에 관한 이야기가 아니라 전화를 잘못 받은 것에 대한 이야기였습니다. 이 장면에서 제가 보았거나 목소리를 들은 사람은 ○○ 의사 한 사람뿐이었습니다. 그는 폐결핵에 관한 전화통화 태도를 놓고 매우 불쾌하게 생각하고 있었습니다. 즉 제가 아주 불손하게 전화를 받았다는 것입니다. 저는 제가 전화를 받지도 않았고 또 누가 받았는지도 모른다고 설명했습니다. 그러자 ○○ 의사는 그 전화를 받은 의사가 누구였는지 물었습니다. 그러나 그 의사의 이름을 알려주지 않았습니다. 그랬더니 ○○ 의사는 자기가 그 의사의 이름을 알아내겠다고 위협했습니다. 이런 생각이 들었습니다. '하지만 그 젊은 의사의 이름을 알려주어 어떻게 또 한 사람을 나의 고통 가운데 끼어들게 한다는 말인가?' 그래서 저는 말했습니다. '나는 떠나겠다. 그러나 내가 진실을 이야기하고 있다는 것을 모두 알게 될 것이다. 이것만이 나에게는 중요하다.'

이 꿈을 꾼 사람은 다음과 같이 덧붙였다.

이 꿈은 너무나 생생했습니다. 꼭 악몽을 꾼 것 같았습니다. 꿈에서 깨어보니 눈물이 흥건히 고여 있었고 기분도 나빴습니다. 꿈에 나타난 ○○ 의사는 실제와 전혀 달랐습니다. 그가 화내는 것을 본 적이 없습니다. 그는 언제 보아도 조용하고 친절하며 신사답습니다. 그렇지만 꿈에 나타난 사람은 틀림없이 ○○ 의사였습니다.

이 꿈은 꿈을 꾼 당사자와 꿈에 등장한 의사의 갈등을 중심으로 펼쳐진 긴 이야기다. 꿈을 꾼 사람은 자기를 방어하려고 애를 쓰지만 의사는 받아들이지 않는다. 다음으로 이어지는 장면에서 ○○ 의사는, 꿈에 직접 나타나지 않고 암시만 되어 있는 젊은 의사에게 화살을 돌린다. 꿈을 꾼 사람은 젊은 의사를 변명하고 자기는 진실을 이야기했다고 믿는다. 이 꿈은 의식과 무의식 사이에서 일어나는 대화의 좋은 본보기이다. 의식의 이야기는 꿈꾼 사람 자신이, 무의식의 이야기는 ○○ 의사가 대변한다.

왜 의사가 꿈을 꾼 사람의 무의식의 생각을 대변하는 자로 나타날까? 나는 7장 '꿈의 성격과 구조'에서 여성의 꿈에 나타나는 남성의 의미를 더 자세히 이야기하겠다. 여기서는 여성심리에 나타나는 몇 가지 기본적 요소를 이해하는 것으로 족하리라 생각한다. 여성은 종종 여성의 모습이 나타나는 꿈을 꾸게 되는데 이런 여성의 모습은 꿈을 꾸는 여성 자신의 다른 면을 나타내주는 것이다. 이런 모습을 우리는 그림자라고 말한 적이 있다. 한편 여성의 꿈에서 전혀 다른 기능을 하는 남성의 모습도 나타난다. 여성의 심리를 공부하다 보면 여성의 무의식 속에는 남성적 요소가 내포되어 있음을 알게 된다. 그렇지만 보통 여성들은 스스로를 여성적인 요소로만 이루어져있다고 생각한다. 그래서 여성은 자기가 가지고 있는 정반대의 면 즉, 남성적인 측면을 의식하지 못한 채 살아간다. 여자의 무의식 속에 내재하고 있는 남성적인 특성은 여자의 심리발달에 대단히 중요하며 이런 남성적인 특성은 그녀의 꿈에서 남자의 성격을 가진 인물로 등장한다. 융은, 여자의 인격에 내재하는 남성적인 요소를 아니무스(animus)라고 불렀다[이와는 반대로 남자 역시 무의식 가운데 여성적인 특성을 지니고 있고, 이는 꿈에서 여성의 모습으로 나타나는데 남자가 지니고 있는 여성적인 특성을 융은 '아니마(anima)'라고 부른다]. 꿈에 나타난 의사는 꿈을 꾼 사람 자신의 무의식 속에 숨어 있는 '이성'(logos)이거나 아니면 '심판자'(judge)인데 이들은 그녀의 무의식 속에서 자기 의견을 이야기한다.

꿈에서 그녀가 부인했음에도 ○○ 의사는 그녀가 폐결핵을 가지고 있다고 주장한다. 여기서 폐결핵이 가지는 의미는 무엇일까? 꿈을 꾼 당사자가 실제로는 폐결핵을 앓고 있지 않지만 꿈에서 언급되고 있는 폐결핵은 폐결핵에 버금갈 만한 내적 혹은 심리적 장애를 그녀가 지니고 있음을 상징적으로 나타낸다. 따라서 심리적인 장애는 통증은 없지만 치명적인 단계에 이르러서야 뚜렷한 증세가 나타나는 질병이다. 여기서 육체적인 질병으로서의 폐결핵은 정신적인 질환으로서의 집단적 사고와 밀접히 연관되어 있다. 폐결핵은 숨을 쉬는 기관인 폐를 병들게 한다면, 집단적 사고는 정신 또는 영(pneuma)의 호흡 기능을 못 쓰게 만든다. 두 경우 모두 전염성의 위험은 크지만 우리는 그 위험을 인식하지 못한다. 폐결핵은 엑스레이를 찍어 진단한다. 마찬가지로 집단적 사고의 감염도 스스로 '엑스레이'를 찍어 진단할 수 있을 것이다.

이 꿈은 꿈을 꾼 사람 자신의 인식이 집단적 사고 때문에 파괴위험에 직면해 있음을 알려 준다. 꿈을 꾼 당사자는 이를 깨닫지 못하기 때문에 심하게 반발한다. 그러나 반발은 효과가 없다. 그녀는 무의식의 감시로부터 벗어나지 못한다. 다행스럽게도 창조적인 힘을 가진 무의식은 대중적 사고의 감염으로부터 영원히 초월해서 진실을 이야기한다.

그렇다면 ○○ 의사는 왜 그렇게도 끈질기고 심지어는 화까지 냈을까? 우리는 잘못 받은 전화 때문에 젊은 의사가 꾸중을 들어야 했던 두 번째 장면에서 그 이유를 찾을 수 있다. 여기서 나는 독자에게 고백할 것이 있는데, '전화를 잘못 받은 젊은 의사'는 바로 나이다. 전화 통화는 거리가 떨어진 사람들끼리의 의사소통이다. 나는 젊은 의사 장면을, 마가렛의 무의식에서 일어나는 어떤 의사소통의 경험담이라고 본다. 그녀가 이 꿈을 꾸기 전, 나는 그녀와 상담을 했는데, 이때 내가 그녀를 잘못 이해하고 올바른 의사를 전달하지 못했다. 나의 실수가 그녀 무의식의 이성을 자극한 것이다. 그녀의 의식은 나에게 대한 신뢰가 높아 감히 내가 저지른 실수를 용납하지 못한다. 그러나 마가렛의 무의식은 나의 실수를 눈감고 넘어갈 수 없었던 것이다. 나는 마가렛과 이런 여러 가지 문제에 대해서 자세히 이야기를 나누었다. 후에 그녀는 꿈에서 나를 수용했다.

이 꿈을 꾼 뒤 마가렛은 상태가 아주 좋아졌고 "하나님은 실제로 나에게 말씀하고 계신다"라는 놀라운 깨달음을 얻었으며 이 자각은 더 이상 장애를 받지 않고 계속되고 있다.

이처럼 우리가 자기 인식하는 데 도움을 주는 꿈을 통해서 몇 가지 결론을 얻을 수 있다.

1. 꿈의 관심은, 우리가 인식하는 개인적 삶에 국한되지 않는다.

꿈은 우리 자신을 초월한 삶의 문제에 관심을 갖는다. 이 경우 꿈은 성적인 문제나 꿈꾼 사람이 알고 있는 사람들, 또는 과거 기억 속에 남아 있는 추억들에 관계되는 것이 아니라 인간의 모든 문화 속에서 나타나는 숨겨져 있는 영적인 병에 관여한다.

2. 지금까지 우리가 살펴본 결과, 무의식의 전인성(wholeness)을 지향하고 있다는 것을 알 수 있다.

3. 자아와 무의식은 서로 다른 방향에서 작용하는데, 예를 들면 톰의 꿈에서처럼 자아와 무의식 간에는 마찰이 일어난다. 임상적으로 볼 때 이 대립은 긴장과 불안을 불러일으킨다. 그렇지만 자아는 창조적인 성장 과정에서 무의식의 영과 서로 협력해 가는 것을 배우게 되고 이런 과정이 꿈에서 이루어진다. 협력 과정의 핵심은 자아와 무의식 사이의 대화이다. 이 대화를 통해서 자아는 정신의 중심부에 가까이 접근한다. 융은, 인간이 의식과 무의식의 대화를 거쳐 진실한 자신이 되려고 함을 발견했다. 융은 참된 자신을 찾아가는 과정을 '개성화'(individuation)라 했다.

4. 꿈은 우리에게 무의식의 정신세계를 보여준다. 이 정신세계는 상식을 넘어서는 고차원적인 지식의 영역으로 '지혜의 산실'이다. 그러나 자아를 무시할 수 없다. 자아 또한 꿈에서 차지하는 비중이 높다. 인간이 심리적으로, 종교적으로 성장하려면 무의식과 의식이 힘을 합해야 한다. 때때로 무의식은 의식보다 더 놀라운 통찰

력을 보여주지만 결국 자아가 모든 사태를 분석하고 인식해야 한다.

인간의 내적인 성장은 걸음걸이와 같다. 다리 하나로 걸어보자. 죽어라고 뛰어도 큰 진전이 없다. 금세 피로해질 뿐이다. 균형을 잡으며 오른발과 왼발을 번갈아 내디뎌야 쭉쭉 나아갈 수 있다. 마찬가지로 영적으로, 정신적으로 성장하려면 의식과 무의식이 협력해야 한다. 만일 우리가 무의식을 배제한다면 성장이 더디거나 아예 성장이 멈춰버릴 것이다. 반대로 우리가 무의식을 받아들인다면 우리에게 없어서는 안 될 중요한 동반자가 될 것이다. 이 동반자는 자신의 독자적인 의지를 가지고 우리를 돕는다.

마가렛의 꿈은 그녀 개인의 이야기에 국한되는 것이 아니라 우리 모두에게 해당되기 때문에 특별히 중요한 의미를 갖는다. 니고데모의 사고처럼 오늘 현대인의 사고는 철저하게 문자적이며 근시안적인 관점에서 형성되었다. 마가렛이 받은 '영적 폐결핵' 진단은 오늘날 우리 모두에게 해당된다. 무의식적 상징의 언어를 이해하면 생은 활력으로 가득 찬다. 그러나 우리는 니고데모처럼 그 언어를 이해하지 못하기 때문에 고통을 당하고 있다. 니고데모가 마가렛처럼 무능력에서 치유되었다는 증거를 요한복음에서 찾아볼 수 있다. 요한복음 19장은 예수님이 십자가에서 죽은 뒤 니고데모가 위험을 무릅쓰고 예수님을 장사지내는 일을 기록하고 있다. 이것은 예수님이 상징적으로 던져준 영적 실체의 메시지가 마침내 표징으로 드러났음을 암시한다. 똑같이 살아 있는 하나님의 음성을 통해서 우리 역시 집단적인 사고로부터 벗어날 수 있으며 생명력을 불어넣어 주는 영적인 호흡을 할 수 있다.

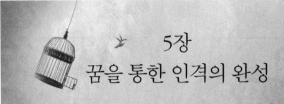

# 5장
# 꿈을 통한 인격의 완성

　꿈을 분석한 뒤의 변화상을 관찰하면 흥미로운 점을 발견할 수 있다. 맨 처음 꾸는 꿈은 어떤 특정한 문제와 관계가 있다. 그런데 꿈을 분석하여 문제점을 이해하고 받아들이면, 꿈은 다른 형태로 바뀐다. 마치 훌륭한 교사 밑에서 가르침을 받는 것과 비슷하다. 하나를 배우고 나면 진도는 다음으로 넘어간다.

　꿈은 꿈을 꾼 사람이 한 번도 대면하지 못했던 마음의 구석구석을 다 드러내고야 만다. 이런 꿈은 무의식에 숨어 있는 과거의 죄책감이나 충격적인 경험들이 의식 위로 떠올라 충분히 이해되고 소화되어 더 이상 정서를 괴롭히지 않을 때까지 지속된다. 꿈이 다루는 문제는, 개인뿐만 아니라 사회 문화에 의해 형성된 집단적인 문제도 내포한다. 따라서 연속적으로 꾸는 꿈을 일관된 규칙으로 예측할 수 없다. 꿈의 구성은 의식의 지배를 초월하기 때문에 일련의 꿈들을 추적하려면 의식은 무의식의 지도를 받아들여야 한다.

　의식의 중요성을 과소평가해서도 안 된다. 꿈을 분석하다 보면

의식의 기능을 무시하고, 무의식적인 정신세계를 중시하는 경향이 생긴다. 그러나 실제로는 의식과 무의식 둘 다 똑같이 중요하다. 의식보다 더 오래 전에 존재해 왔던 무의식의 영역—집단무의식은 인류의 역사만큼 오래되었으나 개인적 무의식은 단지 한 개인이 살아온 인생사 정도에 지나지 않는다—은 당연히 한 사람이 인생을 통해 얻을 수 있는 것보다 더 우월한 지혜와 지식을 포함한다.

그렇다면 의식의 역할은 무엇인가? 의식은 결단을 내리고, 고통과 갈등을 견디며, 인격의 타고난 성질을 이해하고 진단하며 가려내는 기능을 한다. 마치 서양의 장기 놀이와도 같아서 졸과 다른 말들은 알려지지 않은 인격의 성분이며 왕은 자아이다. 왕은 상대적으로 힘은 없으나 그것 없이는 놀이를 진행할 수 없다. 따라서 정신 이상은 마치 왕 없이 장기를 두는 것과 같다. 왕이 없어도 말들은 모두 움직일 수 있으나 놀이의 핵심을 잃어버리게 된다. 따라서 정신적인 치유를 받으려면 자아를 회복해야 한다. 왕을 장기판의 제 위치에 놓아야 한다.

감정적이면서도 지적으로 진행되어지는 일련의 꿈을 꾼다는 말은, 인격이 변화되었다는 뜻이다. 인격의 변화란 달리 표현하면, 자아가 꿈을 통해 정체를 드러내는 정신의 실체에 굴복하는 것이다. "누군가에게 굴복한다는 것은 견딜 수 없는 일이다. 꿈이 '나'의 참된 모습이라고 어떻게 믿을 수 있는가?"

사람들은 종종 이렇게 말한다. 오직 개인적이고 이기적인 욕망에만 몰두한다면 맞는 말이다. 그러나 꿈을 분석하는 가운데 자신을 드러내고 자신의 모습을 보는 사람은 보다 중요한 정신적 실체에 자아를 맡긴다. 그렇게 함으로써 그(자아)는 좌절하고 괴로워하고 수치스러워한다. 이 과정을 체험하는 사람은 자기중심적인 사고 방식에서 벗어난다. 자신의 자아보다 더 큰 정신적 실체가 그에게 중요하게 작용하기 때문이다. 낯선 곳을 여행할 때 느끼는 것처럼 인간의 꿈은 신비한 인상을 준다. 그 길은 어디로 가는 것일까? 꿈이 말하고자 하는 것은 무엇일까? 아직까지 그러한 질문에 만족하게 대답할 입장은 못 된다. 그것은 오로지 창조주이신 하나님께만 알려진 비밀이기 때문이다. 어떻든 인생의 모든 의미가 거기에 포함되어 있으며 우리가 그 질문에 대답할 수 있다면 극히 부분적인 대답밖에 할 수 없다. 꿈은 우리를 전인적인 인격으로 인도한다. 그러면 전인적인 인격이란 무엇을 의미하는 것일까?

전인적인 인격을 이해하기 위해서 우리는 먼저 우리 자신의 인격 내부에 존재하는 양극성을 알아야 한다. 우리 모두에게는 선과 악, 빛과 어둠, 사랑과 증오 등이 내재해 있다. 또한 인간은 모두 남성적인 면이 있는 반면 여성적인 면도 있으며, 이성적인 면뿐 아니라 열정적인 면도 있다. 인간은 항상 두 가지 심리적 본성인 의식과 무의식으로 구성되어 있으며, 짐승과 같은 본능적인 성격과 천사와 같은 영적인 성격을 동시에 가지고 있다. 그래서 인간은 양면을 생각하고 느낀다. 융이 말한 대로 인간은 '상반된 것들의 복합체'(*complexio oppositorum*)이다. 인간은 너무 복잡하기 때문에 꿈에서 놀랄 정도로 수많은 인간 또는 짐승의 모습들을 대면하게 되는데 이 모두가 꿈을 꾸고 있는 당사자의 서로 다른 인격을 상징한다.

인간은 이러한 여러 가지 성격 가운데 극소수만 인식하고 산다.

나머지는 부정하거나, 존재하지 않는 것처럼 여긴다. 그러나 부정되고, 인식되지 못한 성격은 자신을 드러내기 위해 애쓴다. 힘을 써서라도 존재를 인정받기 위해 자아에 대항해서 싸운다. 인간을 서로 상반되는 성격의 복합체라고 한다면, 인간의 인격은 여러 단편들의 성격으로 구성된다고 할 수 있다. 예를 들어 상처를 입거나 파괴된 자아가 자신 안에 존재하는 상반된 성격에 대처할 능력을 상실하면 종종 정신분열증이 발생한다. 이런 일은 우리의 생활에서 흔히 일어나는 일은 아니다. 그러나 우리는 우리의 인격 속에 서로 상반되는 두 양극성을 역설적으로 결합시켜야 한다.

　인간의 정신 내부에는 서로 상반되는 양극성을 결합시키려는 어떤 힘이 내재하고 있다. 이 힘은 마치 자석처럼 상반되는 것들을 끌어 모으고 결합시켜서 인격의 중심을 형성한다. 인격의 중심은 원자핵에 비유할 수 있다. 원자핵의 주변에는 전자들이 궤도를 따라 돌고 있다. 융은 인격의 중심인 원자의 핵을 '자기'(self)라 불렀다(융이 말하는 '자기'는 인간정신의 핵심인 영이라 할 수 있다; 역주). '자기'는 중심이면서 동시에 주변이다. 의식과 무의식을 내포하기도 하고, 전체이기도 하다. '자기' 즉, 정신적인 중심은 그 자체의 힘으로는 어떠한 일도 완전히 처리할 수 없기 때문에 반드시 인격의 집행자 역할을 하는 자아(ego)를 필요로 한다. 자아의 노력이 없다면 '자기'가 맡은 구원의 기능은 효과적으로 수행할 수 없다. 그러나 심리적 갈등에 대한 궁극적인 해결점은 중심(자기)이지 자아가 아니다.

　여기서 이야기하는 중심 또는 자기[1]는 추상적인 개념이 아니라

---

1 나는 '중심'(center)과 '자아'(self)란 용어를 구별 없이 바꾸어 가며 사용할 것

명확하고 관찰 가능한 사실을 설명하기 위한 하나의 가설이다. 무의식이 전인적인 인격 성숙을 위해 활동한다고 가정하면 인격의 총체적 성숙을 가능하게 하는 주체가 있어야 한다. '중심'(자기)이 그 역할을 담당한다고 보는 것이다. 더구나 이 중심은 꿈에서 종종 상징으로 표현되는데 이것은 중심의 역설적인 성격을 드러내 준다. 중심은 언제나 존재해왔으며 현재에도 활동하고 있고 앞으로 생성될 것이기도 하다. '자기'는 처음부터 정신 속에서 태어났기 때문에 늘 존재하고 있고 현재도 계속 활동하면서 아직 미숙한 단계에 있는 전인적 성숙을 꽃피우려고 애쓴다. 인간의 전인성은 궁극적인 면에서 의식을 통해 인식되어야 하고 의식적인 삶을 통해 표현되어야 한다. 자아가, 총체적인 인격을 구성하고 있는 여러 가지 다양한 요소들을 수용하고 표현할 수 있도록 충분히 결합할 때 비로소 '자기가 태어났다'고 말할 수 있다.

이미 정신전인 전인성에 대한 설명을 정사각형이나 원의 상징을 빌어서 설명한 적이 있다. 그러나 꿈이 지향하는 전인성은 특이하다고 할 수 있다. 이제 실례를 통해 전인성의 역설적인 특성을 살펴보기로 하자.

먼저 어떤 매혹적인 여자의 꿈 이야기를 해 보자. 그녀의 이름은 '에밀리'이다.

에밀리는 중년의 나이였지만 소녀처럼 앳되고 아름다웠다. 그

---

이다. '자아'란 융이 인격의 '중심'에 대해 만들어 낸 용어이다. 나는 '중심'이란 말을 더 좋아한다. 왜냐하면 그 말은 더 설명적이고 '그 자신'(himself) 또는 '그녀 자신'(herself) 등의 단어와 크게 구별되지 않기 때문이다.

러나 어린 시절은 매우 불행했다. 부모는 이혼하고, 집안 형편은 매우 어려웠다. 그녀는 아무런 문화적 혜택이나 교육을 받지 못했다. 에밀리는 타고난 재능이 뛰어났지만 전혀 개발되지 못했다. 그녀의 삶은 갈수록 불행해졌다. 그녀는 어떤 정신적 도움도 받지 못하고 성장했다. 가정이나 사회에서 살아가는 데 필요한 예의와 규범을 배우지 못한 채, 여성적인 본능대로 살아왔다. 그녀는 나이트클럽의 무용수로 일하며 몇 년 동안 이리저리 떠돌아 다녔다. 일찍 결혼했으나 오래가지 못하고 이혼했다. 재혼 역시 마찬가지였다. 이 와중에 에밀리는 술과 약물에 의지했고, 나를 찾아왔다.

최근 몇 년 동안 그녀는 현기증과 심장질환 같은 신체적인 증세와 더불어 우울증, 정신착란, 불안증세로 고통 받았다. 그런데 바로 그때 그녀에게 신앙심과 건강해지고자 하는 마음이 움텄다. 그녀는 알코올 중독자 치료 모임(Alcoholics Anonymous)에 참석하게 되었고, 얼마 후 어느 보수파 교회를 다니기 시작했다. 이러한 단체의 도움으로 그녀는 술을 끊었다. 이제 남은 문제는 정신적이며 심리적인 고통이었다. 그녀는 이 문제를 안고 나를 찾아온 것이다.

나는 그녀의 꿈 이야기를 들으며 두 가지 특이한 문제점을 발견했다.

첫째, 자연적인 본능을 가진 한 인간으로서의 자신을 수용하려는 욕구이다. 이 욕구는 당연한 것이고, 필요한 것이다. 그러나 그녀는 자신의 생활 전부를 합리화하려고 한 나머지 인생을 제멋대로 흘러가도록 내버려두었다.

둘째, 자신의 사고능력을 개선하려는 욕구이다. 그녀에게 나타나는 혼란과 현기증은 에밀리 자신의 사고능력 부족 때문에 생긴 병이라 할 수 있다. 그녀의 지적인 능력은 무의식 속에 파묻혀 버렸던 것이다. 그래서 그녀는 위기에 처하자 어찌할 줄 모르는 아이마냥 떨고 있었던 것이다.

이제 그녀는 진리에 대한 사랑과 자신의 용기 덕택으로 상태가 호전되었다. 자기 자신을 수용하고 자주적으로 생각하는 능력을 갖자, 에밀리는 다음과 같은 짧으면서도 인상적인 꿈을 꾸었다

나는 아름다운 난초를 받았는데 그것을 누구한테 받았는지 몹시 알고 싶다.

단순한 꿈이다. 아무런 행동도 없고, 꿈꾸는 사람을 도와주려는 어떤 주인공도 없으며, 난초를 건네준 당사자도 누구인지 나타나지 않는다. 꿈의 중심에는 난초가 있다. 꿈을 꾼 당사자는 난초를 준 사람이 누구인지 알고 싶어 한다. 이 난초는 무엇을 의미하는 것일까? 에밀리는 혼란스런 마음 때문에 당황했으나 마침내 그녀에게 무엇인가 움트기 시작했던 것이다. 그 난초는 그 모양 그대로 심어져 있을 때만 아름답다. 꽃다발로 만들 수 없는 특별하고 아름다운 꽃이다. 난초는 종종 깊은 애정을 나타내기 위해 선물한다. 난초를 키우려면 각별히 보살펴야 한다. 성장에 필요한 모든 조건을 갖춰야 하기 때문에 그대로 내버려두면 안 된다. 난초를 기르려면 인간과 자연의 협동이 필요하다. 이런 가정 아래 꿈의 실마리를 찾을 수 있다. 즉 난초는, 에밀리가 인간과 자연의 협동, 즉 전인적인 인격

을 향해 나아갈 때만 핀다는 것을 의미한다. 이것은 물론 그녀가 전인적인 인격 성숙에 이르렀다는 뜻은 아니다. 성장을 위한 첫걸음이다. 에밀리는 인격의 핵심이요, 영적 실체인 '자기'(self)에 한 걸음씩 다가가고 있다. 이런 '자기'의 힘을 파악하기 시작하면서 아름다운 자신의 모습 속에 내재하는 여성의 가능성에 접근해가고 있음을 알리는 것이다.

난초의 특성과 인격의 핵인 '자기'를 비교해 보는 것은 흥미로운 일이다. 난초와 '자기'는 둘 다 개성적이고 독특함을 지니고 있다. 사람들의 '자기'(self)는 모두 똑같지만, 의식이 인식하는 '자기'는 그 나름대로 독특하면서도 유일한 형태로 나타난다. 더 나아가서 난초처럼 '자기'도 성장한다. '자기'가 자라는 기름진 땅은 무의식이요 그 땅을 가꾸는 정원사는 의식이다. 결국 인격의 통합과 조화는 인간과 자연의 협동이 필요한 난초의 재배처럼 의식과 무의식의 협조가 있어야 한다. 여기서 난초는 완전한 인격의 중심을 상징하고, 다른 한편으로는 독특하고도 개성적인 감정의 성장을 상징한다고 할 수 있다. 그렇다면 완전한 영혼이란 무엇인가? 완전(perfection)이란 다음의 두 가지 개념을 내포하고 있다.

첫째, 결점이나 어두운 점이 없다. 전통적인 종교에서 완전한 인간이란 죄도 없고 부정적인 생각도 하지 않으며 악과는 거리가 먼 사람을 말한다. 청교도 사상이나 제네바에 '하나님의 도성'(City of God)을 세운 칼뱅(Calvin)의 시도가 좋은 예이다.

둘째, 창조주가 원하는 대로 모든 사물이 일정한 법칙에 따라 질서와 조화를 이룬다. 이러한 완전함 가운데도 어둠이 개입될지 모르지만, 이 어두움은 다른 요소와 조화를 이루면서 작용하고 있는 진리의 일부분이다. 우리는 이런 완전함을 '완성'(completeness)이라고 이야기하는 편이 더 좋겠다.

인격적인 면에서 완전이나 완성은, 본능적인 행동과 열정 등 인간이 지닌 본래의 바탕을 끊어버리는 것이 아니라 오히려 전인적인 인격이 되도록 인격의 여러 구성요소를 재결합시키는 것이다. 따라서 이 '완전한(complete) 인간'은 자신 안에 내재하는 모든 양면적 특성 간에 조화로운 관계를 이루는 인간을 말한다. 완성의 과업은 오직 하나님만이 해낼 수가 있다. 어둠이 없는 완전함과, 어둠을 포함한 완전함(전인적인 성숙)을 서로 비교하는 것은 어려운 일이지만 심리치료에 있어서는 아주 중요하다.

그렇다면 꿈에서 의미하는 전인성은 무엇을 의미하는가? 인간을 완성되어 가는 존재라 가정하면, '완전(perfection)의 상(像)'은 무의식의 중심에 자리 잡고 있다고 할 수 있다. 우리의 정신에는 어떤 절대적인 선(善)도 없다. 오히려 인간의 어둡고 본능적인 면이 그가 완전한 인간이 되는데 필수적인 역할을 한다. 인간은 마치 정원사처럼 마음의 나무를 전인적인 인격으로 다듬어갈 수 있으나 아름다운 정원을 이루는 비밀은 하나님만 알고 계신다. 에밀리에게 아름다운 난초를 준 사람이 누구인지 추측할 수 있다.

물론 에밀리의 목표가 '완성되었다'고 말할 수 없다. 완성이란 언제나 목표를 향해 나아가는 과정이다. 완성이란 실체에 접근하는 것이다. 만일 그 실체에 접근할 수 없는 경우, 그 실체를 인식할 수 없는 경우, 실체는 한 발자국 뒤로 물러선다. 설사 완성을 이루지 못했다고 해도 괜찮다. 완성을 상징하는 꿈이 중요하다. 그 꿈을 통해 꿈꾸는 사람의 인격이 통합되고 있음을 알 수 있기 때문이다.

전인성은 완전무결이 아니라 역설적인 과정으로서의 완성이다. 과정으로서의 전인성을 이해하는 것은 쉬운 일이 아니다. 에밀리 역시 마찬가지였다. 에밀리는 자신의 삶이 망가진 이유를 본능적인 욕구 때문이라고 생각했다. 그래서 인간이 본래 지니고 태어난 본능적 욕구를 받아들이기 어려웠다. 그녀는 아주 완고할 만큼 도덕적으로 살아가려고 노력했다. 기독교 신앙과 에밀리의 본능은 서로 적대적인 관계였다. 이러한 몸부림 가운데서 그녀는 다음과 같은 꿈을 새로 꾸었다.

저는 아름다운 옷을 입고 큰 모임에 가려고 버스에 탔습니다. 버스에서 내릴 때, 제가 신고 있는 스타킹에 구멍이 뻥 뚫려 있는 것을 발견하고 깜짝 놀랐습니다.

혹자는 우스운 꿈도 있다고 가볍게 넘길지도 모른다. 그렇지만 이해되지 않는다고 꿈을 무시해서는 안 된다.

에밀리는 이 꿈에 대해서 많은 이야기를 했다. 꿈에서 잘 차려 입은 모습과, 그렇게 되고자 하는 자신의 욕구를 관련시켰다. 자기 생각에는 나무랄 데 없이 훌륭한 차림이었는데 구멍이 나다니! 정말 안타까운 일이었다.

에밀리의 꿈에서 중요한 것은 스타킹에 난 바로 그 동그란 구멍이다. 버스에서 내릴 때까지 자기 스타킹에 구멍이 난 것을 모르고 있었다. 다리는 땅과 닿아 있는 몸의 일부이다. 그래서 주로 '하등한 인간'(lower man)이나 인간의 본능적인 욕구, 감정을 나타낸다. 에밀리 자신은 자기를 단정하게 보이려 하지만, 그녀의 스타킹에 구멍이 난 것을 모르고 있다. 에밀리는 자기 성격의 본능적이면서도 열등한 면을 충분히 인식하지 못한 것이다.

그렇다면 이 구멍은 무엇을 의미하는 것일까? 원은 완성의 상징이다. 원은, 전인적인 성숙의 신비를 표현한다. 스타킹에 난 둥근 구멍은 옷치장의 불완전함을 뜻한다. 또한 그녀에게 완성의 가능성이 있음을 보여준다. 그 구멍이 의미하는 바는 다음과 같다.

"만일 네가 너의 전인적인 성숙을 깨닫고 있다면 완전하게 보이려고 애를 쓰지는 않았으리라. 전인적으로 성숙해지려면 오히려 너의 불완전함을 수용해야 한다. 이런 불완전함을 통해서 너는 한 인간으로서 성숙해지는 너 자신을 발견하게 되리라. 왜냐하면 완전은 불완전을 통해서 이루어질 수 있기 때문이다."

이 말은 역설이다. 그렇지만 기독교인들은 이런 역설적인 사고에 익숙하다. 사도 바울도 그의 신앙고백에서 "내 능력이 약한 데서 온전하여짐이라"라고 똑같은 이야기를 하고 있다.

이 꿈에서 우리는 또 다른 문제를 발견한다. 즉 에밀리가 탔던 버스이다. 그 꿈은 그녀가 버스에 탔을 때부터 시작되었는데, 그녀는 버스에서 내릴 때야 비로소 자기 스타킹에 구멍이 난 것을 깨닫는다. 버스는 무엇을 뜻할까?

대중교통 수단인 버스는 에밀리에게 '집단'을 암시하는 듯하다. 심리학적으로 볼 때 이렇게 꿈꾼 사람의 생각이 집단의 틀에 갇혀 있을 때는 자신이 처한 상황을 깨닫지 못한다. 에밀리 스스로 버스에서 내려 두 다리로 걸어야 비로소 자기의 현재 상태를 스스로 직시할 수 있다. 집단에서 벗어나야 역설적이면서도 독특한 전인적 성숙이 어떤 것인지를 인식할 수 있다.

지금까지 이 장(章)에서 이야기한 것을 다음과 같이 요약할 수 있다.

1. 무의식은 과거뿐만 아니라 미래까지도 관여한다. 인간 안에 내재한 자기(self)는 내적으로 성숙할 수 있도록 인도해준다. 인간은 과거의 사건뿐만 아니라 미래의 희망에 영향을 받는다. 하나의 상수리 씨앗에는 장성할 상수리나무의 모습이 감춰져 있다. 씨앗은 그 나무의 상(像)에 따라 발아하고 생장한다. 이처럼 무의식은 인간이 되고자 하는 전인적 인간의 상, 곧 '하나님의 뜻 가운데 있는 인간'의 상을 지니고 있다. 인간은 이러한 내적인 인간의 상을 실현코자 하는 무의식의 의도에 따라 행동한다. 과거에 일어났던 어떤 사건에 의해서 우리의 행동이 영향을 받는 것과 같다. 과거와 미래는 모두 똑같이 중요하다.

2. 전인적 성숙의 의미를 쉽게 단정해서는 안 된다. 전인성이란 단순히 사회적 조정으로 이루어지는 것이 아니다. 왜냐하면 사회적 조정은 집단적 사고에 의존하며 무의식을 도외시하기 때문이다. 이와 반대로 예수님과 같은 전인적 인간은 필연적으로 사회와는 반대

편에 서게 될 것이다. 또한 전인성이란, 그림자도 없고 부정적인 사고나 어두운 면도 없는 완전한 인격이 아니다. 꿈은 전인적 인간을 새롭게 조명한다. 전인적 인간은 자기 내부에 존재하고 있는 모든 것을 포함하는 원이며, 모든 것이 연합되는 중심점이며, 인간의 의식과 하나님의 본성이 서로 어우러져 우아한 아름다움을 발산하는 난초이다. 따라서 완성(completeness)이란 인간의 결점을 포함하는 역설적인 탁월함이다.

인간이 이러한 전인적 성숙을 향해 간다는 것은 쉬운 일이 아니다. 전인적 인간으로 성숙하기 위해서는 심리적 통찰과 함께 의미에 대한 신앙적 탐구가 필요하다. 또한 다른 사람들과의 집단적 동질성으로부터 홀로 이탈도 해보고 자신과 자신의 그림자에 대한 뼈아픈 관찰도 요구된다. 또한 자기 내부에 존재하고 있는 보다 큰 힘에 무릎을 꿇고, 그 인도를 받아들일 수 있어야 한다. 따라서 참된 자기를 찾으려는 탐구는 수많은 보화와 위대한 보상이 기다리고 있는 매혹적인 여행이다. 그러나 이 여행은 끝이 없을 뿐만 아니라 고통을 수반하는 모험이다. 인간 내부에 존재하고 있는 양면성의 깊이를 이해하고 이 양면성의 마찰 때문에 인간이 얼마나 고통 받고 있는지 이해하게 될 때 그의 여행은 놀라운 경험이 된다.

선을 받아들이고 악을 거부하도록 맹렬히 교육받아 온 오늘날의 기독교인들은 전인성을 화두로 삼아야 한다. 오늘날 선과 악은 반목이 심해졌다. 이 문제의 해결책은 꿈속에 있다. 꿈은 대립하는 선과 악을 새롭고 고차원적인 방법으로 통합하기 위해 해결책을 제시한다. 꿈의 속삭임에 귀를 기울이자. 꿈은 과학과 종교의 대립을 무너뜨릴 수 있는 해법을 제시한다. 왜냐하면 우리는 심리적인 지식(과학)과 영적인 통찰력(종교)으로 꿈을 다룰 수 있는 시대에 접어들었기 때문이다.

# 제 Ⅱ 부

# 머리말

지금까지 꿈과 삶과 관계에 주목하며 꿈을 분석해 보았다. 1부에서는 주로 '그림자'(shadow)처럼 단순한 개념으로 꿈을 설명하려고 애를 썼다. 1부 5장(章)은 미묘하고도 역설적인 문제, 즉 전인적 성숙의 특성을 소개했다. 다음에 취급할 꿈도 계속해서 '전인성'을 다룰 것이다. 꿈에서 일어나는 더 어려운 문제를 다루기 전에, 꿈에 대한 이해를 넓히기 위해 주제에서 잠시 벗어나 지엽적인 문제를 생각하려 한다.

다음 두 장은 보편적인 꿈들에 대해 이야기할 것이다. 6장에서는 성서에서 말하는 꿈을 다루었는데 기독교적인 관점에서 꿈을 이해하고자 하는 사람들을 위한 장이다. 7장에서는 꿈의 보편적인 성격과 구조에 대해 설명했다.

필자는 초기 기독교 문헌에서 찾아볼 수 있는 꿈에 대한 자료들을 고찰하고자 하는데, 교부(敎父)들이 꾼 꿈 역시 성서만큼이나 인상적이다. 터툴리안(Tertullian)은 이렇게 말했다.

거의 대부분의 위대한 사람들은 하나님에 대한 지식을 자신의 꿈에서 얻었다.

그러나 터툴리안이 말하는 꿈은 이 책의 범위를 넘어선 것이다. 여기서는 초대 기독교 문헌에 나타난 꿈과 환상에 관한 참고자료를 약간만 다루었다.

나머지 장에서는 꿈과 무의식에 내재하는 '자기'(self)의 성격과, 기독교인에게 '자기'의 문제가 어떻게 제기되는지 다룰 것이다. 마지막 장에서는 인간에게 '자기'를 깨닫도록 해주는 꿈이 곧 인간이 잊고 사는 하나님의 언어라는 사실을 밝히고자 한다.

# 참고 자료

내가 교부들의 저서에서 인용한 꿈에 관한 자료들은 초대교회 시대의 교부들을 포함하여 150여 가지이다. 여기서는 그중에서 가장 인상적인 것 몇 가지만 소개한다.

터툴리안은 꿈을 자주 인용했다. 그는 현대에도 적용할 수 있는 영혼에 관한 심리학적 논문을 썼다. 그는 이렇게 서술했다.

인류가 위대한 이유는 꿈에서 하나님에 대한 지식을 얻어내기 때문 이다("영혼론 *De Anima*", xliv).

아우구스티누스(Augustine)는 매우 신중하게 많은 꿈을 예시했다. 특히 그의 서신(Letters IX, CCXXVII, CIX), 『참회록』(*Confessions*), 그리고 『삼위일체론』(*De Trinitate*) II.18, IV.1 등에 잘 나타나 있다. 오리겐(Origen)은 꿈과 초능력(ESP) 현상을 하나님 말씀의 역사라고 생각했다(*Contra Celsum* I. lxvi). 카르타고의 위대한 감독이었던 키프리안(Cyprian)은 꿈을 그가 어떤 결단을 내려야 할 상황에서 도움을 주는 안내자라고 보았다(Letters IX, XXXIII, LXIII, LIII). 키레네 학파의 시네시우스(Synesius)는 그의 저서『불면증』(De Insomniis) 에서 꿈을 상세하게 설명하고 있다. 정통신앙의 수호자 아타나시우스(Athanasius)는 인간의 영혼은 꿈속에서 육체적 한계를 초월하여 천사들과 영적으로 사귄다고 주장하고 있다(『이교도에 대한 반대』 (Against the Heathen), par.33).

물론 초대 기독교인들의 이야기인 외경이나 전설집 속에서도 꿈에 대한 이야기가 많이 나온다. 그중에서도 가장 중요한『헤르마스의 목자』(Shepherd of Hermas)는 꿈과 환상에 관한 이야기로 가득 차 있다. 이 이야기들의 정확한 내용과 기독교 전설 속에 나타난 꿈에 관한 이야기는 켈지(Morton T. Kelsey) 목사의 유명한 저서인『꿈: 성령의 은밀한 말씀』(Dreams: The Dark Speech of the Spirit, Doubleday, 1968)에 나와 있다.

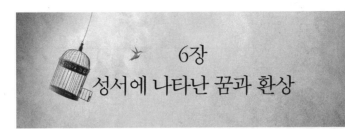

# 6장
# 성서에 나타난 꿈과 환상

성서에 나오는 꿈과 환상을 자세히 다루려면 따로 한 권의 책을 써야 할 것이다. 성서에는 특히 꿈에 관한 구절들뿐만 아니라 환상이나 천사의 출현, 황홀경, 성령체험('being in the spirit') 등에 관한 구절이 많은데 이 모든 현상들이 구분되지 않고 동일한 방법으로 묘사되어 있다.

꿈과 환상은 근원, 구조, 의미가 비슷하다. 성서는 이런 유사성의 증거가 된다. 우리는 직접적인 체험을 통해 꿈이 무엇인지 알게 된다. 심리학적으로 꿈은 인간이 잠자고 있는 동안, 즉 자연스러운 무의식 상태에 있는 동안 겪게 되는 체험이다. 꿈은 인간이 잠들어 있는 동안 벌어지는 사건이다. 꿈꾸는 당사자는 이야기의 한 부분으로 참여하든가 아니면 구경꾼이 되기도 한다. 환상은 인간이 절반 정도의 의식을 가지고 있을 때나 아니면 깨어 있을 때 꾸게 되는 '꿈'이라고 할 수 있다. 깨어 있는 상태에서 무의식이 어떤 상(像)이나 행동과 함께 의식 가운데 나타날 때 인간은 환상을 체험하게 된다. 오늘날 꿈을 꾼다는 것은 충분히 용납할 수가 있으나, 환상을 체험한다는 것은 정신 이상이나 정신 착란 증세로 여겨진다. 그러나 여기서 다루는 환상은 정신 착란의 증세로 나타나는 것이 아니라 자아(ego)가 환상을 용납하는 데서 나타나는 경험이다. 정신 이상에서 나타나는 환상은 문자 그대로 외적으로 나타나는 현실로, 이때 의식은 정신세계와 감각 세계를 구별하지 못한다. 반면 정상적인 자아가 경험하는 환상은 철저히 개인의 정신세계에서 기인한다. 정상적인 환상은 병의 증세로의 환상도 아니고 '정신이 나간' 무의식도 아니다. 오히려 상처입고 방향을 상실한 자아라 할 수 있다. 정신 이상자가 환상을 경험하는 이유는 자아가 무의식의 공격을 받아 손상을 입고, 약화되었기 때문이다.

민수기에서는 이렇게 말하고 있다.[1]

그가 말씀하셨다. '너희는 내 말을 들어라. 너희 가운데 예언자가 있다면 나는 그에게 환상으로 내 뜻을 알리고 꿈으로 말해 줄 것이다.'

여기서 꿈과 환상은 근원과 의미가 동일하다. 성서에서는 천사의 출현을 꿈이나 환상으로 보는 경우가 종종 있다. 예를 들면 마태복음에는 다음과 같은 내용이 있다. 요셉이 마리아가 잉태한 것을 알게 되자 아무도 모르게 파혼하려고 했다. 그때 "주의 천사가 요셉의 꿈에 나타나서" 마리아를 아내로 맞아들이라고 명령하고, 그의 태중에 있는 아기는 성령으로 말미암은 것이라고 이야기하였다.[2]

---

1 민 12:6.

그 후 어린 예수를 찾아가서 경배를 드린 박사들은 "꿈에 헤롯에게로 돌아가지 말라는 하나님의 지시를 받았다."3 박사들이 물러간 뒤에 주의 천사가 요셉의 꿈에 다시 나타나서 안전을 위해 이집트로 피신하라고 명령하였다.4 이집트에 머무는 동안, 다시 요셉의 꿈에 천사가 나타나 이스라엘 땅으로 돌아가라고 일러주었다.5 계속해서 꿈에 천사가 요셉에게 유다로 가지 말고 갈릴리 지방으로 가라고 말해 주고 있다.6

이렇게 마태복음 처음 두 장에서 꼭 다섯 가지 꿈을 살펴볼 수 있는데, 이때 내린 모든 결정은 꿈에서 받은 하나님의 계시에 따르고 있음을 확증할 수 있다.7

네 개의 꿈은 특히 천사가 나타나서 말하고 있다. 그러므로 성서에서는 천사의 계시를, 꿈과 환상의 계시와 똑같이 취급하고 있음을 알 수 있다.

마태복음에서만 천사와 꿈을 동일시한 것은 아니다. 예를 들면 누가복음에는 스가랴가 환상 속에서 가브리엘 천사를 만났다는 대목이 있다.8 또한 예수님이 부활한 후 여인들에게 나타난 천사들을

---

2 마 1:20.

3 마 2:12.

4 마 2:13.

5 마 2:19.

6 마 2:22.

7 마태가 단순히 "주님의 천사가 꿈속에서 말씀하시길…"이라고 말했을 때 우리는 천사가 환상으로 나타나서 이 말을 했다고 생각할 필요는 없다. '천사'는 '전달자'였다. 꿈은 메시지이며 천사는 꿈을 꾸게 한 직접적인 근원(source)이다. 실제로 꿈이 어떠했는지 우리가 알 수는 없다. 우리가 알고 있는 것은 단지 이러저러한 뜻을 가진 해석일 뿐이다.

환상이라고 여겼다는 장면도 있다.9 사도행전에 나오는 많은 이야기들 가운데 하나만 예를 들어보자. 하나님의 천사가 환상 가운데 백부장 고넬료를 찾아온다.10 요한계시록에 나오는 모든 계시는 천사가 요한에게 보여주는 환상이다. 특히 요한계시록은 전체가 환상의 형태로 전달된 사실이다.11

성서의 저자들은 '성령의 체험'조차 본질적으로 환상과 꿈의 체험과 유사한 것으로 자주 관련지어 기록했다. 환상 또는 꿈에서 하는 경험과 '성령' 안에서 하는 경험은 나중에 언급할 에스겔서에 충분히 나타나 있다. 에스겔서에 다음과 같은 구절이 있다.

> 그분이 손같이 생긴 것을 내미시어 내 머리를 잡으시자, 그의 기운
> 이 나를 공중에 번쩍 들어 올렸다. 나는 신비스러운 발현 속에서 예
> 루살렘으로 들려 갔다.12

에스겔서만 그런 것이 아니다. 바울 역시 "주님께서 보여 주신 신비로운 환상과 계시"13라 묘사하고 있으며, 사도행전에서는 예언자 요엘이 예언한 중요한 구절을 똑같이 언급하고 있다.

---

8 눅 1:22.
9 눅 24:23.
10 행 10:3.
11 계 9:17.
12 겔 8:3; 11:24; 40:2.
13 고후 12:1 ff.

하나님께서 말씀하신다. 마지막 날에 나는 모든 사람에게 나의 성
령을 부어 주리니 너희 아들딸들은 예언을 하고, 젊은이들은 계시
의 환상을 보며, 늙은이들은 꿈을 꾸리라.[14]

이것은 환상, 꿈, 천사의 나타남, 그리고 성령 발현의 유사성을
나타내는 훌륭한 구절이다.

사울이 하나님을 더 이상 찾을 수 없게 되었을 때, 사무엘서에서
우리는 다음과 같은 구절을 보게 된다.

> 그래서 사울은 야훼께 어떻게 하면 좋겠는가 여쭈어 보았다. 그러
> 나 야훼께서는 꿈으로도, 우림(재판을 행하는 유대의 사제가 신의 명령을
> 받기 위한 제비뽑기, 보석 또는 금속으로 만들어진 물건을 사용했다)으로도,
> 예언자로도 대답해 주지 않으셨다.[15]

꿈을 통해 지식을 얻었던 예언자들은 꿈을 계시로 간주했다. 특
히 하나님의 심중을 알아낼 수 있는 세 가지 방법 중의 하나인 신성
한 제비뽑기(Urim)도 동등하게 취급했음을 알 수 있다. 소년 사무
엘서 이야기를 보면 "그때는 야훼께서 말씀도 자주 들려주시지 않
았고 환상을 보여 주시는 일도 드물었다"라고 기록되어 있다. 계속
해서 사무엘은 환상 가운데 하나님을 만나게 된다. 이때 사무엘은
그의 미래에 대한 하나님의 권위를 확인한 것으로 기술되고 있다.[16]

---

14 행 2:17.
15 삼상 28:6.
16 삼상 3:1.

역대기상에서, 예언자 나단은 야훼의 집을 짓지 말라고 전하라는 '야훼의 말씀'(Word of the Lord)을 받는다. 즉 "나단은 환상 가운데서 받은 이 모든 말씀을 다윗에게 전하였다"[17]라는 것이다. 야훼 말씀은 환상을 통해 나단에게 전해졌다. 환상 속에서 인간에게 드러나는 신의 의지에 대한 계시를 더 알아보자.

그 때에 주께서 환상 중에 주의 성도들에게 말씀하여 이르시기를···.[18]

내(야훼)가 여러 선지자들에게 말하였고, 이상(환상)을 많이 보였으며 선지자들을 통하여 비유를 베풀었노라.[19]

그 밤에 하나님께서 이상(환상) 중에 이스라엘에게 나타나 이르시되···.[20]

다마스커스에 아나니아라는 제자 한 사람이 살고 있었는데 주께서 신비로운 환상 가운데 나타나 '아나니아야' 하고 부르셨다···(주님은 계속해서 그에게 바울을 치유하라고 지시하였다).[21]

사도행전 10장에서 베드로는 만물이 하나님 보시기에는 깨끗하

---

17 대상 17:3; 17:15.
18 시 89:19.
19 호 12:10.
20 창 46:2.
21 행 9:10.

다는 것을 알려주는 위대한 환상을 보게 된다. 17절과 19절에서 이것을 환상으로 이야기하고 있다.[22]

바울은 '어느 날 밤 신비로운 환상' 속에서 마케도니아로 가라는 지시를 받았다.[23]

> 밤에 주께서 환상 가운데 바울에게 말씀하시되….[24]

꿈과 환상이 하나님의 계시로 받아들여진 이후 그 해석이 악용될 수 있음을 예상할 수 있다. 이러한 경우가 민수기에 암시되어 있는데 거기서는 꿈을 하나님의 '은밀한 말'(dark speech)[25]로 언급한다. 예언자 예레미야는 아주 분명하게 꿈이 지니고 있는 신성한 근원에 대해 이야기하고 있으며, 그는 거짓된 해석자와 꿈을 꾸지 않았는데 마치 꿈을 꾼 것처럼 행동하는 사람들에 대해 경고한다.

> 내 말이라 하고 전하는 이 예언자들의 말을 듣지 말라. 그들은 내 말을 들은 적이 없는 것들이다. 제 속에 떠오르는 생각을 말하면서 너희를 속이는 것들이다.[26]

꿈에 대한 이 같은 경외감을 성서 어디에서나 찾을 수 있는가?

---

22 행 10:9 ff.
23 행 16:9.
24 행 18:9.
25 민 12:8.
26 렘 23:16; 23:25 ff; 27:9; 29:8-9; 신 13:1.

이는 구약성서나 신약성서의 독특한 점인가? 이스라엘의 발전 과정 가운데 초기에 나타난 경향인가? 아니면 후기인가? 꿈에 대한 신적인 권위는 처음부터 끝까지 성서에서 발견된다. 창세기는 꿈에 관한 이야기로 가득 차 있으며, 성서는 전체가 환상인 요한계시록으로 끝을 맺고 있다. 창세기는 아브라함에 대한 하나님의 현현으로 시작된다.

> 해질 무렵 아브라함이 깊은 잠에 빠져들어 심한 두려움에 사로잡혀 있을 때, 야훼께서 그에게 이렇게 말씀하셨다. '똑똑히 들어라. 네 자손이 남의 나라에 가서 그들의 종이 되어 얹혀살며 사백 년 동안 압제를 받을 것이다.'

예언은 계속된다.

> 해가 져서 깜깜해지자 연기 뿜는 가마가 나타나고 활활 타는 횃불이 쪼개 놓은 고기 사이로 지나가는 것이었다. 그날 야훼께서 아브라함과 계약을 맺으셨다.[27]

창세기는 아브라함이 불타오르는 용광로를 보는 환상을 통해 하나님을 암시한다. 아브라함의 체험 이후 성령은 불로 묘사되었다. 창세기에 나타난 풍부한 꿈 이야기의 진가를 확인할 수 있는 또 다른 실례를 살펴보자.

---

27 창 15:12-13, 17-18.

그날 밤 하나님께서 아비멜렉의 꿈에 나타나시어….[28]

이 꿈에서 하나님은 아비멜렉에게 사라가 아브라함의 아내라고 경고한다.

야곱은 브엘세바를 떠나 하란을 향하여 가다가 한 곳에 이르러 밤을 지내게 되었다. 해는 이미 서산으로 넘어간 뒤였다. 그는 그 곳에서 돌을 하나 주워 베개 삼고 그 자리에 누워 잠을 자다가 꿈을 꾸었다. 그는 꿈에 땅에서 하늘에 닿는 층계와, 그 층계를 하나님의 천사들이 오르락내리락 하는 것을 보았다.[29]

요셉은, 밭에서 그의 형들이 묶은 단이 그가 묶은 단을 향해 절을 하는 꿈을 꾸고, 또다시 해와 달과 11개의 별이 그에게 절을 하는 꿈을 꾸게 된다. 이 꿈이 의미하는 심각성 때문에 그의 형들은 요셉을 미워하고 질투했지만 "아버지는 그 일을 마음에 두었다."[30]

이집트 왕에게 술잔을 드리는 시종장과 빵을 구워 바치는 시종장이 꿈을 꾸었는데 크게 근심하고 있었기에 요셉은 그들에게 꿈을 해석해 주기로 했다. 요셉은 "꿈을 푸는 것은 하나님만이 하실 수 있는 일이 아니겠습니까?" 하고 말하면서 자기에게 이야기해 달라고 청하였다.[31]

---

28 창 20:3.
29 창 28:10-12.
30 창 37:5, 8-9, 11.
31 창 40:5 ff.

파라오는 여위고 볼품없는 일곱 마리의 소들이 살찐 일곱 마리 소를 잡아먹는 꿈을 꾸었으며, 또다시 마른 일곱 이삭이 잘 여문 일곱 이삭을 삼켜 버리는 꿈을 꾸게 된다. 파라오가 요셉에게 그 꿈들을 해석해 달라고 요청하자, 요셉은 "저에게 무슨 그런 힘이 있겠습니까? 폐하께 복된 말씀을 주실 이는 하나님뿐이십니다"라고 대답하였다. 그런 후에 요셉은 꿈 이야기를 다 듣고 이야기하였다. "폐하의 꿈은 결국 같은 내용입니다. 앞으로 될 일을 폐하께 미리 알려 주신 것입니다."[32]

이러한 예를 통해 창세기에 나타난 꿈들은 하나님의 뜻을 계시하는 것으로서, 그리고 하나님이 인간과 대화하는 방법 중의 하나로 생각할 수 있다. 하나님에 의해 영감을 받은 사람은 꿈꾼 사람에게 큰 이득이 되도록 꿈을 해석할 수 있게 된 것이다. 즉 파라오가 그의 꿈을 이해하고 행동했기 때문에 큰 재앙을 피할 수 있었다.

꿈 또는 환상이라고 단언할 수 있는 것들이 성서 전체에 나타나고 있다. 오바댜, 나훔, 하박국 저자들은 그들의 책이 환상을 담고 있다고 주장한다. 지금 이러한 책들 가운데서 어느 정도가 실제 환상이고 어느 정도가 의식적인 근원에서 이루어진 것인지는 말하기 힘들다. 확실히 저자들이 그들의 권위를 강화하기 위해 하나님이 보여 주신 환상이라고 주장한 것은 중요한 의미가 있다.

성서에 있는 다른 두 문서는 꿈과 환상에 관해 상당히 흥미로운 점을 담고 있다. 즉 욥기와 에스겔이 그것이다. 욥기에서 욥과 세 명의 '친구'인 '엘리바스, 빌닷, 소발'뿐만 아니라 욥의 마지막 반대

---

32 창 41:16, 25.

자인 '엘리후' 사이에 공통점을 찾을 수 있는데 이들은 모두 꿈을 중시한다. 엘리바스는 환상을 지식의 근원으로 인용하고 있다.

> 그런데 은은히 들려오는 한 소리 있어,
> 가늘게 나의 귓전을 울렸네.
> 사람들은 깊은 잠에 빠져,
> 밤의 환상으로 가슴이 설렐 때,
> 몸서리치는 두려움이 나를 덮쳐,
> 뼈마디가 온통 떨리고 있는데,
> 그의 입김이 나의 얼굴을 스치자,
> 온 몸에 소름이 끼쳤네.
> 나의 눈앞에 누가 우뚝 서는데,
> 그의 모습은 알아볼 수 없고,
> 만물이 죽은 듯이 고요한 가운데,
> 나 하나의 소리를 들었다네.
> '죽을 인생이 어떻게 하나님 앞에서 올바를 수 있으랴?
> 그 누가 자기를 지으신 이 앞에서 깨끗할 수 있으랴?[33]

엘리바스는 이 체험을 통해 훌륭하고 건전한 메시지를 받는다. 엘리바스는 욥의 불행이 고의적인 죄의 결과이며, 이를 씻기 위해서는 죄를 멀리해야 한다고 결론을 짓는다. 그러나 엘리바스의 말은 욥이 주장하는 인간적인 정당성과 초점이 어긋나 있다.

엘리바스뿐만 아니라 엘리후도 꿈을 인간의 편향된 삶을 벗어나

---

33 욥 4:12-17.

게 하고 다가오는 재앙을 피하도록 하며, 인간의 영혼을 보존케 하려는 하나님의 계시라고 생각했다. 그는 다음과 같이 말했다.

이런 당신의 말을 나는 도저히 옳게 받아들일 수 없소.
똑똑히 일러 드리리다.
하나님은 사람과 비길 수 없는 분이오.
그런데, 당신의 말에 한마디 답변도 않으신다고 해서
어떻게 하나님을 비난할 수 있겠소?
사람이 모를 뿐,
하나님께서 말씀하시는 길은 이런 길도 저런 길도 있다오.
깊은 잠이 덮어 씌워,
모두들 자리에 쓰러져 곯아떨어지는 밤에,
하나님께서는 꿈에 말씀하시고 나타나 말씀하시지 않소?
사람들의 귀를 열어 주시고,
깜짝 놀라게도 하시어,
악한 일에서 손을 떼고,
건방진 생각을 버리게도 하신다오.
그리하여 목숨을 무덤 어귀에서 건져내시고,
생명을 저승길에서 돌려 세우시지요.[34]

그러나 마침내 욥이 대답한다.

그런데, 나 어찌 입을 다물고만 있겠습니까?

---

34 욥 33:12-18.

가슴이 메어 하소연하고,

마음이 아파 울부짖지 않을 수 없사옵니다.

내가 바다입니까?

바다의 괴물입니까?

어찌하여 파수꾼을 세워 이 몸을 지키십니까?

침상에라도 누우면 편안하고,

잠자리에라도 들면 고통을 잊을까 했더니,

어찌하여 무서운 꿈과 몸서리쳐지는 환상으로

나의 단잠을 깨우십니까?[35]

에스겔서에서는 밑도 끝도 없이 이런 말로 시작한다.

서른째 해 넷째 달 초닷새에 내가 그발 강가 사로잡힌 자 중에 있을
때 하늘이 열리며 하나님의 모습이 내게 보이니….[36]

예언자는 계속해서 에스겔서 전체를 거대한 환상으로 기록하고
있다. 특히 그 다음 일곱 장 모두가 환상으로 가득 차 있다. 에스겔
은 다른 많은 환상을 경험하지만 인용한 환상이 매우 강렬하기 때
문에 에스겔서에는 이 최초의 경험이 자주 언급된다. 현대적인 관
점에서 볼 때 에스겔의 환상은 만다라(mandala)의 상징이다. 만다
라는 일반적으로 동양 종교의 그림이다. 그것은 균형이 잡힌 모양
이나 원모양으로 전체성(wholeness)을 나타낸다. 그런데 기독교

---

35 욥 7:11-14.
36 겔 1:1.

역시 만다라를 알고 있다. 예를 들면 고딕 교회 건축물에 소위 '장미 창문'(rose window)이라는 것이 있다. 이 상징들은 정신세계 깊은 곳에서 솟아나오는 것이며, 꿈, 환상, 예술, 그리고 종교에서 자율적으로 묘사되어 있다.

에스겔 환상의 경우 만다라는 거룹(cherubim. 구약성서에 나오는, 사람의 얼굴 또는 짐승의 얼굴에 날개를 가진 초인적 존재)과 돌아가는 바퀴의 상(像)에 내포되어 있다. 거룹을 서술한 부분과 숫자 넷을 강조하는 것을 주시해 보면, 짐승 모양이면서 사람의 모습을 갖춘 것이 넷 있는데 각각 얼굴이 넷이요, 각각 네 방향으로 얼굴을 맞대고 있다. '4'라는 숫자로 짐승을 표현하고 있다. 종교적인 상징으로의 넷은 세계 도처에서 모든 중요한 것을 포용하는 숫자로 사용된다. 에덴동산에 네 개의 강이 있고, 모든 지구를 포용한 네 개의 구석이 있으며, 낙원은 같은 거리로 된 네 개의 면으로 펼쳐지게 될 것이다. 융은 정신에는 네 가지 기능이 있다고 보고 만약 그 네 가지 기능이 모두 균형 있게 발전된다면 완전하게 총체적인 인간이 될 수 있다.[37] '넷'이라는 숫자는 완전을 나타내고 있다.[38]

---

37 C. G. Jung, *Psychological Types*.

38 일반적으로 숫자에 대한 상징은, 특히 4에 대한 상징은 교회 교부들이 즐겨 사용하였다. 예를 들면 아우구스티누스는 6이란 숫자의 중요성을 이야기하면서 다음과 같은 말을 하였다. "그러므로 우리는 숫자에 대한 학문을 경멸해서는 안 된다. 성서에 나타난 많은 구절에서 숫자는 사려 깊은 해석자에게 뛰어난 도움을 주었다"(*City of God*, Bk. XI, 30장). 이레니우스(Irenaeus)는 *Against Heresies*, Bk. III, 11장, 8번째 줄에서 4라는 숫자에 대한 종교적 의미를 강조했다. 또한 초기 기독교 순교자 빅토리누스(Victorinus)의 단편 "On the Creation of the World"에 숫자에 대한 의미가 나타나고 있다.

그런데 역시 에스겔이 그 거룩의 움직임을 마치 비행접시가 날 아다니는 양 묘사하고 있음을 주시할 수 있다.

돌지 않고 앞으로 날아가는데 바람 부는 쪽을 향해 곧장 앞으로 움직이게 되어 있었다. … 그 불은 번개처럼 이리 번쩍 저리 번쩍하였다.[39]

비행접시의 환상은 종교적 의미로 무의식에서 생긴 자연적인 투사일 수도 있다는 융의 이론[40]을 뒷받침한다.

예언자를 사로잡는 환상은 어디서 펼쳐진 것일까? 불타는 바퀴의 형상은 원형이다. 거룩처럼 바퀴는 독특한 방법으로 움직인다. 그 환상은 놀랄 만한 불빛으로 형성된 신인(God-man)이었다고 결론을 짓고 있다. 기독교인들은 이 신인을 미리 나타나신 그리스도라고 생각하는데, 융의 이론을 빌려 말하자면 하나님의 완전성이 인간 속에 실현된 것이라고 할 수 있다.

이제 잠시 에스겔서를 떠나 전혀 다른 형태로 된 솔로몬의 아가를 열거해 보기로 하자. 이 책은 기독교인들을 종종 당황하게 만든다. 왜냐하면 그들은 육체적인 사랑을 노래한 책이 구약성서의 경전에 들어온 이유를 이해하지 못하기 때문이다. 솔로몬의 아가를 비유적 해석으로 해석하려고 했던 옛날 사람들도 마찬가지로 당황했음을 짐작할 수 있다. 그들은 인간의 육체적인 사랑을 이스라엘에 대한 하나님의 사랑, 교회에 대한 그리스도의 사랑으로 비유하

---

39 겔 1:12, 14.

40 C. G. Jung, *Flying Saucers: A Modern Myth of Things Seen in the Sky*.

여 해석하려고 했다. 그러나 그 책이 아가씨를 향한 남자의 사랑을 발랄하고 순수한 감정으로 표현한 노래와 시로 이루어졌다는 사실은 변함이 없다. 나는 이렇게 아름다운 책을 경건한 마음으로 받아들이는 것이 왜 그리도 어려운 일인지 이해할 수 없다. 인간의 사랑이란 하나님의 놀라운 섭리 중 하나가 아닌가? 여성에 대한 남성의 갈망과 남성에 대한 여성의 동경은 본래 완전성을 향한 갈망인데, 이것은 신성한 것이 아닌가? 그러면 솔로몬의 아가에서 꿈이 등장하는 대목을 살펴보자.

> 밤마다 잠자리에 들면
> 사랑하는 임 그리워 애가 타건만,
> 찾는 임은 간 데 없어
> 일어나 온 성을 돌아다니며,
> 이 거리 저 장터에서,
> 사랑하는 임 찾으리라 마음먹고
> 찾아 헤맸으나 찾지 못하였네.
> 성 안을 순찰하는 야경꾼들을 만나
> '사랑하는 나의 임 못 보셨소?'
> 물으며 지나치다가,
> 애타게 그리던 임을 만났다네.
> 나는 놓칠세라 임을 붙잡고,
> 기어이 어머니 집으로 끌고 왔다네.
> 어머니가 나를 잉태하던,
> 바로 이 방으로 들어왔다네.
> 들판을 뛰노는 노루 사슴 같은

예루살렘의 아가씨들아,
이 사랑이 찾아들기까지
제발 방해하지 말아다오,
흔들어 깨우지 말아다오. [41]


나는 자리에 들었어도
정신은 말짱한데,
사랑하는 이가 문을 두드리며 부르는 소리,
'내 누이, 내 사랑,
티 없는 나의 비둘기여 문을 열어요,
내 머리가 온통 이슬에 젖었고,
머리채도 밤이슬에 젖었다오.'
'나는 속옷까지 벗었는데,
옷을 다시 입어야 할까요?
발도 다 씻었는데,
다시 흙을 묻혀야 할까요?'
나의 임이 문틈으로 손을 밀어 넣으실 제
나는 마음이 설레어 벌떡 일어나,
몰약이 뚝뚝 떨어지는 손으로 문을 열어 드렸네.
내 손가락에서 흐르는 몰약이 문고리에 묻었네.
임에게 문을 열어 드렸으나,
임은 몸을 돌려 가버리더이다.
나는 그만 넋을 잃고,
가는 임을 뒤쫓다가 놓쳤다네.

---

41 아 3:1-5.

임은 아무리 불러도 대답이 없었네.

그러다가 성 안을 순찰하는 야경꾼들에게 얻어맞고,

성루를 지키던 파수병에게 겉옷을 빼앗겼네.

예루살렘의 아가씨들아, 나의 임을 만나거든,

제발 내가 사랑으로 병들었다고 전해다오.[42]

첫째 구절에서는 처녀가 밤에 잠자리에 들면 '사랑하는 임' 생각
에 애가 탄다고 했다. 찾는 임이 없어 밤에 성을 돌아다니다가 성
안을 순찰하는 야경꾼을 만나 마침내 사랑하는 임을 찾게 된다. 이
러한 에피소드는 실제로 청순한 유태인 처녀들 사이에서는 거의 일
어나지 않았을지도 모른다. 그러나 그것은 아주 쉽게 꿀 수 있는 꿈
일 수도 있다. 만약 처녀가 찾고 있는 사랑하는 임이 융이 말하는
'내적 인격' 또는 '아니무스'(animus)라고 한다면 심오한 심리적인
의미를 지닌 꿈을 꾸게 된 것이다. 이러한 시(詩)의 근원이 실제로
꿈이었다는 가설은 5장에 나타난다. 거기에는 똑같은 줄거리가 많
이 나타나고 있으며(이번에도 밤에 혼자 돌아다닌다고 야경꾼들이 처녀
를 때렸지만), 다음과 같은 말로 시작하고 있다.

"나는 잠자리에 들었어도 정신은 말짱한데."

다른 말로 하면 처녀는 잠들었는데 정신은 (무의식적인 생각이 꿈
에서 나타나는 것처럼) 깨어 있었던 것이다.

구약성서에서 가장 완전하게 꿈을 다루고 있는 것은 다니엘서이

---

42 아 5:2-8.

다. 다니엘서는 구약성서 가운데 후기에 기록된 작품으로, 그 연대는 기원전 2세기경인 것 같다. 다니엘서는 일련의 꿈과 환상으로 이루어져 있다. 학자들은 다니엘서의 저자가 백성들에게 메시지를 전달하기 위해 집필했다고 주장한다. 당시 백성들은 유대인 종교를 이단시한 안티오쿠스 에피파네스(Antiochus Epiphanes)의 박해에 시달렸다. 저자는 바빌론에 망명하여 있는 동안 외국인의 압박 속에서 살아온 유태인 다니엘에 관해 책을 썼다. 저자는 꿈과 환상 그리고 다니엘이 살면서 겪은 사건을 토대로 집필했다. 이 책은 두 부분으로 나누어지는데 각각 여섯 장으로 구성된다. 첫째 부분은 이야기 형태로 풀어 썼고, 둘째 부분은 세계적 차원에서의 환상의 연속으로 되어 있다. 다니엘이 역사적 실존 인물인지는 여전히 논란의 대상이다. 그러나 그가 실존 인물인지 허구 인물인지는 중요치 않다. 단지 다니엘서에서 꿈이 중시되었음을 확인하면 그만이다.

다니엘은 놀라운 능력을 지닌 이스라엘 청년이다. 세 명의 친구들(사드락, 메삭, 아벳느고)과 같이 그는 지식과 능력을 겸비했으며, 매우 지혜로운 사람으로 여겨졌다. 다니엘에게는 특히 "어떤 환상이나 꿈도 다 풀 수 있는 재능"[43]이 있다.

2장에서는 느부갓네살의 꿈에 관한 이야기가 나오는데, 그것은 심리학적으로 중요하며 놀랄 만한 이야기이다. 2장은 이렇게 시작된다.

느부갓네살이 다스린 지 2년이 되는 해에 느부갓네살이 꿈을 꾸고

---

43 단 1:17.

그로 말미암아 마음이 번민하여 잠을 이루지 못한지라.[44]

느부갓네살을 묘사한 모습은 불면증으로 시달리는 사람과 비슷하다. 불면증은 흔히 의식과 무의식 사이의 충돌 때문에 생긴다. 그런데 불안스러운 수면 후에 느부갓네살은 자기가 꿈을 꾸었다는 것도, 그 꿈이 혼란스럽지만 중요하다는 것도 기억했다. 그러나 꿈의 내용을 기억하지 못했다. 느부갓네살 왕은 바빌론 술사들을 불러 꿈을 알려줄 것을 요구했으나, 술사들은 꿈의 내용을 알 수 없어 해몽하지 못했다. 그런데도 왕은 그들이 말문을 열지 못하자 화가 났다. 그는 분노한 나머지, 바빌론의 현인들을 모두 죽이기로 결심했다. 다니엘도 이 최후통첩에 포함되었다. 그러나 다니엘은 왕의 문제를 풀 수 있다고 믿었다. 그는 느부갓네살과 약속을 하고 그의 집으로 돌아와서 친구들에게 이야기를 하고, "하늘에 계시는 하나님께서 자비를 베푸시어 그 비밀을 알게 해달라"[45]라고 기도했다. 그러자 "그날 밤, 다니엘은 마침 환상을 보고 그 비밀을 알게 되었다."[46]

하나님으로부터 메시지를 받은 다니엘은 왕을 만나 이렇게 말한다.

임금님께서 물으신 것은 어느 제사장이나 마술사나 술객이나 점쟁이도 밝힐 수 없는 비밀입니다. 오직 비밀을 밝히시는 이는 하늘에 계신 하나님입니다. 하나님께서 임금님에게 후일에 벌어질 일을 미

---

44 단 2:1.
45 단 2:18.
46 단 2:19.

리 알게 하신 것입니다. 임금님께서 꾸신 꿈은 이런 것입니다. 임금님께서 침상에 누워 장래 일을 생각하실 때 비밀을 밝히시는 이가 앞으로 일어날 일을 알리신 것입니다. 소신이 남달리 지혜로워 그 비밀을 알려 주신 것이 아니라, 임금님의 마음에 무엇이 떠올랐으며 그 뜻이 무엇인지 임금님께 밝혀 드리라고 알려 주신 것입니다.[47]

마지막 구절은 꿈을 해석한다는 것이 인간에게 어떤 영향을 주는지 명확하게 설명해 주기 때문에 특히 중요하다. 즉 해몽은 인간의 무의식적인 사고를 밝혀내는 것이다. '정신'(mind)이란 말은 '심정'(heart)이란 말로 바꿀 수 있다. 심정이란 인간의 내심(內心), 은밀한 생각, 가장 깊이 간직한 감정을 의미한다. 현대인은 얼마든지 자신의 생각을 알 수 있다고 믿는다. 그러나 인간은 자신도 알지 못한 채 속마음을 무의식에 숨긴다. 무의식에 숨은 마음은 다니엘이 말한 대로 꿈을 해석함으로써 인식할 수 있다. 현대 심리학도 같은 방법을 사용한다.

다니엘은 계속해서 왕에게 꿈을 설명한다.[48] 그 꿈에는 금속으로 만든 매우 멋들어진 상(像)이 등장한다. 그런데 아무도 손을 대지 않은 돌 하나가 날아와 그것을 부수어 버렸다고 말한다. 다니엘은 분명히 안티오쿠스 에피파네스에 저항하는 백성들을 위한 메시지가 담겨 있음을 설명해 준 것이다.

나중에 다니엘은 심리학적으로 더욱 흥미를 자아내는 느부갓네

---

47 단 2:27-30.
48 단 2:31 ff.

살의 다른 꿈을 해석하게 된다. 이번에는 느부갓네살이 꿈을 기억
하여 그것을 다니엘에게 먼저 이야기한다.

내가 잠자리에 누워 있을 때 나의 머리 속에 떠오른 광경은 이런 것
이었다. 굉장히 큰 나무 하나가 세상 복판에 서 있는데 너무도 우람
해서 키가 하늘까지 닿았고 땅 끝 어디에서나 보였다. 잎사귀들은
성성했고, 열매는 세상 사람이 다 먹을 수 있을 만큼 많이 열려 있
었다. 들짐승들이 그 그늘 밑으로 찾아들었고, 공중의 새들이 그 나
뭇가지에 깃들었으며 온 세상 사람이 그 나무에서 나는 것을 먹고
지냈다. 잠자리에 누워서 이런 것들이 머리를 스치고 지나가는 것
을 보고 있는데 이번에는 하늘에서 감독원 하나가 내려오더니 이렇
게 외치는 것이었다. '이 나무를 찍어라. 가지는 자르고, 잎은 흘트
리고, 과일은 따버려라. 짐승들로 하여금 그 밑을 떠나게 하고 새들
로 하여금 가지를 떠나게 하여라. 그러나 등걸과 뿌리만은 뽑지 말
아라. 쇠사슬, 놋쇠사슬로 묶어 풀밭에 버려 두어라. 하늘에서 내리
는 이슬에 몸을 적시고, 짐승들과 어울려 풀이나 뜯게 버려 두어라.
사람은 정신을 잃고 짐승처럼 생활하면서 일곱 해를 지내야 하리
라. 이것은 감독원들의 결정으로 이루어진 포고이다. 거룩한 이들
의 명령으로 내려진 판결이다. 인간 왕국을 다스리는 분은 지극히
높으신 하나님이라는 것을 살아 있는 자들에게 알리려는 것이다.
지극히 높으신 하나님께서는 겸손한 사람을 좋게 보시고 그런 사람
을 높은 자리에 앉히시어 나라를 다스리게 하신다.'[49]

다니엘은 꿈의 의미를 곧 알아차린다. 다니엘은 너무 놀란 나머

---

49 단 4:10-17.

지 "잠시 난처한 기색을 보이다가 그의 생각을 왕에게 털어 놓았다."[50] 다니엘은 다음과 같이 꿈을 해석한다. 즉 그 꿈은 우선 느부갓네살 왕이 그 나무처럼 위대하고 세력이 크게 되리라는 것을 말해 준다는 것이다. 그러나 느부갓네살은 스스로 그 세력의 주권자로 생각했으며 신적인 특권과 신(神)의 역할이 자기에게 주어진 것처럼 행동하기 때문에 전능하신 하나님은 그를 내리치실 것이다. 그 꿈은 느부갓네살의 오만(hubris)을 경고였다.

왕은 그 경고를 마음에 두지 않았기 때문에 미쳐버리게 된다.[51] 그가 제정신으로 차렸을 때의 기록을 보자.

〈느부갓네살〉, 윌리엄 블레이크
느부갓네살 왕은 꿈에 나타난 하나님의 메시지에 귀를
기울이지 않았다.

---

50 단 4:19.
51 단 4:25-33.

나 느부갓네살은 기한이 차서 고개를 들어 하늘을 쳐다보다가 제정
신이 들어 지극히 높으신 하나님을 칭송하였다. 영원히 살아 계시
는 이를 우러러 찬양하였다.[52]

느부갓네살의 운명이 변해버렸던 것이다. 다니엘은 느부갓네살
에게 하나님께서 명령하신 대로 그의 삶을 변화시키라고 촉구하면
서 이렇게 말한다.

그리하면 길이 태평성대를 누리실 것입니다.[53]

느부갓네살은 자신에 대한 확고한 신념이 변화되지 않았기 때문
에 정신 이상의 수렁에 빠졌다. 그 후 그가 짐승처럼 살았던 칠 년은
왕으로 칭송받으면서 살았던 이전의 삶에 대한 보상이었다. 시간이
지나자 그는 원상태로 회복되어 더 이상 과대망상으로 괴로움을 당
하지 않게 되었으며 더욱 진실해졌다. 이 전체 이야기는 자아(ego)
와 관련된 무의식의 보상적인 성격이 잘 드러나 있다.

만약 다니엘이나 요셉 같은 해몽가들이 오늘날 기독교 설교단에
서 설교를 한다면 정말 놀라운 일일 것이다. 그렇게 된다면 그 교회
는 영적인 요구와 하나님의 계속적인 계시를 통해 활기를 띠게 되
리라.

성서에 나타나는 많은 인물들은 꿈과 환상을 체험했다. 기드온

---

52 단 4:34.
53 단 4:27.

에 관한 이야기도 꿈을 중심으로 전개된다. 사사기에서 하나님은 기드온에게 미디안 사람들이 있는 적의 진지로 쳐들어가라고 명령하시는데, 기드온은 그 말씀에 확신을 갖게 된다. 기드온이 그 곳에 도착했을 때 한 병사가 그의 친구에게 자신의 꿈을 말해 주는 것을 무심코 듣게 된다.

'내가 꿈을 꾸었는데 보리떡 한 덩어리가 우리 미디안 진으로 굴러 들어오지 않겠는가? 그런데 그것이 우리 천막에 이르러 천막을 쳐서 뒤엎자 천막은 쓰러지고 말았네.' 친구가 대꾸하였다. '그것은 다름아닌 이스라엘 사람 요아스의 아들 기드온의 칼일세. 하나님께서 미디안과 이 모든 진을 그의 손에 붙이셨군.'[54]
그 이야기는 이렇게 끝난다.

이렇게 꿈 이야기와 그 해몽하는 말을 듣고 기드온은 야훼께 경배하고 이스라엘 진으로 돌아와 일렀다. '일어나라, 야훼께서 미디안 진을 너희 손에 붙이셨다.'[55]

이처럼 기드온이 확신에 차게 된 것은 꿈 때문이었다.

솔로몬은 지혜로운 왕이다. 솔로몬은 꿈을 통해 지혜를 갖게 되었다. 솔로몬의 신앙을 살펴보자. 야훼는 솔로몬의 꿈에 나타나셔서 말씀하셨다.

---

54 삿 7:13-14.
55 삿 7:15.

내가 너에게 무엇을 해주면 좋겠느냐?[56]

이에 솔로몬은 지혜를 달라고 요구했다. 그러자 하나님은 그에게 슬기로운 지혜와 옳고 그름을 판단할 수 있는 두뇌를 선물로 주신다고 약속했다. 이 이야기는 이렇게 끝을 맺고 있다.

솔로몬이 깨어보니 꿈이었다.[57]

역사적인 인물로서의 솔로몬이 얼마나 지혜로웠는지에 대해서는 의문점이 없지 않으나 성서의 저자에게 있어서 적어도 꿈은 대단히 중요한 것이었음을 분명히 알 수 있다.

신약성서를 보자. 우리는 환상과 연관된 가장 종교적인 체험으로 두 가지를 찾아볼 수 있다. 첫째는 변화에 대한 체험인데 그것은 주님이 하신 말씀으로 마태복음에 기록되어 있다.

사람의 아들이 죽었다가 다시 살아날 때까지는 지금 본 것을 아무에게도 말하지 말라.[58]

둘째는, 바울의 다마스커스 도상에서의 체험이다. 이것은 오직 바울만이 보았기 때문에 주관적 성격을 지닌 환상이다(어떤 자료에서는 다른 사람도 그 음성을 들었다고 하지만). 또 사도행전[59]에서는 바

---

56 왕상 3:5.
57 왕상 3:15.
58 마 17:9.

울이 아그립바에게 그의 생생한 체험을 환상으로 설명한다.

빌라도의 아내를 잠깐 보자. 그녀는 인생 가운데 중대한 전환점에서의 꿈을 꾼다. 그녀는 빌라도에게 이렇게 말했다.

당신은 그 무죄한 사람의 일에 관여하지 마십시오. 간밤에 저는 그 사람의 일로 꿈자리가 몹시 사나웠습니다.[60]

지금까지 살펴본 성서에 나타난 꿈들을 요약해 보기로 하자. 우리는 꿈과 환상에 관계된 약 70절 정도의 성서본문을 주시해 보았다. 이 풍부한 이야기들을 기반으로 다음과 같은 결론을 내리고자 한다.

1. 꿈과 환상은 구약성서와 신약성서 어디서나 하나님의 계시로 여겨졌다. 다니엘이나 요셉처럼 꿈이나 환상을 해석할 수 있는 능력을 지닌 자들은 존경을 받았다. 또한 하나님이 인간에게 내린 계시를 이해할 수 있는 사람도 있었다. 예를 들면 아브라함이나 솔로몬은 위대하고 지혜로운 자가 되었다. 그리고 바울이나 에스겔처럼 놀라운 내적인 체험을 가진 사람들은 위대한 전도자나 예언자가 되었다.

2. 이러한 관점에서 보면 성서 전체는 하나님이 무의식을 통해

---

59 행 26:12 ff. 특히 19절.
60 마 27:19.

서 인간의 의식적인 마음을 변화시키는 이야기다. 여기서 아직 면밀히 검토되지는 않았으나 다음과 같은 두 개의 다른 결론에 도달할 수 있게 된다.

3. 즉, 어떤 이와 씨름을 한 야곱이나 불붙은 떨기나무에서 하나님을 만난 모세처럼 대부분의 종교적 체험들은 일종의 환상이었다는 결론이다.

4. 초대교회에서도 성서시대처럼 꿈을 하나님의 계시로 간주하였다.

성서에 나오는 사람들은 처음부터 하나님에 대해 지적으로 생각하려 하지 않았다. 하나님은 그들을 개인적인 체험을 통해 일깨워 주셨다. 하나님은 사도 바울에게 하신 것처럼 그들에게도 확신을 주었는데, '확신을 주다'(convince)란 단어는 라틴어에서 유래된 것으로, 원래는 '극복하다'(overcome)라는 뜻이다[convince는 vincere에서 유래된 것으로 그 뜻은 극복하다(to overcome)이다]. 체험 후 그들은 좌정하여 하나님을 생각하면서, 그들이 체험한 의미를 생각해 보고 그 의미를 더욱 강화시켜 나갔다. 먼저 위대한 꿈은 하나님에게서 오는 계시였으며, 그 후에야 성직자들이나 교회가 체험을 중시하여 그것을 의식(儀式)이나 도그마로 확립시켰던 것이다. 다행스럽게도 오늘날 많은 사람들이 무의식을 애매하고도 막연한 것으로 생각지 않고, 무의식의 성스러움을 점차 인정하고 있다. 그러나 여전히 자신의 종교적 경험의 터전인 영혼을 떠나서 이성적인 사고나 '집단적인 체험', 교육, 의식적인 예배를 통해 하나님을 만날 수 있다고 우리들은 생각하고 있다. 그 결과 기독교인들은 오늘날 우리 전통을 산출시키는 바로 그 영혼을 두려워한다. 즉 우리 기독교인들은 종교적인 체험보다도 신조를, 영감(靈感)보다는 교리를 원하고 있다. 무엇보다도 우리는 비이성적인 무의식을 받아들이려고 하지 않고 있는데, 왜냐하면 이성적인 사고가 현대인을 압도하기 때문이다.

물론 우리는 여러 가지 구실을 댄다. 무의식을 다루는 것은 단지 정신적으로 이상이 생겼을 경우에 행하는 일이라고들 말한다. 또한 꿈은 정신과 의사에게만 해당하는 것이고, 계시는 신약성서에서 멈추었다고 말한다. 그렇다면 우리의 교리가 왜 꿈으로부터 오는 계시로 인해 종종 위기에 처하게 되는가? 바로 이 점에서 우리는 초대교회 교부들과 크게 다르다. 교부들 대부분은 꿈이란 하나님의 음성이며 영적인 세계라고 설명했었다. 합리주의는 교부들의 생각을 거부한다. 히브리서에서 말한 것처럼 우리는 하나님을 두려워한다.

살아 계신 하나님의 심판의 손에 빠져들어 가는 것은 얼마나 무서운 일입니까?[61]

우리는 살아 있는 음성이 들리는 두려운 체험보다는 차라리 합리적인 행동에 의존해 안전을 얻고자 한다. 꿈에 대한 이해에는 다

---

61 히 10:31.

음과 같은 두 가지 난점이 있다.

첫째, 꿈에 대한 성서와 초대교회 교부의 신앙은 시대에 뒤떨어진 것이고, 미신이다. 고대인들에게는 허용되지만, 아담과 이브를 문자 그대로 최초의 남자, 최초의 여자로 더 이상 받아들이지 않을 만큼 계몽된 오늘날 기독교인들에게는 허용될 수 없다.

둘째, 성서에 나타난 꿈을 타당한 것으로 받아들인다는 것은 그 시대 사람들에게만 적절하고 유익한 것이라고 말할 수도 있다.

이에 대한 반박도 두 가지이다.

첫째, 오늘날의 인간은 어떤 절박한 요구를 하고 있다. 즉 인간의 의식(consciousness)이 고도로 발달하고 복잡해졌음에도 불구하고 인간의 마음은 병들어 있다. 따라서 인간의 이성적인 의식으로는 해결할 수 없는 치유, 의미, 조화, 그리고 계시가 인간의 병든 마음을 위해 필요하다. 만일 하나님이 성서에서 계시한 것처럼 오늘날의 사람들에게 나타나기만 한다면, 인간은 자신의 절박한 내적 욕구가 하나님의 음성에 귀 기울이라는 뜻임을 간파할 것이다.

둘째, 종교생활에서 무시되어 왔던 무의식이, 다른 사람들에 의해 가치 있는 분야로 부각되고 있음을 기독교인들은 깨닫고 있다. 교회가 인간의 무의식을 무시한다고 해서 하나님이 인간에게 전하고자 하시는 말씀을 중단하시지는 않는다. 인간을 치유하고 보다 완전하고 총체적인 인간성으로 성장시키기 위해 과학적인 심리학과 의학이 발견해 낸 결과물을 내놓았다. 이 결과물은 성서에 이미 알려져 있지만, 이제는 잊혀진 그 방법을 다시금 일깨워준다. 융은 그의 동료들보다 더 예민하고 이해력이 풍부했다. 그는 오늘날 인간의 꿈은 자신에 관한 꿈일 뿐만 아니라 하나님에 관한 꿈이기도 하다는 사실과, 꿈 밑바탕에는 종교적인 과정이 실제로 존재한다는 점을 발견했다. 인간은 마치 밤에 자기 방에 혼자 있기가 무서워 엄마를 부르는 어린아이 같은 존재가 아닌가? 그때 엄마는 하나님이 너와 함께 계시니 두려워하지 말라고 안심시킨다. 그 엄마는 아래층으로 내려오면서 어린아이가 걱정하며 중얼거리는 소리를 듣는다.

"맞아요, 하나님, 당신이 여기에 계시니 좋아요. 다른 데로 가지 마세요. 나는 죽을까 겁이 나요!"

우리는 또한 놀랍게도 하나님이 우리와 함께 계시기 때문에 모든 일이 잘되어 간다고 스스로 안심하면서 하나님이 존재한다는 사실을 인정한다. 그러나 우리는 조용히 덧붙인다.

"나를 놀라게 하거나 두렵게 만드는 꿈이나 환상은 나에게 일어나지 않았으면⋯."

하나님, 특히 그의 음성이 꿈처럼 우리(자아)에게 접근할 때 누구나 불안에 휩싸인다. 우리는 그분이 가깝게 존재하고 있다는 사실을 부정할 수 없다. 왜냐하면 우리 또한 성서에 나타난 사람들처럼 꿈을 꾸기 때문이다. 그러나 예를 들면 다니엘이 지녔던 영감 혹은 직관을 통해서뿐만 아니라 현대 과학의 객관적인 방법과 관점을 통해서도 고찰해 보아야 한다.

이 문제는 다음 장(章)에서 다루겠다.

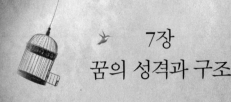

# 7장
# 꿈의 성격과 구조

월리암 디멘트(William Dement) 박사는 최근 뉴욕 마운트 시나이(Mount Sinai) 병원에서 정신병 치료법을 연구하던 중 잠에 관한 흥미로운 실험을 했다. 이 실험을 통해 사람이 꿈을 꾸는지, 그렇다면 언제 꿈을 꾸는 것인지를 과학적으로 설명할 수 있게 되었다. 연구 결과는 다음과 같다.

첫째, 감겨진 눈꺼풀 아래에서 눈동자가 움직이는 것을 보고 그가 꿈을 꾸고 있다는 사실을 알 수 있다. 잘 훈련된 의사들은 이 방법으로 그가 꿈을 꾸는지 알 수 있다.

둘째, 꿈꾸는 동안 뇌파전위 기록을 통해 그 사람의 뇌파에 변화가 일어나는 것을 보고 그가 꿈을 꾸고 있다는 사실을 알 수 있다. 뇌파전위 기록을 보면서 잠자는 사람을 꿈꾸는 도중에 깨울 수도 있었다. 몇 가지 실험을 통해 대부분의 사람들은 8시간 잠잘 경우 평균 한 시간 또는 30분 정도의 꿈을 여섯 번 내지 일곱 번을 꾼다. 그러므로 꿈을 꾸지 않는 것이 아니라, 꿈을 기억하지 못할 뿐이다.

디멘트 박사는 한 걸음 더 나아가 꿈의 영향력을 실험해 보기로 했다. 그는 이 실험에 지원한 사람들을 두 그룹으로 나누어 수면 중 꿈이 시작되는 때를 지켜보았다. 첫째 그룹은 꿈이 끝날 때까지 그냥 두었다가 깨운 후 다시 잠들게 했다. 둘째 그룹은 꿈이 시작되자마자 깨웠다가 다시 잠들게 했다. 이런 방법으로 두 그룹 모두를 하룻밤 동안 여러 번 깨웠다. 그러나 잠자는 시간은 똑같게 했다. 완성된 꿈과 완성되지 못한 꿈 사이의 차이를 알아보고 싶은 것이다.

이 실험을 통해 두 가지 사실이 판명되었다. 하나는 둘째 그룹의 실험 결과 꿈을 꾼다는 것이 인간의 정신세계에 큰 영향을 끼친다는 사실이다. 닷새에 걸쳐 실험을 하는 동안 이 그룹의 어떤 사람은 8시간 자는 사이에 30번 가량 꿈을 꾸기도 하였다. 다른 하나는 둘째 그룹의 사람들이 사흘째 밤과 닷새째 밤에 신경쇠약 증세를 보이기 시작한다는 사실이다. 오랫동안 잠을 못 잔 사람들에게서 나타나는 증세와 유사했다. 그들은 점점 흥분하다가 환각을 느끼기 시작했고 결국 신경쇠약의 증세를 보였다. 디멘트 박사는 1960년 미국 정신의학협회에서 다음과 같이 결론을 내렸다.

만약 어떤 사람이 오랫동안 꿈을 꾸지 못하면 일종의 정신적인 붕괴가 일어난다고 생각합니다.[1]

프로이트는 꿈이 수면을 보호해 준다고까지는 생각하지 못했다.

---

1 이 문제에 대한 더 자세한 것은 1965년 4월호 *Journal of American Psychoanalytic Association*에 나와 있다.

디멘트 박사의 연구결과는 꿈이 건전한 정신을 유지하도록 보호한다는 사실을 알려주었다.

이제 우리의 심리학적 이해를 높여준 융의 연구 결과를 체계적으로 살펴보자. 과학자이며 심리 치료자인 융은 반세기가 넘도록 의사로서 많은 꿈을 연구했다. 디멘트가 실험실에서 연구를 진행한 반면 융은 환자를 치유하는 과정에서 환자와 관련된 모든 문제에 흥미를 가졌다. 따라서 그의 이론은 조건이 제한된 실험에 근거한 것이 아니라 그가 체험한 무수한 꿈과 사례의 비교, 정신병에서 발견되는 여러 요인들, 원시인의 삶, 그리고 인간의 무의식에 나타나는 여러 요인들에 근거한 것이다.

다음에서 이야기할 내용은 융의 연구에 토대하고 있다. 엄밀히 말하면 필자의 제안이기도 하다. 나는 가능한 한 그의 연구를 새롭고 인격적인 방법으로 표현하려고 노력했다. 융의 이론을 나름대로 각색한 것이기에 이제 남은 일은 비난을 받든지 아니면 칭찬을 듣는 일이다. 제안의 개요는 다음과 같다.

1. 꿈 생활(Dream Life)의 자율성
2. 꿈의 보상적인 특성
3. 일반적으로 꿈에 나타나는 형상의 의미
4. 두드러지게 나타나는 꿈 형상의 의미
5. 만화 또는 비유로서의 꿈
6. 인간이 아닌 꿈 상징들과 꿈 해석의 법칙
7. 초개인적인(transpersonal) 꿈의 근원

## 1. 꿈 생활(Dream Life)의 자율성

꿈에 나타나는 형상, 인물, 상징 및 극적인 사건들은 대단히 다양하다. 또한 우리가 잠들기 전 미리 꿈의 내용을 결정한다 하더라도, 우리는 의식적인 의지가 꿈의 내용에 아무런 영향을 끼치지 못한다는 사실을 알게 된다. 설령 미리 설정한 대로 꿈을 꾸었다고 해도 단지 우리가 깨닫지 못했을 뿐, 꿈은 그 내용에 따라 진행되어 왔음을 알 수 있다. 꿈은 의식적인 통제에 구애받지 않는다. 꿈은 자율적이다. 꿈 자신의 법칙을 따른다. 융은 이 점을 이렇게 말했다.

> 많은 사람들은 자신에게 콤플렉스가 있다는 사실을 알지만 콤플렉스가 그들을 붙잡고 있다는 사실을 깨닫는 사람은 거의 없다.[2]

무의식적인 정신 영역에 존재하는 이러한 자율성은 보통 정신적인 혼란으로 설명된다. 일반적으로 노이로제(neurose)나 그 밖의 신경증은 의식적인 사고와 무의식적인 사고 사이의 커다란 틈이 차이가 나타나서 생긴 결과라고 말할 수 있다. 의식과 무의식의 불일

---

2 C. G. Jung, *Über Psychische Energetik und das Wesen der Träume*, Zürich, 1965, S. 123.

치는 내적 갈등을 불러일으키고, 그 결과 여러 가지 신경증적인 증세가 나타나게 된다. 정신세계를 빙산에 비유해보자. 만약 의식을 물 위에 드러난 부분, 즉 빙산의 일각으로 비유한다면, 무의식은 물 아래 잠겨 있는 90%에 해당한다. 이때 빙산이 떠 있는 바다는 집단적 정신의 잘 알려지지 않은 부분이다. 빙산처럼 거대한 물체는, 수면 위에 떠 있는 보잘것없는 제안에 자신을 맡기려고 하지 않는다. 그러나 전체적인 정신이 기능을 발휘하려면 의식과 무의식의 상호작용이 필요하다. 왜냐하면 본질적인 정신 기능은 자아에 의해서만 수행되기 때문이다.

꿈을 이해하려면 '왜 이렇게 이상한 꿈을 꾸었는가?'라고 질문을 던지며 꿈을 이루는 모든 요소를 남김없이 밝혀야 한다. 꿈의 자율적인 힘을 중시한다면 느부갓네살의 비극적인 운명을 피할 수 있다.

## 2. 꿈의 보상적인 특성

꿈은 우리가 지나쳐 버린 문제를 상기시킨다. 새로운 관점에서 문제를 돌아보게 만들고, 그 문제의 해결책을 암시한다. 달리 말해 꿈은 의식의 부족한 인식을 보완해 준다. 스스로 온순한 성격이라 믿고 행동하는 사람은 꿈에서 나폴레옹과 같은 자신을 만나게 되며, 독불장군 같은 독신 여성은 매춘부가 되는 꿈을 꾼다. 헌신적인 목사는 교인을 목 졸라 죽이는 꿈을 꾸기도 한다. 꿈꾸는 사람의 인격과 그가 살아가면서 지나치거나 무시했던 일들이 꿈을 통해 드러난다. 물론 '나는 이런 사람이다'라고 믿고 있는 것이 실제의 자신이 아니듯이, 꿈에 나타난 모습이 참된 자신은 아니다. 온순한 사람이 나폴레옹은 아니며 독신 여자가 매춘부도 아니다. 그리고 목사가 살인자일 수도 없다. 진실은 그 사이 어디엔가 있다.

나는 목회를 하면서 보상적 특성을 지닌 꿈의 실례를 자주 들었고 또 많이 알고 있다. 그중의 짧은 경험담 하나를 살펴보자.

자신이 안고 있는 문제가 너무 심각한 나머지 스스로 해결책을 구하지 못한 사람들이 목사를 찾아온다. 자신을 깊숙이 들여다보고 자신에게 있는 수많은 결점을 찾아냈을 때 사람들은 좌절하고, 비관한다. 의식적인 차원에서 모든 것을 해결하려 한 나머지, 하나님과 무의식의 힘에 의존하는 것을 싫어하는 사람들은 종종 염세주의에 빠진다. 이런 염세주의자의 무의식은 의식으로 치우친 불균형 상태를 회복하기 위해, 무시당한 자신의 존재를 보상하기 위해 활동한다. 그리고 이런 보상적인 꿈은 우울증을 없애주는 데 큰 도움이 된다.

그러면 염세주의에 빠진, 능력 있고 통찰력 있는 한 여자의 이야기를 해보자. 그녀는 몹시 비관적인 감정에 사로잡혀 있을 때 아주 단순한 꿈을 꾸었다. 소파를 방으로 옮기기 위해 남편과 함께 소파의 뒷부분을 분리하는 꿈이었다. 나는 그녀에게 그 소파에 관하여 물었다. 그녀는 그 의자를 특별히 마련한 방에 놓으려고 샀다고 했다. 소파는 중고로 싸게 구입한 좋은 물건이었다. 그러나 소파가 너무 커서 문을 통과하지 못했다. 그녀와 남편은 놓아둘 만한 적당한 장소를 못 찾았다. 더구나 소파는 중고품이어서 반품을 시킬 수도 없었다. 그래서 며칠 동안 거실에 그냥 놔두고 있던 참이었다. 나는 꿈이 암시한 대로 그녀에게 혹시 그 소파가 분리되는 것이 아닌지 살펴보라고 말했다. 집에 돌아간 그녀는 소파 뒤쪽에서 나사못을 발견했다. 그녀와 남편은 매우 기뻐하며 소파를 분리하여 원하던 방에 놓을 수 있었다.

이것은 매우 구체적인 꿈이다. 특히 이 꿈은 꿈꾸는 사람이 객관적인 상황과 주관적인 상황, 즉 외적인 실체와 내적인 실체에 모두 연관되어 있음을 보여 주는 좋은 예이다. 이 꿈을 포함해서 많은 꿈들이 우리에게 외적인 생활에 어떻게 적응할 수 있는지 알려준다. 이 꿈은 직접적인 암시를 통해 해결책을 제시한 경우이다. 그러나 이 꿈 역시 거의 모든 꿈의 주요 관심사인 내적이고 주관적인 의미를 내포하고 있다. 이 꿈의 밑바탕에 깔려 있는 또 다른 암시는 무엇인가? 그것은 마치 우리 의식이 불가능하다고 여기는 일을, 무의식의 지혜는 아주 간단하게 푼다는 점을 그녀에게 알려주는 것 같았다. 이 꿈은 꿈꾼 사람에게 깊은 인상을 심어 주었으며, 그녀의 내적 문제를 해결하는 데 필요한 힘도 불어넣어 주었다.

마지막으로 나는 플라톤의 대화에 나오는 보상적인 특성을 지닌 꿈을 소개하고자 한다.

소크라테스가 패도(phaedo)에서 유죄선고를 받은 지 얼마 되지 않았을 때이다. 시인 에브누스(Evenus)는 자신의 친구 시베스(Cebes)를 보내 질문을 던진다.

앞으로 살날도 얼마 남지 않았는데 어떻게 갑자기 시(詩)에 심취하게 되었습니까?

소크라테스는 그 이유를 꿈이라고 대답하면서 다음과 같이 말한다.

시베스, 그에게 말하시오. 나는 진실로 그와 그의 시에 대해 경쟁할 마음이 조금도 없답니다. 저는 한사코 그런 의도가 없습니다. 다른 이유는 없습니다. 단지 어느 날 꿈을 꾸고 나서 느꼈던 망설임을 씻어 버리고 싶었을 뿐이오. 지금까지 살아오면서 꿈을 통해 '나는 작곡을 해야 한다'는 꿈을 자주 꾸었소. 똑같은 꿈이 어느 때는 이런 형태로 어느 때는 저런 형태로 달라졌지만 꿈의 메시지는 항상 같았습니다. '힘을 기울여 음악을 만들라'는 것이었습니다. 나는 이 꿈을 내 생의 목표로 추구해 왔고 가장 고상한 음악이며 음악 중의 음악인 철학을 공부하라는 권고로 여겼소. 경주에서 경쟁자가 이미 뛰고 있는데 구경꾼들이 경주자를 향해 빨리 달리라고 말하는 것처럼 내가 이미 하고 있는 일을 더욱 분발하라는 뜻으로 생각했소. 그러나 나는 이 꿈을 정확히 깨닫지 못했던 것이지요. 왜냐하면 그 꿈은 일반적인 의미의 음악을 뜻하는 것 같기 때문입니다. 마침 축제로 인해(축제 기간에는 사형을 집행하지 않았다) 여유가 생겼으므로 나의 망설임 을 해결하는 것이 더 좋으리라고 여겼습니다. 그래서 꿈에 복종하기 로 했으며 죽기 전에 몇 구절을 짓게 되었습니다.[3]

여기서 소크라테스가 반복되는 꿈을 중요하게 인식했다는 사실

---

3 Plato, *Phaedo*. Benjamin Jowett 번역, *The Portable Plato*, 195-196.

과 비록 얼마 남지 않은 인생이었지만 꿈의 지시를 따라 작품을 쓰게 되었다는 사실은 소크라테스의 위대함을 보여 주고 있다. 그런데도 그가 꿈의 의미를 잘못 해석했었다는 점도 우리는 생각해 보아야 할 것이다.

철학자 소크라테스는 사변적 기능, 지적인 능력을 최대한으로 발전시킨 위대한 지식인이었다. 그런 사람은 종종 그의 감정이 잘 표현되지 않기 때문에 고통을 느낀다. 소크라테스에게서 나타난 이러한 꿈은 그가 그의 가족이나 친척들과 가깝게 지내지 않았다는 사실로 보아 그 특성이 더 명확해진다. 꿈이 "소크라테스여, 음악을 만들라"라고 말한 것은 지적인 능력만 발달시킨 그에게 불합리한 감정의 보완을 촉구함으로써 보상하려고 했던 것이라 볼 수 있다.


## 3. 일반적으로 꿈에 나타나는 형상의 의미

꿈은 꿈꾸는 당사자의 내적 상황을 반복해서 나타낸다. 철저히 인격과 관련이 있다. 즉 꿈은 당사자의 인격을 제외한 외부적인 그 어떤 일과도 상관이 없다. 물론 예외가 있기는 하나[4] 매우 드물다. 따라서 모든 꿈은 꿈꾸는 사람 자신의 문제, 그리고 자신과 세상과의 관계에 대한 것이라고 할 수 있다.

---

4 성서에는 예외가 많이 있다. 성서의 중요 관심사는 개인의 심리가 아니라 이스라엘과 교회에서 일어나는 사건인 것이다. 성서에는 우리가 전형적으로 생각하는 꿈보다 훨씬 더 많은 일반적인 꿈 이야기가 실려 있다.

종말에 관한 꿈을 꾸고 이 꿈이 실제로 세상의 종말을 예언하고 있다고 말하면 그것은 정신 착란이다. 꿈은 인간의 내적인 세계에 관한 내용을 담고 있다. 따라서 꿈은 우리 안에서 일어나고 있는 중대한 변화와 연관된다. 꿈에서 삼촌이 죽었다고 삼촌에게 죽음을 대비하라고 전할 필요는 없다. 이 꿈은 삼촌이 겪게 될 일을 암시하는 것이 아니라 철저히 꿈꾼 당사자의 내적 경험이다. 즉 삼촌을 상징으로 한 자신 내부에서의 어떤 죽음을 의미한다.

무의식적인 정신 영역에 대한 가설은, 인간의 정신생활에서 많은 부분이 우리가 인식하지 못한 채 움직이고 있다는 사실을 이야기하고 있다. 꿈은 인간의 내적 상황을 보여줌으로써 무의식적인 정신생활을 살펴볼 수 있는 길을 열어준다. 꿈을 통해 무의식을 엿보는 일은, 마치 잠수함을 타고 사람의 손길이 닿지 않는 깊은 곳으로 내려가 심해의 생물들을 바라보는 것과 같다. 잠자는 동안 우리의 의식은 잠수함을 타고 무의식이라는 깊은 바다 속으로 내려간다. 무의식의 심해에서 우리는 자기 자신의 내부 세계를 목격한다.

꿈을 연극(drama)에 비유할 수 있다. 시간이 되면 무대 위로 커튼이 올라가고 남자 배우와 여자 배우가 연기를 펼친다. 무대 위에서 벌어지는 모든 일들이 충분한 의미를 가지고 있다. 이런 궁금증이 생긴다.

"남자 배우와 여자 배우는 무엇을 원하는가? 그들은 누구이며 무엇을 의미하는가?"

그들 대부분이 방황하는 것 같고 또 그들의 정체가 불투명하다. 꿈에는 우리가 모르는 낯선 사람도 등장한다.

그러나 다행히도 밤마다 진행되는 연극을 통해 다양한 '극중 인물들'(dramatis personae)이 나타난다는 바로 그 점이 의미 있는 것이다. 왜냐하면 그들은 꿈꾸는 사람 자신의 기질과 생각을 상징하기 때문이다. 꿈에 등장하는 인물은 꿈꾼 사람의 인격의 현재 처한 상황이나 그 단면을 재현한다. 꿈에 수많은 사람들이 등장하는 이유는 인간의 본질을 구성하는 요소가 복잡하기 때문이다. 인간은 단순한 존재가 아니다. 특정 문화권의 개인은 모든 인종에게서 발견될 수 있는 갖가지 감정과 성향의 잠재태를 지니고 있다. 우리는 성자(聖子)면서 죄인이고, 예언자면서 범죄자며, 여성이면서 남성이다.

콤플렉스에 대한 융의 이론은, 꿈에서 인격의 자율적인 부분이 분리된 형태로 나타나는 이유를 설명해 준다. 이러한 콤플렉스는 의식 속에 나타나지만 무의식 속에 그대로 남아 있는 경우도 있다. 무의식에 남은 콤플렉스는 사라지지 않고 정신 이면에서 자율적으로 살아가면서 의식세계의 삶에 뚜렷한 영향을 끼친다.

우리는 인정하기 싫은 자신의 모습을 인식하지 않으려고 노력한다. 그러나 그 모습은 없어지지 않는다. 정신의 어떠한 부분도 결코 제거할 수 없다. 모든 것이 무의식 속에 계속 존재한다. 만약 우리가 안면이 없는 부도덕한 남자(여자일 경우 여자)에 관한 꿈을 꾼다거나, 혹은 안면이 있는 사람이 노골적으로 적대감을 나타내며 무어라 쏘아 붙이는 꿈을 꾼다고 생각해 보자. 이런 형태의 꿈은 자기 삶에 존재하는 적대적인 측면을 상징하며 의식적인 인격을 깨우치기 위해 꿈을 통해 모습을 드러내는 것이다. 콤플렉스를 둘러싼 감정의 복잡성과 자율성 때문에 융은 이것을 '자율적인 콤플렉스'라고 부른다.

콤플렉스는 종종 이상한 방법으로 나타난다. 나는 성실한 기독교인인 한 여자가 이웃 여자—그녀는 물론 기독교의 사랑으로 이웃 여자를 사랑했다—와의 말다툼을 하고 나서 나를 찾아와 내뱉었던 말을 기억한다. 그녀는 이렇게 말했다.

"나는 그녀에게 평생 잊지 못할 말을 퍼부었습니다."

그녀는 자기의 행동이 실수였다는 사실을 깨닫지 못하고 있었으며 나도 그녀에게 설명해 주려고 하지 않았다. 그러나 무의식적으로 내재해 있던 그녀의 악랄한 면이 순간적으로 심한 말을 하도록 강요했다는 사실은 명백하다. 그녀의 자아와는 다른 누군가가 그녀를 통해 말했던 것이다.

지금 그러한 생각은 약간 놀랍게 느껴진다. 사실 그것은 놀라운 생각이다. 만약 당면한 문제를 회피한 나머지 스스로 인식하지 못하면 이 자율적인 콤플렉스는 위험한 결과를 초래할 수 있다. 자율적인 콤플렉스는 성격의 분열, 분노, 우울, 순간적인 건망증, 어리둥절한 말의 실수, 착오, 우발적인 행동 등을 일으킨다. 정신은 그런 콤플렉스로 뒤덮여 있다. 그러므로 이러한 정신세계를 꿈에 나타나는 동료와 함께 나누는 것은 아주 당연한 일이다. 다행히도 우리가 노력만 한다면 그들과 함께 조화를 이룰 수도 있다.

## 4. 두드러지게 나타나는 꿈 형상의 의미(꿈이 지니고 있는 원형)

꿈의 형태는 매우 다양하다. 그러나 드물게 전형적인 형태가 나타난다. 이런 전형적 형태는 꿈에서 일어나고 있는 사건에 결정적인 영향을 끼친다. 전형적인 꿈의 형상은 심리학 분야에서 중요하게 다룬다. 융은 이를 '원형'(archetypes)이라 했다. 융의 설명에 따르면, 누구에게나 모든 인간에게 공통되는 기본적인 성격(원형)이 존재한다. '원형'은 인간 본성에 있는 공통적인 성격이다. 누군가 고전 서부극을 영화로 만들려고 한다면 남자 주인공, 여자 주인공, 그리고 악당과 같은 인물을 설정할 것이다. 서부극을 만드는 데 최소한 이 세 사람은 필수적이다. 마찬가지로 만약 한 인간으로 존재하려고 한다면 총체적인 인격에 구성하는 필수 구성요소가 갖추어져야 한다. 그렇지 않으면 인간이 되지 못한다. 다시 말해 악마나 천사, 또는 귀신이나 선녀는 될 수 있을지 모르나 인간은 되지 못한다. 원형적 형상은 모든 인간의 인격을 구성하는 '기본적인 성격의 유형'이라 생각할 수 있다. 여러 가지 많은 원형적 형상이 있지만 여기서는 가장 중요한 몇 가지만 언급하고자 한다.

첫째 '그림자'(shadow) 또는 '또 다른 자아'(alter ego)이다. 불빛 아래에 서면 그림자가 생긴다. 그러나 땅을 내려다보지 않는 한 자기를 따라다니는 어두운 그림자를 깨닫지 못한다. 그림자는 인격의 어두운 부분이다. 그림자는 항상 우리와 함께 하지만 평상시 잘 인식하지 못한다. 그림자는 인간의 의식이 받아들이길 거부하는 한 부분(노여움, 결점, 병, 유치한 면, 관능성, 반항심 또는 열등감 같은 것)이다. 인간이 가장 두려워하고 직면하기 싫어하는 자신에 관한 모든 것이라고 할 수 있다.

그러면 어디서 그 그림자를 볼 수 있는가? 그림자는 꿈에서 사악하고 열등한 모습으로 나타난다. 우리의 무의식 가운데 내재하는 그림자는 인간의 욕망과 성취 가운데 존재한다. 또 인종편견이나 파괴된 인간관계의 근저에서 동성의 사람들에게 투사되고 있다. 우리가 이런 그림자를 무시하면 무시할수록 부정적인 면으로 존재를 드러낸다.

우리는 그림자를 '페르소나'(persona)와 비교하여 이해할 수 있다. 페르소나는 인간이 세상에 태어나면서 쓰고 나온 가면이다. 페르소나는 우리가 쓰고 있는 '얼굴'이다. 우리가 속한 집단은 우리에게 특정한 페르소나를 요구하고, 반대로 우리는 집단생활에 적응하기 위해 페르소나를 쓰기도 한다. 그러나 우리는 페르소나와 자기 자신을 동일시하려고 한다. 특히 우리는 우리가 원하는 모습으로만 자신을 보려고 한다. 이때 그림자는 페르소나와 적대적인 관계가된다. 우리가 선하고 온화한 면만 인정할수록 그림자는 반대로 난폭한 모습으로 나타난다. 아주 강하고 용기 있는 사람이 되려고 하면 할수록 나약한 그림자가 우리를 따라다니는 것이다.

이러한 그림자는 그 사람의 의식세계에서의 특성, 무의식에 억압되어 있는 측면들, 그리고 그가 선택한 페르소나 등에 의해 영향을 받게 된다. 그러나 그림자는 어느 정도 문화적인 현상이라 말할 수 있다. 즉 한 개인의 삶과 마찬가지로 인간이 살아가는 사회 문화에서 억압당하고 무시되어진 측면을 그림자가 보여 주는 것이다. 예를 들어 지식과 교육, 혹은 예의와 도덕을 궤변적으로 강조하는 우리 시대에 있어서 집단적 그림자는 무시당한 원초적인 인간이다.

그림자 없이 인간은 존재할 수 없다. 자아는 반드시 무의식 세계에 남아 있는 다른 요소들을 희생시켜 자신의 개성을 나타내기 때문이다.

이러한 모든 것이 그림자를 악한 존재로 만든다. 물론 우리가 그림자를 의식하지 못하면 못할수록 더 자율적으로 활동한다. 그림자가 엄청난 규모로 폭발하듯이 소란스럽게 나타나기도 하고, 우리의 욕망과 성취 사이에 아무도 모르게 모습을 드러내기도 한다. 그러나 그림자를 의식적으로 깨달으면 그림자는 인격에 보탬이 되는 많은 긍정적 가치로 환원된다. 그리하여 우리가 완전한 인간성을 갖추는 데 필요한 겸손, 소박함, 일상의 소중함, 에너지로서의 본능을 완비하게 된다. 그림자는 이상한 특성을 지니고 있는데, 그것은 그림자의 어두운 면에도 하나님과 가까이 있다는 것이다. 따라서 우리가 그림자와 씨름하는 것은 야곱의 경우처럼 우리 자신이 하나님과 씨름하는 것이 된다. 그러므로 '우리 자신의 눈 안에 있는 들보'인 그림자를 본다는 것이 종교적 체험, 즉 하나님과 직면함에 있어 필수적인 것이다.

둘째, 남성 심리에 나타나는 여성적 특성이다. 한 남자가 자기 꿈에 나타나는 열등한 남성상을 깨닫게 되면, 다양한 여성상이 나타나 강력한 영향력을 행사한다. 꿈에 나타나는 이 여성상을 이해하려면 인간은 여러 가지 복합적인 가능성으로 이루어졌다는 사실을 알아야 한다. 즉 남자는 그의 인격에 남성적인 기질을 가지고 있는 것과 마찬가지로 여성적인 기질도 가지고 있다. 그러나 대부분의 남자들이 그들의 신체적인 영향과 사회적인 압력, 남자다운 태도에 대한 요구 때문에 남성적인 성격으로 굳어버린 것이다. 그 결과 남성적인 특성이 비대해져 자아(ego)가 자신을 남성적 성향으로만 받아들이게 된다. 그러면 무시된 여성적인 기질에는 어떤 일이 일어나는가? '내재적 여성'(inner woman)은 떼를 지어 남자 내에 존재하는 여자가 되며, 꿈에서 여자의 모습으로 나타난다.

이 '내재적(內在的) 여성'을 융은 '아니마'(anima)라고 말했다. 남성의 심리에 내재하는 여성은 남성의 중요한 부분으로, 잃어버린 반쪽이며, 그에게 생명을 불어넣어 삶을 충만하게 한 내적 존재이다. 내재적 여성은 여성처럼 이성 간의 사랑과 감정을 구체화한다. 또한 그녀는 그에게 있어서 외계와 무의식의 세계를 연결하는 중개자의 역할을 한다. 그녀는 그 남성을 성적인 감성과 긴장, 그리고 물질적인 세계에 대한 갈망과 욕구로 가득 채운다. 그러나 그녀는 진실한 것과 성스러운 것으로 남성을 깨우치는 종교적 기능도 지니고 있다. 융은 눈이 빛을 향하는 것처럼 아니마는 하나님을 향해 있다고 말하기까지 했다. 똑같이 터툴리안(Tertullian)도 영혼을 아니마에 적용시켜 이야기하고 있다.

가혹한 노예의 신분에 있을지라도, 퇴폐풍습에 젖어 타락했을지라도, 욕망과 열정으로 쇠약해지고 거짓 신들의 노예가 되었을지라도, 영혼이 폭음, 수면이나 병에서 벗어나 본래의 자리로 되돌아오고 건

전함을 되찾는다면 그 영혼은 하나님을 이야기하게 되어 있다.5

내재적 여성이 도움이 되거나 파멸을 끌고 오는 일은 남성적인 자아와 여성적인 아니마와의 관계에 달려 있다. 여기서 여성적인 아니마는 자신의 에로틱하고 부드러우면서도 감정적인 면을 나타낸다.

그 남자가 내재적 여성과 좋은 관계에 맺게 되면 내재적 여성 아니마는 그로 하여금 긍정적인 면으로 성장토록 하고 자신의 무의식과 이웃 사람들과도 사랑, 성실로 관계 맺도록 돕는다. 아니마의 이런 작용은 그 사람의 감정을 더욱 강화시켜 줌으로써 그의 남성적인 힘이 함께 증강시킨다. 반대로 그가 그의 내재적 여성과 친밀한 관계를 유지하지 못할 때 내재적 여성은 그를 지배하려고 할 것이며, 무분별한 감정을 갖게 하고 토라지게 하여 마음이 몹시 상하게 되거나 비관적으로 만든다. 극단적인 상황에 이르면 자아가 내적인 여성과 동일시되어 성적 정체성에 혼란이 온다. 그렇다고 아니마가 단지 '생각'에 불과한 것은 아니다. 그것은 꿈이나 남성적인 행동, 그리고 문헌 가운데서 등장한다. 우리들의 꿈에서 여성적인 아니마는 여러 형상으로 나타나는데 어느 때는 어머니로, 어느 때는 애인으로, 영혼의 상(image)으로 또 어느 때는 유혹하는 여인으로 나타나는가 하면, 여성무당으로도, 영적인 인도자로도 나타나고 어린 아이나 성녀 등으로 등장한다. 우리의 삶 속에서 여성적인 아니마는 나 자신의 영감이자 어두운 측면의 느낌이고 나 자신의 부드러

---

5 Tertullian, *Apology*, 17장.

움이자 다른 사람들과 맺고 있는 나의 관계이기도 하다. 우리는 내재적인 여성상을 실제 여성들에게 투사해서 비합리적이면서도 여성적인 태도로 우리를 당황케 하는 사람이나 나로 하여금 신에게 가까이 가도록 이끌어주는 사람을 사랑하게 된다. 이 내재적 여성상은 여성과의 관계에서 얻어지는 열매이다. 특히 어린아이와 어머니와의 접촉에서 강하게 형성되는 것으로, 인류 역사 이래로 살아온 다른 모든 여성들과 유사한 점을 지니고 있다. 이 여성상은 인간적인 삶의 특성을 지니고는 있지만 여성적인 특성이다.

문학작품에 내재적 여성이 등장한다. 단테가 사랑하여 이상적인 여성으로 여겼던 베아트리체(Beatrice), 호머의 작품에서 트로이 전쟁을 일으킨 절세의 미인 헬렌(Helen), 그리고 괴테의 그레첸(Gretchen)이 그들이다. 이렇게 볼 때 아니마는 남성들이 여성의 힘에 이끌리어 인도된 곳이면 어디에서든지 찾아볼 수 있다. 남자들은 이 아니마를 통해 여성은 어떠하다는 것을 알게 되며 이해한다. 아니마는 남성 심리에 매우 중요한 요소이다. 남성 속에서 이러한 여성적인 모습을 발견함으로써 융은 우리 스스로를 보다 잘 이해하도록 하는 일에 결정적인 공헌을 했다.

셋째, 여자의 꿈에서 여성 심리의 특징인 남성이 나타난다. 융은 이것을 '아니무스'(animus)라고 불렀다.

아니무스는 남성에게 존재하는 아니마와 비슷한 방법으로 설명할 수 있다. 아니무스는 여성에게 있어서 무시된 남성적인 기질을 나타내주는 것이며, 여성 내부에서 하나의 분리된 인격을 형성하고 있으면서 여성의 의식에 큰 영향을 주는 것이다. 남성원형인 아니무스는 여성의 무의식적인 행동의 대변자처럼 행동하는 존재요 여성이 상실한 영(spirit)이기도 하다. 여성 속의 내재적 남성은 여성 자신이 옳은 길을 가도록 인도하는 사람처럼 여성의 발전과 성장의 열쇠를 가지고 있다. 따라서 개성 있는 사람이 되기를 원하면 원할수록 여성은 아니무스를 깨닫고 발전시켜야 한다.

아니마처럼 아니무스도 꿈이나 여성의 행동, 그리고 문학작품에서 찾아볼 수 있다. 꿈에서 아니무스는 아버지, 남편, 애인, 정신적인 인도자, 치료자, 마법사, 마귀 등 남성적인 모습으로 나타난다. 여자의 행동에 따라 아니무스는 변할 수 있다. 그것은 여자로 하여금 체계적인 사고, 개성 있는 발달, 창조적인 사고를 하도록 도와주거나 아니면 확고한 생각을 하도록 하며 사람들과의 관계를 단절시키고, 험한 말을 하게도 한다. 남성이 여성을 반영한 아니마를 봄으로써 여성들을 이해하게 되는 것처럼, 여성은 남성을 반영한 아니무스를 보게 됨으로써 남성을 이해할 수 있게 된다. 아니무스가 마귀나 정신적 인도자든 또는 무분별한 사고 혹은 내적 애인이든 그것은 여성이 그를 어떻게 대하느냐에 달려 있다.

문학작품에 나타나는 아니무스는 아니마만큼 많지 않다. 그 이유는 대부분의 문학 작품이 남성에 의해 집필되었기 때문이다. 아니무스의 좋은 예는 에밀리 브론테(Emilie Bronte)의 작품인 『폭풍의 언덕』(*Wuthering Heights*)에 나오는 히스클리프(Heathcliff)이다. 그리고 외경 토빗서에 나오는 악마 아스모데우스(Asmodeus)도 인상적인 예이다.

여기서 나는 반복되어 나타나는 또 다른 꿈의 형상 하나를 말하

고자 한다. 그것은 꿈꾸는 자인 자신이다. 거의 일정하게 꿈꾸는 사
람 자신이 꿈에 나타난다는 사실은 흥미로운 일이다. 다른 이유가
없다면 이것은 분명히 꿈이 갖는 특성이라 할 수 있다. 나의 딸아이
가 네 살 때 꾼 꿈을 이야기해 보겠다. 그 아이는 아침에 부엌으로
달려오더니 흥분된 눈빛으로 말했다.

"엄마, 나 어젯밤에 꿈을 꾸었어요. 그 꿈에 곰이 나왔는데 나도
꿈속에 있지 않겠어요?"

우리 자신이 꿈속에 나타난다는 것은 무엇을 의미하는가? 그것
은 분명히 자아가 꿈에 있기 때문에 의식은 진행되고 있는 사건 속
에 포함되는 것이다. 이것은 자아와 무의식과의 관계에 대한 질문
이다.

태어날 때 정신의 영역, 곧 인격을 이루는 총체적인 것은 무의식
이다. 어린아이 시절에도 정신생활이란 것이 있기는 하나 본능적
반응 이외에 자기 자신을 표현하는 능력은 없다. 그러나 곧 부모는
어린아이가 어렴풋이 사물을 인식하고 있다는 점을 알게 된다. 즉
어린아이는 엄마가 방에 들어서면 엄마를 알아보고 웃는다. 얼마
지나지 않아 이러한 상황이 명백하게 나타난다. 즉 자아가 무의식
에서 빠져 나온다. 이제 어린아이는 부모와 환경을 알게 된다. 즉
기억력이 생긴다. 아이는 자신이 누구라는 것을 곧 깨닫게 될 것이
며 계속해서 경험을 쌓게 될 것이다. 그렇기 때문에 어린아이들은
자신의 이름을 빼앗기지 않으려고 한다. 그래서 아이들은 "내 이름
은 정아가 아니라 정화야"라고 자기 이름을 바로잡는다. 그 아이는
자신을 표시하는 소중한 의식을 열심히 지키려고 한다. 불행하게도

엄마나 아버지는 이런 아이들의 심리를 이해하지 못한다. 왜냐하면 어린아이는 무분별한 감정과 일시적인 기분에 예속되어 강한 고집으로 무엇이든지 꼭 붙잡으려 한다고 생각하기 때문이다. 우리 역시 고의적인 이러한 고집을 옳지 않다고 생각한다. 그러나 아이들의 이런 행동은 달리 생각하면, 무의식에 비해 자아가 약하기 때문이다. 이 시기의 아이를 둔 부모들은 자신의 무의식처럼 말한다. "찻길로 다니지 마라, 횡단보도 건널 때 차 조심해라, 우산 잊어버리지 마라, 불장난하면 오줌 싼다" 등등. 부모들은 어린아이에게 자아를 보호하고 도와주는 기능들을 제공한다.

그런데도 자아가 태어나면 무의식으로부터 의식이라는 조그만 씨가 계속 자라는 것이다. 처음에는 보드라운 꽃봉오리가 땅에서 나와 점차 큰 꽃으로 커가는 것처럼 인간의 자아도 처음에는 온갖 정신적 영향을 쉽게 받다가, 차츰 충분한 힘을 구비하고 원숙해진다. 자아가 이렇게 자기를 인식하고 마침내 선악을 분별할 줄 알게 되는 것은 본능의 낙원에서 벗어나는 것과 유사하다. 아담과 이브는 열매를 따먹자마자 선악을 알게 되고 이 때문에 낙원에서 쫓겨난다.

우리가 항상 '나'(I)라고 생각하는 것은 바로 자신의 의식적인 자아(ego) 부분이다. 자아 그 자체가 알지 못하는 자아의 모습들도 있지만, 대체로 말해서 자아는 어느 정도 우리의 의식과 일치한다. 따라서 꿈에서 묘사된 자기 자신을 볼 때 우리는 우리의 의식이나 자아의 초상을 보게 되는 것이다.[6] 그리고 꿈에서 일어난 일들을 관

---

6 그러나 동일성(identity)은 완성된 것이 아니라는 것을 주목하라. '꿈의 자

찰해 보면 우리는 자아와 무의식적인 정신세계와의 관계에서 본질적인 문제를 알 수 있다.

이 짧은 설명은 단지 방대한 정신세계의 입문에 불과하다. 그러나 최소한 꿈의 주된 특징들을 밝히는 데에는 충분히 도움이 되었을 것이다. 그러면 꿈의 특성을 만화나 비유와 비교하여 살펴보자.

## 5. 만화 또는 비유로서의 꿈

만화에서는 진실이 만화가의 관점에서 표현된다. 만화가는 말과 그림 속에 상징적인 언어를 담는다. 만화의 묘미는 간결한 수단으로 상황의 핵심을 표현하는 데 있다.

예컨대, 망치나 낫이 그려진 셔츠를 입은 사람과 엉클 샘(Uncle Sam)이 "우리 평화롭게 지냅시다"라고 말하면서 등 뒤에는 로켓을 숨기고 있고, 작고 둥근 공같이 생긴 사람이 이 두 사람을 근심어린 얼굴로 바라보는 장면이 담긴 그림을 보았다고 하자. 말로는 평화를 외치면서도 전쟁 준비에 혈안이 되어 있는 미국과 소련을 근심스럽게 지켜보고 있는 세계의 표정을 그린 것임을 금방 눈치 챌 수 있다. 그러나 세계정세를 알지 못하면 만화를 이해할 수 없다. 꿈속에서 우리는 마치 외계인과 같다. 왜냐하면 무의식은 만화 같은 방법으로 상징적인 그림들을 보여 주기 때문이다. 우리는 무의식이

---

아'(dream ego)는 의식적인 자아가 모르는 것을 안다. 꿈의 자아와 의식적인 자아 사이에는 유사점이 있지만 신비스런 차이도 있다.

심술궂다고 비난할 것이 아니라, 우리가 어떻게 영혼의 언어를 이해하는지 자문해야 한다.

또한 꿈은 비유와 흡사하다. 예수님은 중요한 영적인 진리를 가르치실 때 비유를 사용했다. 예를 들어 예수님은, 분명히 실재하는데도 영적인 깨달음 없이는 이해할 수 없는 하나님의 나라에 대해 말씀하실 때 다음과 같이 비유를 들어 말씀하셨다.

> 또 하늘나라는 어떤 장사꾼이 좋은 진주를 찾아다니는 것에 비길 수 있다. 그는 값진 진주를 하나 발견하면 돌아가서 있는 것을 다 팔아 그것을 산다.[7]

예수님이 가능한 한 명확하게 이해할 수 있도록 비유를 사용하셨다. 진리는 상징적이거나 은유적인 형태로만 전해질 수 있기 때문이다. 그 비유를 문자 그대로 해석하지 않고, 영적으로 이해하는 사람만이 옳게 받아들일 수 있었다. 그렇기 때문에 예수께서는 자주 이렇게 말씀하셨다.

> 들을 귀가 있는 사람은 알아들어라.

---

7 마 13:45-46.

# 6. 인간이 아닌 꿈 상징들과 꿈 해석의 법칙

꿈은 인간의 형상뿐만 아니라 동물, 무생물 그리고 자연적인 사건 등 모든 형상을 동원한다. 우리는 꿈에서 뱀, 새, 말, 황소, 거미, 딱정벌레, 사자, 호랑이, 공룡, 고양이, 개, 쥐 등 아주 흔한 동물들을 만난다. 또한 물, 얼음, 눈, 집, 길, 나무, 늪, 태양, 달, 별, 자동차, 공의 형태 등 헤아릴 수 없이 많은 대상을 접한다. 또한 지진이나 화재, 폭풍, 또는 그와 비슷한 자연적인 재해를 겪는다. 그러나 이러한 여러 가지 상징들을 상투적인 의미로 파악해서는 안 된다. 즉 물은 항상 이것을, 사자는 항상 저것을 의미한다고 말할 수 없다. 어떤 특별한 상징의 의미를 책을 아무리 뒤져도 답을 찾을 수 없다. 왜냐하면 모든 꿈은 정신세계의 독특하고 자연적인 창조물인데, 그 정신은 어떤 것이라도 의미를 전달하기 위한 수단으로 이용할 수 있기 때문이다. 이러한 법칙에 예외가 있다면, 그것은 일반적 의미를 띠고 재현되는 경향을 가진 집단무의식의 상징이다. 그러나 집단무의식의 상징마저 꿈꾸는 사람의 개성과 독특한 환경에 따라 달라질 수 있다.

그러면 꿈의 의미를 어떻게 이해할 수 있는가? 꿈을 이해하기 위해서는 많은 것이 필요하다. 우선 꿈은 나름대로의 방법으로 그 의미를 전달한다는 사실을 알아두어야 한다. 꿈은 숨기거나 은폐하려고 하지 않는다. 오히려 의식적으로 깨닫기를 바란다. 또한 꿈은 쉽게 떠올릴 수 있는 의미를 담고 있지 않으며, 우리에게 어떤 방향을 제시한다.

첫째, 우리는 꿈꾸는 사람의 의식 상태를 잘 알아야 한다. 꿈을 꾼 당사자는 어떤 사람인가, 그는 몇 살이며 생활환경은 어떠한가, 그가 현재 겪고 있는 삶의 문제는 무엇인가, 그의 직업은 무엇인가, 꿈꾸기 바로 전날이나 며칠 전에 무슨 일이 일어났으며 그는 무엇을 하고 있었는가 등등이다. 그 사람이 처한 상황을 부분적으로든 전체적으로든 알아야만 꿈을 해석할 수 있다. 왜냐하면 꿈은 삶의 차원에서만 이해할 수 있기 때문이다.

둘째, 여러 가지 꿈을 연구해야 한다. 우리는 가끔 연속되는 일련의 꿈을 고찰한 후에야 어떤 특정한 꿈이 암시하는 바를 이해하게 된다. 또한 꿈을 연구하면서 국소적인 해답만을 얻었다가 몇 개월이 지난 후 그 사람에 관한 새로운 통찰을 통해 꿈의 전체적인 의미를 알게 되는 경우도 많다.

인간의 무의식적인 꿈은 마치 장면이 각각 분리되어 있는 연속적인 영화와 같다. 하나의 꿈이 나타나면서 갑자기 내적 드라마가 시작되는 것은 마치 영화를 보고 있는 것과 같다. 어떤 영화에서는 곧 어떤 일이 일어날지 알 수 있지만 또 어떤 영화를 보면 당황스러워져서 이렇게 말하기도 한다.

"어떻게 되는지 기다려 보자."

셋째, 우리는 꿈꾼 사람 자신이 꿈과 관련해서 연상(聯想)하는 것들을 알아야 한다. 만약 친구의 꿈을 꾸었다면 꿈꾼 사람이 그에 대해 어떠한 감정을 가지고 있는지 알아보아야 한다. 전에 살던 집에 대해 꿈꾸었다면 그 집에서 살았을 때의 생활환경을 알아볼 필요가 있다.

넷째, 꿈을 많이 꾸어본 사람만이 꿈을 해석하는 기술을 습득할 수 있다. 이 분야에서 훈련받은 전문가의 도움을 받아 해석해 봄으로써 우리를 당혹하게 만드는 요인들을 분석하는 데 필요한 통찰력을 얻을 수 있다.

마지막으로, 집단무의식이라는 초월적인 바탕에서 나오는 꿈을 이해하려면 많은 지식이 필요하다. 그러한 꿈에 사용되는 상징은 정신의 개인적 차원에서 나오는 것이 아니므로 꿈꾸는 사람의 개인적인 연상 작용만 가지고는 이해하기 힘들다. 초월적인 정신세계에서 유래되는 꿈의 상징들을 이해하려면, 종교나 신화에서 그와 유사한 상징들을 찾아보아야 한다.

우리가 꿈을 이해하는 데 왜 신화가 도움이 되는가? 신화란 집단적 꿈이기 때문이다. 신화는 모든 사람이 보편적으로 거치는 심리적 발달의 한 단계를 묘사하고 있다. 그것은 인간 발달의 획기적 사건이다. 그러므로 신화는 '모든 사람의 꿈'이다. 오늘날 개인의 정신은 인류가 역사를 통해 경험한 정신적 변혁의 단계를 통과한다.

고르곤(Gorgon)을 살해한 제우스의 아들, 페르세우스처럼 모든 아이들은 무의식이라는 무시무시한 용을 다시금 되풀이해서 죽여야 하며 자아를 무의식의 소용돌이로부터 해방시켜야 한다. 우리가 근본적이고 정신적인 위기에 처하여 삶의 중대한 변화단계에서 변화에 방해를 받으면, 집단무의식이 원형적인 꿈을 꾸게 만든다. 이 경우에는 인간의 역사, 신화, 종교 등에 대한 폭넓은 이해가 우리의 삶과 꿈을 이해하는 데 있어서 무엇보다도 도움이 될 것이다.

## 7. 초개인적인(transpersonal) 꿈의 근원

여기서는 내가 목회하면서 만났던 50세가량의 남자가 꾸었던 꿈을 다른 개인적인 꿈과 비교해 보기로 하자. 그는 꿈이나 심리학에 대해서 전혀 아는 바가 없었다. 그는 매우 현실적이었으며 독단적인 성격에 자의식이 강한 사람이었다. 여기서 소개하는 꿈은 그에게 몹시 깊은 인상을 주었으므로, 그는 꿈에 대해 이야기하려 나에게 찾아왔다. 나는 그의 꿈 체험을 글로 써달라고 요청했다.

세 번 연속해서 어두운 그림자에 관한 꿈을 꾸었습니다. 처음 두 개의 꿈은 너무 생생하여 날짜까지 기억합니다. 단순한 허구라고 생각도 해보고 잊으려고 노력도 했지만, 2년이 지난 지금도 기억에서 사라지지 않습니다. 검은 그림자를 처음 만나던 밤에 저는 아무런 이유나 목적도 없이 침대에서 일어나 별로 힘들이지 않고 침실로 빠져 나왔습니다. 그리고 왼쪽 복도를 거쳐 거실로 내려갔습니다. 거실로 가자 저는 즉시 몸을 구부려 흥분한 사냥개처럼 예민하게 냄새를 맡으면서 시계 바늘과 반대 방향으로 원을 그리며 돌았습니다. 저는 원을 만들면서 콧구멍으로 흘러드는 강한 무엇을 계속 느끼고 있었습니다. 저는 재빨리 침실로 돌아가서 침대 발치에 서 있었습니다. 무언가 잘못되었다고 느꼈습니다. 그러나 무엇이 잘못되었는지 찾을 수 없었습니다. 기분이 찜찜했고, 당황스러웠습니다. 그래서 조심스럽게 복도와 연결된 문으로 갔습니다. 저는 멈춰 서서 왼쪽으로 나 있는 복도를 내려다보았습니다. 그쪽에는 부엌과 욕실이 있었습니다. 그

때 어둠 속에서 침입자의 모습이 보였습니다. 털이 곤두섰습니다. 긴장되었습니다. 마치 야수가 예기치 않았던 먹이를 발견하고 그것을 죽이기 직전에 쳐다보는 것처럼 저는 그의 행동 하나 하나를 지켜보았습니다. 그는 욕실로 들어가 소변을 볼 것처럼 변기 앞에 섰습니다. 저는 믿기지 않을 정도로 빠른 속도로 욕실로 달려갔습니다. 그리고 공중으로 뛰어오르며 팔을 뻗었습니다. 그 그림자를 덮쳐 마루로 끌고 나왔습니다. 그 순간 잠에서 깼습니다.

꿈을 좀처럼 기억하는 법이 없어서 처음에는 매우 당혹스러웠습니다. 간혹 기억할 때도 있었지만, 항상 불완전하고 갑작스럽게 끝나버려 희미한 기억만 남았습니다. 이런 경험이 낯설었습니다. 시간을 낭비했다는 생각이 들자 마음이 언짢았습니다. 최소한 침입자를 쫓았다는 생각으로 마음을 달래면서 다시 잠을 청했습니다. 다음 날 아침에 일어나자 마치 꿈속의 침입자가 떠올랐습니다. 그는 하루 종일 그리고 그 이후에도 뇌리에서 좀처럼 사라지지 않았습니다. 그러다 다른 곳에 정신이 팔린 사이, 완전히 잊어버리고 있었습니다.

그를 두 번째로 만난 것은 이삼 일이 지난 뒤였습니다. 저는 다시 꿈에서 갑자기 깨어났습니다. 조명이 침실 문에 서 있는 검은 그림자를 또렷하게 비추고 있었습니다. 그는 제 마음 깊은 곳을 꿰뚫어 보는 것 같았습니다. 저는 실신한 사람처럼 넋을 잃었습니다. 움직일 수가 없었습니다. 마치 최면에 걸린 것처럼 뚫어져라 쳐다보는 그의 눈빛에 압도당했습니다. 무서웠습니다. 무기력했습니다. 침입자는 꼼짝도 하지 않고 입도 떼지 않았습니다. 그저 저를 뚫어지게 보면서 입구에 서 있었습니다. 저는 너무 두려운 나머지 실신한 사람처럼 넋을 잃었습니다. 오랫동안 그렇게 시간이 흐른 뒤에 마침내 그가 사라졌습니다. 이윽고 간신히 몸을 움직일 수 있었습니다. 허벅지가 마비된 것 같았습니다. 다리를 조금씩 움직이자 고통이 사라지더니 감각이 돌아왔습니다. 저는 드러누운 채 팔을 올렸습니다. 몹시 혼란스러웠습니다. 그 지옥 같은 상황에 굴복당한 것에 화가 나서 이렇게 말했습니다. '그 짐승은 내가 주인이 아니라 자기가 주인이라는 것을 보여주러 다시 나타났구나.' 나는 진실을 말하듯 이런 말을 내뱉었습니다. 그리고는 다시 잠들었습니다.

그 검은 그림자를 다시 만난 것은 1년이 지나서였습니다. 그런데 이번에는 그렇게 선명하지 않았습니다. 그 검은 그림자를 전에 만나지 않았더라면 거의 기억하지 못할 뻔했습니다.

초저녁에 친구들과 모임이 있었습니다. 모임에서 우리는 '종교적인 치유'(Religious Healing)라는 녹음테이프를 함께 듣기로 했습니다. 연설가는 이 분야에서 성공한 유명한 작가였습니다. 집에 돌아오는 길에 그 강의의 중요 내용을 골똘히 생각하고 있었는데, 그때 그 검은 그림자가 슬며시 기어들어와 제 마음을 사로잡았습니다. 그 검은 침입자를 오늘밤 다시 만난다면! 이러한 생각이 저를 사로잡았습니다. 저는 지난번과 같은 그런 상황에서 그를 다시 만나고 싶지는 않았습니다. 그러나 정작 잠자리에 눕자 계속 문 쪽이 신경 쓰였습니다. 아마도 세 번째 만남을 기다리고 있었던 것 같습니다. 마침내 잠이 들었습니다. 이렇게 중얼거렸던 기억이 납니다. '어리석은 짓이야,

그가 오는 것은 내 뜻이 아니다. 그의 마음에 달린 것인데.' 곧 잠이 들었고, 꿈을 꾸었습니다. 1년 전에 원을 그렸던 바로 그 거실에서 저는 소리도 지르지 못한 채 그와 싸웠습니다. 그러나 그 침입자와 몸을 부딪쳤던 느낌은 없었습니다. 대면한 시간도 짧았습니다. 그러나 잠깐의 만남 동안 저는 제가 그보다 힘이 세다는 것을 알았습니다. 실망한 기분으로 잠에서 깨어났습니다. 한편으로 싸움이 저에게 유리하게 진행되고 있었기에 안심이 되었습니다. 그때 이런 생각이 들었습니다. '아마 다시 만나겠지. 그런데 이제 다시 만난다면 그와 우호적인 관계를 맺게 될 거야.'

이 꿈은 성서의 두 구절과 비교할 만한 가치가 있다. 첫째는 이미 앞에서 이야기한 것으로 야곱과 하나님의 천사 또는 하나님 자신과의 씨름 이야기이다.[8]

야곱의 체험과 3천 년이 훨씬 지난 미국 기독교인의 꿈을 비교할 수는 없을까? 야곱의 체험에도, 오늘날 미국 기독교인의 꿈에도 적대자가 나타난다. 그는 인간에게 큰 용기가 필요한 씨름을 벌인다. 야곱의 적대자는 그의 이름을 밝히지는 않았지만 성서에는 하나님 자신으로 나타나 있다. 그렇다면 위 꿈의 주인공은 '인격'(presence)의 형태를 띤 하나님과 만났던 것이 아닐까?

욥기에 나온 구절과 꿈을 비교해 보자.

그런데, 은은히 들려오는 한 소리 있어,

---

8 창 32:22-30.

가늘게 나의 귓전을 울렸네.
사람들은 깊은 잠에 빠져,
밤의 환상으로 가슴을 설렐 때,
몸서리치는 두려움이 나를 덮쳐,
뼈마디가 온통 떨리고 있는데,
그의 입김이 나의 얼굴을 스치자,
온몸에 소름이 끼쳤네.
나의 눈앞에 누가 우뚝 서는데,
그의 모습은 알아볼 수 없고,
만물이 죽은 듯이 고요한 가운데,
나 한 소리를 들었다네.
'죽을 인생이 어떻게 하나님 앞에서 올바를 수 있으랴?'
(욥 4:12-16)

우리는 욥기의 구절과 앞의 꿈이 비슷하다는 점을 분명히 알 수 있다. 욥기의 구절을 보면 이름 없는 형체 또는 인격, 다시 말해서 사람의 형체와 목소리를 가진 영이 나타난다. 들리는 음성은 하나님이며, 인간은 이름 없는 인격이 다가오자 두려움으로 마비된다. 앞에서 소개한 첫 번째 꿈과 세 번째 꿈은 야곱의 체험과 매우 비슷하다. 두 번째 꿈은 욥기에 나오는 고대인의 꿈과 아주 흡사하다고 볼 수 있다.

이러한 꿈에 대해 우리는 무엇을 알 수 있는가? 꿈은 심리학에 대한 지식이 전혀 없는 사람에게도 자연스럽게 나타난다. 꿈꾼 사람에게 "당신은 이러한 모습으로 나타난 사람을 보고 연상되는 사람이 없느냐?"라고 물었다면 그는 몹시 당황했을 것이다. 그것은 꿈꾼 사람의 개인적인 경험에서 나온 것 같지는 않다. 오늘날의 꿈과 수천 년 전의 꿈 사이에서 유사점이 발견될 때 우리는 이런 의문을 가지게 된다. 꿈은 개인적 차원이라기보다 더 깊은 무의식의 차원으로부터 나타나는 것인가? 자주 반복되는 따라서 원형적이라 할 수 있는 인간과 하나님과의 대결은 꿈꾸는 사람의 인간성을 초월하는 것인가? 요컨대 우리는 이 꿈에서 개인적이고 한정된 인간의 마음과 하나님의 초인간적인 마음과의 만남을 보고 있는 것인가? 바로 이 때문에 그러한 꿈을 꿀 때면 항상 두려운 느낌(numinous feeling)—거룩하거나 두려운 어떤 것을 대면하고 있다는 느낌—을 갖게 되는 것일까!

이러한 질문에 대답하기 위해 융은 초인간적 차원의 무의식이 존재한다고 가정하고, 그것을 '집단무의식'이라 불렀다. 프로이트가 처음 무의식에 대해 이야기할 때는 그것을 개인적인 생활에서 잊어버렸거나 억압된 기억과 감정의 영역으로 생각했었다. 융은 정신세계에 내재해 있는 무의식의 영역을 다음과 같이 설명하고 있다.

나는 지금까지 초인간적인 정신 활동이 실제로 존재하는지에 관해서 모든 조건을 충족시킬 만큼 증거를 제시하지 못했다. 나는 이것을 예를 통해 한 번 더 이야기하고자 한다. 이 경우는 어느 30대 남자의 이야기이다. 그는 편집적인 정신분열증으로 괴로워하고 있었다. 그는 20대 초반부터 이 증세를 보였다. 그는 영사관에서 근무하는 평범한 사무원이었다. 그는 매우 겸손한 사람이었는데, 분명히 그것에 대한 보상으로 과대망상증에 사로잡혀 자신을 구원자라고 믿었던 것이다. 때때로 상당히 불안해했다. 그가 조용히 있을 때는 보호자 없이 복도에 나갈 수 있도록 했다. 어느 날 나는 복도에서 그를 만났다. 그는 창문으로 쏟아지는 햇빛을 받으며 눈을 껌뻑이면서 이상한 듯이 고개를 갸웃거렸다. 그는 나를 딸로 알고 껴안으면서 나에게 보여줄 것이 있다고 했다. 그는 나에게 반쯤 뜬 눈으로 태양을 쳐다보라고 했다. 그가 시키는 대로 하자 태양에서 남근상(男根像)이 보였다. 내가 머리를 좌우로 움직이면 태양의 남근상도 움직였다. 그것은 바로 바람의 기원이었다.

내가 이러한 관찰을 한 것은 1906년경이었다. 1910년에 신화에 대한 연구에 몰두하고 있을 때 나는 디트리히(Dieterich)의 책을 입수하게 되었다. 그것은 소위 파리의 마술 파피루스라고 불리는 것의 일부였는데 디트리히는 그것이 미트라교의 기도문이라고 생각했다. 그것은 교훈, 기도, 환상으로 구성되어 있었다. 이 환상 중의 하나가 다음과 같은 말로 설명되어 있다.

'구원의 바람의 기원은 말하자면 튜브와 같다. 우리는 태양의 원반에 튜브 같이 생긴 것이 매달려 있는 것을 볼 수 있다. 그것은 마치 끝없는 동풍이 불어오는 것처럼 서쪽으로 향해 있다. 그러나 다른 바람이 동쪽을 향해 분다면 마찬가지로 튜브의 방향이 바뀌는 광경을 보게 될 것이다.'

튜브를 그리스어로는 아울로스(aulos)라 하는데 이것은 '바람 기구'를 의미하며, 호머(Homer)가 사용한 아울로스-파수스(aulos- paxus)라는 복합어는 '줄기차게 분출하는 피'를 의미한다. 그래서 바람은 태양으로부터 튜브를 통해 분다.

나의 환자가 본 환상과 디트리히가 말하는 환상이 비슷한 것은 단지 우연일 뿐이라고 반론을 제기할지라도, 그 두 환상이 분명히 유사하다는 사실 자체에 대해서는 반박할 수 없을 것이다. 두 환상의 유사함은 우연한 것이라고 생각할 경우 우리는 그 환상이 비유적인 의미를 갖고 있지도 않으며 내적인 의미도 없다고 주장할 것이다. 그러나 이러한 생각은 옳지 않다. 왜냐하면 중세의 어떤 그림들에는 이 튜브가 하늘로부터 마리아의 옷 아래로 내려오는 호스 같은 것으로 묘사되어 있기 때문이다. 그 속에서 성령이 비둘기 모습으로 내려와 동정녀 마리아에게 잉태시킨 것이다. 오순절의 기적에서도 알 수 있듯이 성령은 본래 세차게 돌진하는 바람, 영혼 '자기가 불고 싶은 대로 부는 바람'(요3)으로 알려져 있다. 라틴어 본문에는 이렇게 기록되어 있다.

'영(靈)은 태양의 표면에서 내려오는 것'이라고 한다(*Animo descensus per orbem solis tributuir*).

이 개념은 후기 고전주의 철학과 중세 철학에 공통적으로 나타난다. 나는 이러한 환상들에서 우연성을 찾아낼 수가 없다. 항상 존재해 온 생각들은 모든 사람 마음속에서 그리고 모든 시대 속에서 재생될 수 있으며 따라서 전해 내려온 관념을 왜곡해서는 안 된다. 나는 집단무의식이라 하는 더 깊은 정신 활동에 대해 구체적으로 묘사하기 위해 위의 꿈에 대해 상세히 설명했다. 요컨대 나는 세 가지 정신적 차원들을 구별할 것을 강조해 두고 싶다. 그것은 (1) 의식, (2) 개인무의식, (3) 집단무의식이다.9

---

9 C. G. Jung, *The Structure and Dynamics of the Psyche*, Vol. 8, *Collected Works*,

물론 융이 이 간단한 예로 집단무의식에 관한 자신의 이론 전체를 설명하고 있다고 생각해서는 안 된다.

융은 이러한 결론에 이르기까지 많은 꿈과 환상을 연구했으며, 이 꿈은 그 가운데 하나일 뿐이다.[10]

## 8. 집단적 무의식의 개념

꿈을 전적으로 개인적인 것이라거나 아니면 집단적인 것이라고 말하기란 매우 어렵다. 개인무의식은 주로 기억, 감정, 사소한 사

---

149-151.

10 융이 치료하게 된 환자들의 꿈은 '원형적'(archetypal)인 꿈이다. 왜냐하면 환자들은 이것이 융이 찾고 있는 것이라는 것을 알고 융을 기쁘게 해주려고 한다. 그래서 억지로 그들은 이런 종류의 꿈을 조작한 것이다. 사실 그러한 꿈들은 평범하며, 융하고 관련 없는 다른 여러 자료에서도 발견할 수 있다. 오스카 루이스(Oscar Lewis)가 쓴 『산체스의 아이들』(*Children of Sanchez*)에 나오는 이야기를 생각해 볼 수 있다. 사회학자인 루이스는 가난한 멕시코 아이들의 자서전적인 이야기를 썼다. 그들 중 한 명이 콘수엘로라는 어린아이다. 그 여자아이는 자기의 꿈과 자기 아버지 꿈을 다음과 같이 이야기하고 있다. "내 꿈에서 아버지는 침대와 성자들의 선반을 다른 벽으로 옮겼다. 마누엘과 로베르토는 방 안에 있었고 나와 마르타는 부엌에 있었다. 방문 하나가 반쯤 열려 있었으며 나는 그 속을 들여다 볼 수 있었다. 아버지는 심장을 손에 든 채 침대에 기대어 있었고 그 심장은 건물에 사는 오톤이라는 젊은 화가의 몸에서 끄집어 낸 것이었다. 오톤은 얼굴을 위로 하고 침대에 누워 있었다. 나는 그의 몸에서 심장이 찢겨 나온 구멍을 보았다. 아버지는 심장을 높이 들고 누군가에게 바치고 있었다. 나는 굉장히 놀라서 소리치면서 깨어났다. 나는 아버지가 손에 심장을 들고 있는 장면을 마음속에서 지워버릴 수가 없다." 이 꿈과 고대 아즈텍(Aztec) 의식과 비교해 본다면 그것은 가장 위대한 여신에게 바쳐졌던 살아 있는 희생자의 심장이 분명하다.

건, 인상, 충격 등으로 이루어진다. 인간은 이런 것들을 억압하여 의식하진 못하지만, 그것들은 개개인의 삶과 경험에 따라 달리 형성된다. 예를 들어 개인적 무의식의 영역에는 지금은 잊었거나 억압상태에 있는 어린 시절의 사건, 혹은 심리적으로 소화시키지 못한 성적인 에피소드 등이 들어 있다. 이와 달리 집단무의식은 인간의 밑바탕에 존재하는 정신적 충동과 잠재력으로 구성되어 있다.

어떤 점에서 집단무의식은 과거라는 시제를 통해 이해할 수 있다. 앞에서 신화에 대해 논의할 때, 정신은 시간의 흐름에 따라 변화의 과정을 겪는다고 언급한 적이 있다.[11] 원시인들의 자아는 본래 희미한 의식과 좀처럼 제어할 수 없는 무의식의 큰 덩어리만으로 이루어져 있었다. 정신의 발전 과정을 겪으면서, 현대 서구인의 자아는 고도로 분화된 의식을 지니게 되었다. 이와 같은 변화의 모형은 인간의 신화와 종교에서도 찾아볼 수 있다. 어느 한 지점에서 다른 지점으로 기차 여행을 하려면 철로가 필요하다. 마찬가지로 정신적 변화를 이루려면 새로운 목표를 성취하기 위해 정신적 에너지가 흘러갈 통로가 필요하다. 이러한 변화의 모형과 통로는 집단무의식 속에 존재한다. 그래서 우리가 내적 발달에 방해를 받거나 죽음과 같은 중대한 상황에 직면하게 되면, 그 집단무의식은 신화적 성격을 띤 꿈을 꾸게 할 수도 있다. 이 같은 꿈은 모든 인간이 처한 상황을 상징하므로 원형적(archetypal)인 것이라고 불린다.

그러나 집단무의식은 아직 실현되지 않은 미래의 목표와 발전을 지향하기 때문에, 과거의 이야기로만 이해하는 것은 잘못이다. 꿈

---

11 E. Neumann, *Ursprungsgeschichte des Bewusstseins*, Zürich, 1949.

을 연구할 때 우리는 다음과 같은 질문을 한다.

"무의식은 무엇을 추구하는가?"

꿈은 무의식적인 요소를 불러내고 계속적으로 의식적인 생각을 보충하면서 인간이 직면한 문제들을 보여준다. 그것을 통해서 우리는 인격의 완성을 위해 살아갈 수 있으며, 그래서 꿈이 목표를 가지고 있는 것처럼 느끼기도 한다. 그러면 정신 속에는 단순히 인류와 개인의 '역사'(history), 또는 의식은 알지 못하지만 무의식의 심층은 알고 있는 개인의 미래의 모형만 있는 것일까? 이런 점에서 볼 때 우리의 지식으로는, 소위 무의식적 정신이 어느 정도까지 목적을 가지는지를 명확하게 설명하기 어렵다. 그러나 무엇인가가 무의식적으로 우리를 보다 나은 미래로 이끌고 있다. 인간은 내부로부터 그 무엇의 힘에 밀려 앞으로 나아갈 뿐만 아니라 미래로 이끌림을 받기도 한다.

두 가지 예를 들어 보자. 플라톤을 알고 있는 사람들은 세계가 '관념들' 또는 '형태들'(forms)로 이루어졌으며, 이러한 형태 또는 관념이 실제의 창조된 세계의 본질이라고 한 그의 이론을 기억할 것이다. 나무는 형태 또는 관념을 지니고 있는데 각각의 나무들의 본질은 이 원형의 나무이다. 이런 점에서 우리는 무의식적으로 우리가 되고자 하는 것의 상(像)을 간직하고 있고, 정신은 각 개인으로 하여금 이러한 운명을 성취하도록 이끌어 준다고 말할 수 있다. 달리 말해서 그것은 마치 하나님 마음속에 있는 것이 우리 안에 살고 있는 것과 같다. 창조주가 우리를 창조할 때, 그의 마음속에 우리가 지닐 형상을 그렸을 것이라고 상상해 보자. 우리는 아직 그 같은

형상에 도달하지 못했다. 그러나 무의식은 이 '신인'(神人)을 알고
있으며 우리 안에 있는 '신인'을 실현할 수 있을 것이다.

우리 안에 있는 무의식의 세계는 '아래'에도 있고 '위'에도 있다.
무의식에는 보다 낮은 것이라 할 수 있는 요소들이 내포되어 있다.
이것은 정신의 기저에 있으며 그 기저에는 하등하고 열등한 인격들
이 버려진 채 있다. 그러나 거기에는 또한 인간이 실현시키려고 애
쓰는 '보다 월등한 인격'과 함께 '신'이 있다. 그래서 꿈은 창조주인
하나님의 상(像)과 구세주인 하나님에 대한 인상, 그리고 성령의
감화로 가득 차 있다. 꿈은 또한 잘 알려지지 않은 다른 종교들로부
터 받은 종교적인 영향과, 인류의 위대한 신화에 담긴 풍부한 관념
과 상상으로 가득 차 있다.

우리 안에는 정신의 높은 영역과 낮은 영역이 있긴 하지만 성급
하게 두 부분으로 나누려고 해서는 안 된다. 정신은 많은 변화를 내
포한 단일체이며 통일체이다. 꿈에서 우리는 하나님의 형상과 뒤얽
힌 인간의 가장 거친 부분을 보게 될 것이다. 자신의 더러운 부분을
간과하고 하나님의 것만을 보려고 한다면 소용이 없다.

집단무의식에 대한 탐구는 지금이 시작의 단계이며 우리는 이러
한 인간의 내적 세계의 미개척 분야에 서 있다.


## 9. 무의식의 역설적 성격에 대한 요약

꿈은 무의식적 정신세계에서 자연스럽게 생산된다. 꿈은 정신

적 균형을 유지시켜 주며, 개인의 성장을 촉진시키는 기능을 가지고 있다. 꿈의 언어는 의식적인 생각에서 나오는 것이 아니기 때문에 애매모호하게 생각된다. 꿈은 과학적이고 합리적인 언어로 말하지 않고 상징, 신화, 비유라는 언어를 사용하여 내적 연극이나 그림 또는 만화와 비슷한 것으로 자신을 표현한다. 그것은 꿈꾸는 사람의 내적(內的) 상황을 보여 준다. 즉, 부족하게 의식되는 것을 보상하려는 의도를 뚜렷이 가지고 있어서 어떤 모습들을 강조해서 드러낸다.

꿈을 연구하면, 인간은 의식적인 정신요소와 무의식적인 정신요소를 모두 지니고 있으며 그것들은 각각 기능과 관점을 가지고 있다는 것을 알게 된다. 또한 무의식의 영역이 혼돈된 상태인 것처럼 보이지만 자체 내에 지적 요소를 지니고 있다는 것을 알 수 있다. 우리는 의식과 무의식의 관계를 대화나 토론, 또는 독일어의 '논쟁'(Auseinandersetzung) 그리고 분석(taking apart), 정화(clarifying), 대결(confrontation)이란 말로 설명할 수 있다. 이 둘은 계속적인 대화를 하고 있으며 그것은 결국 서로 영향을 주고받는 변증법적 과정인 것이다.

따라서 정신에 대해서 설명한다는 것은 매우 역설적이기도 하다. 무의식의 영역 속에는 삶의 찌꺼기뿐만 아니라 거룩한 것들의 모습도 들어 있다. 과거의 인상뿐만 아니라 미래에 대한 상상도 들어 있다. 다양한 성향들이 혼란스럽게 뒤섞여 있음에도 불구하고 무의식은 또한 전체성(全體性)을 보여 주며 인격의 완성을 위해 활동한다. 인간의 무의식의 내면세계에는 우월한 점과 열등한 점, 천국과 지옥 그리고 영적인 것과 세속적인 것이 역설적으로 결합되어 있다. 정신을 단순히 이성으로 간주하려는 사람은 정신의 본질을 제대로 알 수 없다. 정신은 삶만큼이나 복잡하고 역설적이다. 꿈은 이렇듯 다양한 무의식의 모든 것들을 표현한다. 꿈은 인간을 삶과 자신의 전체성에 관련시키려고 하기 때문에, 종교로만 설명될 수 있는 목적적인 일을 연속되는 영상을 통해 드러낸다. 의식이 무의식적인 것과 싸우고 이 둘의 관점이 서로 너무 달라서 갈등이 생기면 인격상의 불화가 일어난다. 그러나 의식과 무의식의 관점이 보다 가까워져서 그 관계가 조화를 이루게 되면 하나님이 각 사람에게 예정하신 전체성이 가능해진다.

앞으로 남은 두 장(章)에서는 이 전체성과, 우리가 전체성을 얻고자 할 때 직면하게 될 문제들, 그리고 꿈이 어떻게 창조주 하나님의 음성으로 생각될 수 있는지에 대해 다루게 될 것이다.

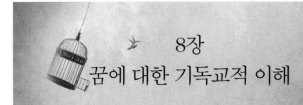

# 8장
# 꿈에 대한 기독교적 이해

## 1

이제 꿈에서 주된 역할을 하는 문제 하나를 살펴보기로 하자. 그것은 서구 기독교 문화권에서는 아주 전형적인 것이므로 필자는 그것을 '기독교의 문제'라고 부른다. 이 문제가 어떻게 우리 생활에 영향을 끼치고 있는지 구체적인 사례를 통해 알아보자. 그리고 성서와 초대교회의 역사를 통해 이 문제를 연구해 보고 나서 마지막으로 현대의 꿈이 그러한 문제들을 해결하는 데 어떤 역할을 하는지 살펴볼 것이다.

도리스는 50세가량의 미혼 여성으로 공장에서 낮은 임금을 받으며 일하고 있었다. 어느 날 그녀가 나를 찾아왔다. 그녀는 우울증과 불행했던 과거 때문에 나를 찾아왔노라고 말했다. 그녀는 하나님이 어디 계신지 알고 싶다고 하였다. 그녀는 아침이면 힘없이 일어나서 마지못해 직장에 나갔다가 아무도 만나고 싶지 않은 마음으로 집에 돌아온다고 했다. 그리고 전에 앓았던 질병이 재발할지도 모른다는 두려움이 엄습해 온다고 했다. 그녀는 1년 전 쯤에 병을 앓았었고, 주립병원에 입원했었다. 그때는 우울증이 그 반대로 바뀌어 닥치는 대로 돈을 쓰는 등 우발적으로 행동했다. 그녀의 가족들은 걱정이 되어 병원에 입원시켰다.

그녀는 병원에 오래 있지 않았다. 병원 의사들은 그녀를 혼자 놔두는 치료법을 사용했는데, 최소한의 치료를 받고서 그녀는 곧 '정상'으로 돌아왔다. 즉 사회생활에 지장이 없을 정도로 회복되었다. 그녀는 퇴원하였고 다시 직장에서 일하게 되었다. 그러나 열성적으로 일하지 못하고 마지못해 그럭저럭 살아왔다.

겉으로 보기에 그녀는 아무렇지도 않았다. 그런데 우울증이 심해지자 일차적인 심리요법으로는 어쩔 수가 없었다. 그녀는 치료하기 어려운 조울증 환자처럼 행동했다. 그러나 나는 도리스에게서 그녀의 병을 고칠 수 있는 희망이 있음을 보았다. 그리고 그녀의 증세가 그리 비관적이지만은 않다는 것을 암시하는 구체적인 조짐도 보였다. 우선 그녀가 전혀 알지 못했던 나를 자진해서 찾아왔던 것이다. 더욱이 그녀가 입원하기 직전에 그녀와 절친했던 친구들이 죽은 사실도 알게 되었다. 주의 깊게 상담하면서 실제로는 그녀에게 문제가 없다는 사실을 깨달았다. 그녀는 자기 자신이 어떤 행동을 하고 있는지를 잘 알고 있었다. 그녀에게는 그 행동을 제어할 수 있는 힘이 없었을 뿐이다. 그녀에게 망상이 있었다면, 그것은 사람이 죽었다가 산다는 데 대한 확신일 뿐이었다. 그러나 그것은 사실 망상이 아니었다. 왜냐하면 그것은 자기의 생각일 뿐 실제로 증명할 수 없다는 사실을 그녀 자신은 잘 알고 있었기 때문이다. 그러한 생각을 하는 것은 부활하고자 하는 내적 투쟁이 있다는 것을 의미했다. 내가 오히려 희망적인 확신을 갖게 되었다고 말하자 그녀는 매우 안심하는 것 같았다. 나는 그녀가 예수 그리스도의 부활과 유사한 생각을 지니고 있다는 것을 알 수 있었다. 그녀는 지금까지 부활에 대한 자신의 생각을 병적이라고 생각해 왔던 것이다. 그런데 반대로 나의 해석은 상담을 더디게 만들었다. 왜냐하면 나는 그녀의 생각이 건강하고, 나아가 하나님과 관계된 것일 수도 있다고 설명했기 때문이다. 더구나 그녀는 상담 자체를 몹시 두려워했고 갑작스럽게 상담자가 바뀐 일에 불신감을 가지고 있었으므로 별다른 진전이 없었다.

그녀가 과거의 생활과 현재의 좌절감에 대해 말할 때, 서로 반대되는 것 사이에서 심한 갈등을 겪고 있음을 알 수 있었다. 그녀는 자신이 열정적이지 못하고, 인생에 흥미를 느끼지 못하며 늘 우울증에 사로잡혀 있다고 불평했다. 그렇다고 이 말이 정신적 활기가 전혀 없다는 것을 의미하는 것은 아니었다. 오히려 그녀의 내면적 생활은 활기에 차 있었고 그녀는 이를 알고 있었다. 모든 일에는 항상 두 가지 관점이 있기 마련인데 그녀는 그 중간에 있는 셈이었다. 이렇게 반대되는 것들이 상충하여 갈등을 일으켰기 때문에 그녀는 힘을 쓸 수 없었던 것이다. 두 마리의 말이 정반대 방향으로 마차를 끌어당긴다면 그 마차는 어느 쪽으로도 움직일 수 없다.

한쪽 관점은 마땅히 취해야 할 행동과 태도에 대한 관습적인 생각을 나타내는 것이었고, 또 다른 쪽은 관습적 사고에 대한 반항과

도전이었다. 그녀가 두려워하는 것은 두 번째 관점이었다. 만약 그것이 그녀의 자아를 지배하게 되면 그녀는 다시 입원해야 할지도 모른다. 그러나 그녀는 두 번째 관점을 완전히 억압할 수 없었다. 그것은 그녀의 삶 세부적인 데까지 스며들어 있었고 억제할 수 없는 불쾌한 생각으로 나타났다. 그녀가 말하고 행동으로 보여줬던 모든 것은 거의 갈등에 관한 문제였다. 만약 누군가가 그녀에게 어떤 것을 이야기해 주면 상반된 두 가지 관점들이 그 의미에 대해 서로 논쟁한다. 또 그녀가 무엇인가를 하려고 할 때에도 두 관점은 서로 자기의 가치를 주장한다.

그녀와 나는 '하지 마라'와 '해라' 하는 식으로 옳고 그름을 판별하려는 관습적인 사고를 '호랑이'라 부르게 되었다.[1] 그것은 그녀가 그런 식으로 생각할 때마다, 그것이 마치 '호랑이에게 먹이를 주는 것'과 같다고 해서 붙인 명칭이다. 호랑이에게 먹이를 주면 당분간은 만족스러워 하지만 다시 배가 고파지면 다른 먹이를 찾는다. 관습적인 사고가 아닌 다른 사고는 더욱 악마 같았다. 그것은 그녀로 하여금 어려운 상황에 처하게 하고 불쾌한 말을 하도록 하며, 화를 내게 하여 대체로 반항하게 만들었다. 이 악마는 특이한 방법으로 하나님에게 고용되어 있다는 점을 말해주자 그녀는 놀랐다. 악마는 반항함으로써 그녀의 영혼을 사로잡고 있는 관습적인 생각을 파괴하기도 하고 그녀를 그대로 놔두기도 하였다. 그녀가 악마와 직접

---

1 이것은 어느 정도 오해할 수 있는 명칭이다. 왜냐하면 무의식이라는 의미의 호랑이는 대단히 본능적인 면을 나타내기 때문이다. 그런데도 언제나 욕구가 충족되기를 바라는 그녀의 욕심스런 집단적 의식이 강하기 때문에 우리가 그 명칭을 생각하게 되며 자신에게 적용시키는 것이다.

적인 관계를 맺지 않고 악마에 의해 무의식중에 압도당할 경우에만 그녀는 그를 악마라고 생각했다.

의식적으로 그 악마와 관계를 맺었다면 악마는 그녀의 인격을 바꿀 수 있는 창조적인 힘을 발휘했을 것이다. 니코스 카찬차키스 (Nikos Kazantsakis)는 하나님과 악마에 대해 이렇게 말했다.

> 누군가가 왔다. 하나님일까, 아니면 악마일가? 누가 그것을 구별할 수 있겠는가? 그들은 수시로 얼굴을 바꾼다. 하나님이 가끔 완전한 어둠이 되시기도 하고 악마가 완전한 빛이 되기도 한다. 따라서 사람의 마음은 혼란에 빠져 있다.[2]

이제 그녀가 왜 우울증에 빠졌는지 확실해졌다. 한쪽에는 호랑이가 다른 한쪽에는 악마가 있었기 때문에 그녀의 힘은 갈등과 자책으로 탕진되었다. 그러므로 우울증이란 의식세계에 의해 정신적 힘을 잃게 되는 것이라고 말할 수 있다. 우리는 스스로 의식하는 대로 정신적인 힘을 지니고 있는데, 그것이 무의식의 샘에서 흘러나와 창조적으로 표출될 때 행복하다. 반대로 이 힘과 접촉하지 못하면 침체된다. 그러나 모든 침체된 상태 속에는 새롭고 창조적인 씨앗이 들어 있다. 무의식의 힘은 잠재적이며 동시에 역동적이기 때문에, 무의식과 접촉하기만 하면 그 힘은 인격을 새롭게 창조할 수 있게 된다.

임상적인 측면에서 볼 때 도리스가 이러한 내적 대적자들을 자

---

2 Nikos Kazantsakis, *The Last Temptation of Christ*, 15

신의 한 부분으로 쉽사리 이해한 것은 주목할 만하다. 여기서 그 대적자들이란 '그녀의 외부에 있거나 그녀의 외부에서 들리는 소리' 임에는 의심의 여지가 없다. 나는 상담을 진행하면서 도리스가 정신병에 걸린 것이 아니라는 확신을 갖게 되었다. 바로 이 점이 그녀의 이야기를 자세하게 언급하는 이유이다. 사실 그녀의 갈등은 현대 문화 속에 살아가는 인간들이 느끼는 내적 갈등의 약간 과장된 형태라 볼 수 있다. 그녀의 이야기는 현대인에게는 전형적인 것이다.

그녀가 겪은 갈등의 하나는 그녀의 가정에서 비롯되었다. 그녀의 부모는 늙어 가고 있었으며, 그래서 결혼하지 않은 자식으로서 그녀는 부모를 모셔야 된다는 책임을 느꼈다. 부모를 찾아가는 일이 즐겁지만은 않았다. 그러나 착한 딸이 되려고 정기적으로 부모를 뵈러 갔다. 그녀는 부모를 따뜻하고 행복하게 해드리고 싶었으며 모든 사소한 일까지 도와드리려고 했다. 이때 그녀 내면의 호랑이는 이 모든 일을 좋은 기분과 긍정적인 감정으로 해야 한다고 그녀에게 속삭였다. 그러나 집에 돌아오자마자 그녀는 악마의 힘에 붙잡혀 가장 못된 말과 부정적인 생각들을 내뱉고 싶은 충동을 느끼며 갈등을 겪는 자신을 발견하였다. 그녀가 내뱉고 싶은 말들은, 마치 말 자체가 살아 움직이는 것처럼 느껴졌다. 나쁜 생각들이 그녀도 모르게 생겨난 것 같았다.

이것은 아니무스가 여성에게서 어떻게 작용하는가를 보여주는 좋은 보기이다. 이렇게 아니무스는 의지와는 상관이 없는 생각을 스스로 전개시키고 전혀 예기치 않았던 말을 하도록 한다. 이 때문에 많은 여성들이 다른 누군가가 자신의 마음속으로 들어와 엉뚱한 이야기를 늘어놓는 경험을 하게 하게 된다. 이상 심리가 아니다. 여성의 정신 속에 있는 남성적인 부분이 그런 방식으로 나타난다. 이 책을 읽는 남성들이 혹시 이런 점에서 여성보다 자신이 우월하다고 잘못 생각할까 하여 남성들도 이와 유사하게 자신의 마음을 통제할 수 없는 면을 지니고 있음을 말해야겠다. 즉 남성 내부에는 여성적인 아니마가 있어서 남성들의 감정을 좌우하기도 하는 것이다. 그래서 그럴 만한 일이 있었던 것도 아닌데 우울해지거나 조바심치거나 화를 낸다. 그리하여 그의 건강한 남성적 사고들이 지극히 여성적인 정서로 바뀐다. 결국 남성이 마법에 걸려든 셈이 된다. 그런데도 남성은 자기 안에 아니마가 있다는 사실을 모르는 채 자기의 모든 분노를 연약한 아내의 탓으로 돌리기 일쑤이다.

어쨌든 도리스에게는 부모를 찾아가는 것이 갈등을 빚게 되는 큰 원인이었다. 만약 그녀가 계속하여 악마의 요구를 억제하면 그녀는 다시 탈진상태에 빠지게 되며, 악마의 요구대로 한다 해도 호랑이가 그녀의 발언에 대하여 심하게 비난할 것이므로 역시 죄책감과 탈진 상태에 빠지게 된다. 그녀의 또 다른 갈등을 보자. 그녀는 직장에서 열심히 일했었다. 그러자 사장은 그녀의 열성을 악용하여 그녀에게 더 많은 일을 부과하였다. 당연히 그녀 내부의 호랑이는 그녀가 불평하도록 내버려 두지 않았으므로 그녀는 악마가 그녀를 지배하게 될 때까지 참을 수밖에 없었다. 드디어 그녀는 화가 치밀어 도저히 더 이상은 직장에 나갈 수가 없게 되었다. 남자 같았으면 아마 마음속으로 사장을 따돌려 놓고 분노를 터뜨리며 "제기랄 놈"

하고 욕했을 것이다. 그러나 여성은 그렇게 하지 않는다. 그런 경우 여성은 사장과 개인적으로 만나려 할 것이고, 그 만남에서 자신이 하찮은 굴레로 취급되고 있다는 것을 알게 되면, 그러한 상황이야 말로 그녀에겐 참을 수 없는 것이 된다. 악마는 분노할 때 자신의 모습을 가장 솔직하게 드러내는 법이다. 마침내 그녀는 사장에게 가서 자기에게 주어진 과중한 임무에 대해 화를 내며 항의했다. 사장도 그 내용을 이해했으며 몇 가지를 시정해 주었다. 그러자 불쌍한 도리스는 이번에는 호랑이(사회적 관습)에게 사로잡혀 자신이 부정적인 생각을 발설했던 일에 대해 극심한 죄책감을 갖게 되었다.

어떻게 해서 그녀가 이런 곤경에 처하게 되었을까? 그녀의 어린 시절을 살펴보면 쉽게 답을 쉽게 찾을 수 있다. 그녀는 20세기 초반의 전형적인 도덕적 가정이라 할 수 있는 지극히 '기독교적인 가정'에서 자랐다. 그렇다고 그녀의 가정 분위기가 나빴다거나 부모가 가혹했다는 것은 아니다. 그녀의 부모는 나쁜 점도 있었지만 좋은 점도 있었다. 그러나 그들은 전체적으로 영혼이 무엇인가에 대해 전혀 알지 못했다. 그들은 자신도 모르게 그리스도의 이름으로 무자비한 일을 저질렀다. 어느 날 도리스는 어린아이들에게 공통적으로 있을 수 있는 성적 호기심을 보였다. 그런데 그녀의 부모는 그러한 생각을 했다는 이유로 닷새 동안이나 아무도 그녀와 이야기하지 못하게 했다. 이런 벌은 어린아이에게 매우 나쁜 영향을 준다. 분을 터뜨리고 매를 들어 때리는 것보다 훨씬 더 나쁜 것이다. 만약 부모가 매를 때린다면 어린아이는 적어도 더 이상 죄책감을 가지지 않게 되며 부모 또한 더 이상 분노를 느끼지 않게 된다. 그러나 어린아이에게 쌓인 죄의식, 자책감, 사랑받지 못한 데 대한 좌절감을 상상해 보라. 닷새 동안의 격리가 감수성 예민한 어린 소녀에게 심어 주었을 그 어마어마한 악영향들을! 바로 이러한 방식으로 인간의 인격과 정서의 일부가 성장발달의 주된 흐름에서 분리되어 무의식 속으로 숨는다. 무의식 속으로 도피한 뒤, 무의식의 법칙에 따라 방황하거나 그들 나름의 감정을 느끼기도 하고 때로 파괴를 조장하기도 하며, 마침내 의식에 감지되어 회복하기를 기다리기도 한다.

그렇다면 목사나 상담자는 이러한 경우에 어떻게 해야 하나? 이때 취해야 할 태도에는 세 가지가 있다.

첫째, 무엇보다도 가장 중요한 것은 상담자와 피상담자 간의 관계이다. 이와 같은 경우에는 내담자가 너무 심하게 자기를 비하시키고 있으므로 다른 사람이 도와주지 않으면 자신을 용납하지 못한다. 따라서 상담자는 내담자의 생각과 행동을 이해하고 상담자 자신이 먼저 받아들일 준비가 되어야 한다. 그렇게 한 다음에 비로소 치유가 시작된다. 이렇게 수용적인 분위기를 만들기 위해 상담자는 인내해야 하며, 주의 깊고 조심스럽게 내담자의 말을 경청해야 한다. 왜냐하면 내담자는 일단 자신에 대해 조금만 이야기해 놓고 상대방이 어떻게 받아들이는지 반응을 살핀 뒤 다음 단계로 넘어가기 때문이다. 이를 위해서도 상담자에게는 영혼에 대한 지대한 사랑이 요구된다. 사제나 목사들은 자기가 무슨 일을 하고 있는지도 알지 못한 채, 설교조로 간단히 이야기하거나 서둘러 충고하는 것으로, 아니면 그럴 듯하게 기도하는 것으로 상담에 임하는 경우가 있다. 이는 인간의 영혼과 인간의 영혼을 사랑하시는 하나님을 도외시하는 일이다. 영혼을 교화시킬 수 있는 길은, 상담자가 인내하면서 하나님으로부터 오는 치유의 방법을 받아들일 때에만 열린다.

둘째, 가능한 어디에서든지 '호랑이'를 약화시켜야 한다는 것이다. 이 '호랑이'는 프로이트가 '초자아'(superego)라고 부르는 것과 유사한 데가 있으며, 융의 '집단적 사고'(collective thinking)와는 일치한다. 융의 집단적 사고란, 인격을 판단하는 데 기준이 되는 집단적 도덕뿐만 아니라 부모·교회·사회의 도덕적 태도에서 유래된 많은 견해들(도리스는 마땅히 그런 견해를 가져야 할 것처럼 생각했다.)을 합한 것이다.

이는 부정적인 힘이며 이 부정적인 힘에 반항하는 힘은 창조적인 힘이다. 따라서 이러한 집단적 사고는 가능한 한 어느 곳에서든지 도전을 받아야 하며, 상담자의 도움을 받아 바로잡아야 한다. 도리스는 하나님 편에 서 있다고 생각되었던 목사가, 지금까지 그녀가 도덕적인 계명을 완벽하게 지키려고 했던 일에 대해 전혀 잘했다는 표시를 하지 않자 매우 놀랐다. 이로 인해서 그녀 자신의 도덕률을 명확히 말하게 되었고, 그녀 안에 있는 호랑이는 굶주려 죽었다.

셋째, 반항적인 악마의 소리에 귀 기울여야 한다. 반항적인 내면의 소리가 대개 진실을 말한다는 사실은 흥미롭다. 악마가 나타내고자 하는 생각은 근본적으로 진실하다. 즉 삶의 관습적인 외관을 올바로 꿰뚫어서 사람과 상황의 진면목을 적나라하게 드러내고자 하는 것이다. 그렇다고 악마에게 인격 전체를 사로잡혀서는 안 된다. 만약 악마가 유일하게 분별력을 지니고 있는 자아를 압도한다면 그는 가장 파괴적인 존재가 될 것이다. 처음에는 악마의 말에 귀

를 기울이라고 도리스에게 말했지만, 나중에는 적절한 때에 의도적
이고도 자발적으로 악마에게 그의 몫을 돌려주어야 한다고 알려주
었다. 이렇게 하여 그녀의 자아는 구축되었고, 또 강해졌으며, 그녀
안에 있던 반항자도 만족하게 되었다.

    몇 달이 지난 후에 도리스는 회복되는 기미를 보였다. 우울증도
점차 사라져 갔고, 삶에 대한 의욕이 생겼고, 사람들과의 관계가 다
시 원만해졌다. 그녀 내부에 존재하는 호랑이와 악마도 이제는 힘
을 잃어 그녀의 강화된 자아를 제압할 수 없게 되었다. 그러자 그녀
의 성장은 새로운 단계에 접어들기 시작했다. 이제 그녀는 주체적
으로 의무감이나 반항심에 대해 책임을 지게 되었다. 그녀 마음에
있던 상반된 요소들 간의 갈등은 이제 위험을 초래하지 않는 근본
적인 긴장으로 바뀌었다. 근본적인 긴장이란 삶의 극단을 잇는 팽
팽한 끈이다. 타인에 대한 배려와 개인적 욕망을 채우려는 욕구, 즉
성숙한 의무에 대한 욕구(로고스)와 개인적인 관계에 대한 욕망(에
로스) 사이에 긴장감이 생겼다. 또한 영적으로 심리적으로 성숙하
려는 욕구와 심리적 타성 간에도 갈등이 일어나지 않았다. 과거의
심리적 상처에서 비롯된 도리스의 내적인 갈등은 곧 오늘날 우리
사회 전반에서 일반적으로 나타나는, 양극 간의 갈등이라 할 수 있
다. 인간은 이러한 갈등을 해결하려고 안간힘을 쓴다. 그것은 모든
사람 안에서 살아 움직이고 있으며, 경우에 따라서는 심리요법을
받는 사람에게서 그리고 모든 꿈에서 드러난다.
    이렇게 상반되는 것들 사이에서 일어나는 문제가 바로 도리스의

문제이다. 그녀가 꾸었던 꿈도 바로 이 문제와 관련된 것이다. 이는 그리 놀랄 만한 일은 아니다. 대개 인간은 자신이 겪는 불화의 깊이를 모르며 그렇다고 합리적인 해결책을 알고 있지도 못한다. 때문에 인간의 내면적 예지를 통해 그 해답을 찾게 되는 것이다.


2


몇 번의 대담한 붓질로 그림을 그리는 동양화가들처럼 나 또한 몇 마디의 말로 양극성의 문제를 설명하고자 한다. 구구하게 설명하지 않더라도 유대 기독교 전통이 어떻게 이 문제를 해결하려고 하였으며, 또 어떻게 실패하게 되었는가를 독자들이 알 수 있기를 바란다.

성서에서 보면, 상반되는 양극의 문제는 인간이 출현하자마자 곧바로 시작된다. 그것은 대조되는 두 가지 창조 이야기 사이에서 처음으로 나타난다. 첫 번째 창조 이야기를 보면 인간은 하나님의 형상대로 만들어진다.

> 하나님이 말씀하시기를 '우리 모습을 닮은 사람을 만들자.' 그래서 하나님은 하나님의 형상대로 사람을 창조하셨다.[3]

두 번째 창조 이야기는 다르다.

---

3 창 1:26-27.

> 야훼 하나님께서 진흙으로 사람을 빚어 만드시고….[4]

이것은 모순(contradiction)이 아니라 역설(paradox)이다. 사람
은 신적인 형상과, 흙과 같이 천한 본성 사이에서 고통당하는 존재
이다.

양극성의 문제가 어디에서부터 시작되었는지에 대해서 보다 잘
설명해 주는 것이 아담과 이브가 나오는 두 번째 창조 이야기이다.
아담과 이브는 에덴동산에서 순수한 행복을 만끽하며 살았다. 그들
은 선악과를 따먹는 일만 빼면 어떤 일도 할 수 있었다. 그러나 불행
히도 에덴동산에는 한 가지 흠이 있었는데 그것은 바로 뱀이었다.
뱀은 '하나님과 같이 되고 선악을 아는'[5] 힘과 지혜를 가지고 싶지
않느냐고 하면서 이브를 유혹하였다. 이번에는 이브가 다시 아담을
유혹하고 그리하여 아담과 이브는 금단의 열매를 따먹게 된다. 그
러자 그들의 눈이 밝아져서 자신들이 반대의 성(性)을 가졌다는 것
을 깨닫고 부끄러워 나뭇잎으로 옷을 만들어 입었다. 상대방을 인
식하게 됨으로써 그들의 행복은 산산이 깨졌다. 대신에 죄의식, 부
끄러움, 두려움이 생겼다. 그들은 하나님이 다가오는 소리를 듣고
몸을 감추었다. 하나님이 그들을 부르자 아담이 대답한다.

> 당신께서 동산을 거니시는 소리를 듣고 알몸을 드러내기가 두려워
> 숨었습니다.

---

4 창 2:7.
5 창 3:5.

하나님은 말씀하신다.

네가 알몸이라고 누가 일러 주더냐?[6]

일러 준다는 말은 곧 이전에 몰랐던 것에 대해 알게 되는 것이다. 아담과 이브도 듣고 알게 된 것이다.

이 이야기는 심리학적으로 깊은 의미를 담고 있다. 창조와 타락 이야기는 인간에게 도덕의식이 싹트는 순간, 인간이 본래 지니고 있는 창조세계와의 순수한 조화가 깨진다는 것을 말해 준다. 도덕의식이 생기기 시작하면서 인간의 총체성이 서로 적대적인 것처럼 보이는 둘로 나뉜다. 하나님이 내린 형벌은, 죄의식과 두려움과 도덕의식을 더욱 강화시켰다. 아담과 이브는 낙원으로부터 추방되어 땀 흘려 일하고 고통을 견디며 살게 된다. 밀림에 사는 맹수들은 죄를 모른다. 본능대로 살 뿐이다. 만약 그 동물들이 자아의식을 부여받아 선과 악을 구별한다면 그때부터 동물의 안락함도 깨어져 버릴 것이다.

에덴동산에 있었던 뱀에 대해서 이야기하지 않을 수 없다. 전통적인 교회의 교리는 하나님을 최고 선(*summum bonum*)이라고 가르친다. 모든 악은 인간의 것이고 모든 선은 하나님의 것이라고 양분한다. 이 세상에 죄가 들어온 것도 인간의 사악함과 유약함 때문이라고 한다. 인간이 죄를 저지른 것이지 하나님은 인간의 타락에 조금도 관여하지 않았다고 말한다. 그러나 불행히도 창세기 기사는 인

---

6 창 3:10-11.

간의 타락에 하나님이 개입된 것 같은 인상을 주고 있다. 결국 누가 뱀을 동산에 가져다 놓았는가? 하나님이 아닌가? 아담과 이브로 하여금 '하나님 같이' 되고 싶은 호기심과 알고자 하는 욕망을 갖게 함으로써 뱀의 유혹에 넘어가도록 만든 이는 누구인가? 창조와 타락 이야기 전체가 하나님이 짜놓은 각본에 의한 것이라고 생각하지 않을 수 있겠는가? 하나님은 그의 창조물인 인간이 행복한 바보이기보다는 최상의 도덕적 존재이기를 바라지 않았는가? 하나님은 아담과 이브가 겪게 되는 모든 과정뿐만 아니라 서로 대립되는 요소들의 충돌 또한 피할 수 없다는 점을 알고 계셨을 것이다.

나는 인간의 관점에서 하나님의 계획과 책임에 대해서 설명하고 있다. 그렇다고 하나님이 인간과 같은 모습이나 같은 성을 지닌 분이라는 뜻은 아니다. 하나님이 어떤 존재인지 인간으로서는 알 수 없다. 우리는 단지 피조 세계를 통해, 성서를 통해, 그리고 인간의 정신을 통해 하나님께서 스스로 나타내셨기 때문에 그분을 알고 있다. 여기서 우리가 언급하고 있는 하나님도 하나님 자신이 우리에게 보여 주신 그 하나님이다. 우리는 우리 마음속에 새겨진 하나님의 형상을 인간적인 언어로 표현할 수밖에 없다. 그러나 인간적인 언어로 그분의 본질을 설명할 수 있다고 생각한다면 큰 오산이다. 적어도 이 땅 위에 사는 동안 하나님의 본질을 이성적으로 이해한다는 것은 있을 수 없는 일이다.

어쨌든 이 문제에 대한 언급은 중지하고, 성서가 처음부터 분리된 인간 본성에 대해 말하고 있다는 사실은 참으로 놀랍다. 성서의 나머지 부분은 하나님이 보다 높은 차원에서 인간의 총체성을 재창조하고 계시다는 것을 인간이 인식해 가는 과정에 대한 이야기로 볼 수 있다. 그러한 재창조는 다시 에덴동산에서가 아니라(이 동산에서는 천사가 불의 칼을 들고 인간이 돌아오는 것을 감시하고 있다.) 의식이라는 보다 높은 차원의 세계에서 일어날 것이다. 어떻게 이 일이 일어날 수 있을까? 악마의 호기심으로 가득 찬 인간의 어두운 면이 사라지고 순수한 마음만이 남게 된다는 말인가?

처음에는 양극의 본성들 간의 갈등이 심화된다. 아담과 이브가 아이를 갖게 되자 그 아이들에게서 인간의 양극성이 적나라하게 나타난다. 카인과 아벨은 상반되는 존재이다. 악을 대표하는 카인은 선의 표상인 아우 아벨을 죽인다. 하나님은 카인의 제사보다는 아벨의 제사를 받아들이시고, 또한 카인을 추방하시지만 죽이지는 않으신다. 아벨은 물론 카인도 존재한다는 데에서 이 이야기는 상반되는 요소들 간의 갈등을 잘 보여 준다. 카인의 특성은 인간의 의식 발달에 있어서 중요한 의미를 가진다.

성서를 대하는 나의 이 같은 견해에 대해 두 가지의 서로 다른 입장에서 반론이 제기될 수 있다. 우선 성서를 역사적인 기록으로 보려는 사람들은 내가 지나치게 심리학적 관점에서 해석한다고 반박할 것이다. 그러나 성서의 이야기들을 심리학적으로 이해한다고 해서 성서의 역사적 가치를 무시하는 것은 아니다. 아담과 이브가 실제 인물이든 아니든 간에 이 이야기는 인간의 발달과 하나님에 대한 인간의 이해와 관련해서 중요한 진리를 내포하고 있다. 우리가 관심을 가지는 것은 바로 그러한 진리이지 성서 비평은 아니다.

그 밖에 성서를 믿지 않는 사람들은 왜 우리가 카인과 아벨, 혹은 성서에 나오는 인물들이 존재했다고 믿어야 하는지 질문할 것이다. 이것은 심리학적인 관점에서 보면 너무나 소박한 질문이다. 카인과 아벨이 실제로 지구상에 생존했던 적이 없으며 예레미야도 가공의 인물이고 복음서 기록들은 역사적으로 볼 때 모두 믿을 수 없는 것이라 할지라도, 성서는 인간이 자기 자신과 하나님을 차츰 알아가는 과정을 반영하고 있는 것이 사실이다. 그리고 이 점만이 여기서 중요하다.

양극성의 문제를 해결하기 위한 두 번째 시도가 노아의 방주 이야기에 나온다. 이 이야기는 이미 바벨론 신화에서도 나온다고 성서학자들은 말한다. 이 이야기는 선한 사람만을 선택하고 나머지는 멸망시킨다는 것을 보여 주려 한다. 이렇게 함으로써 인간의 사악함이 근절될 것이고 인간은 죄가 없을 때 완전해질 수 있다고 생각한 것이다. 그리하여 홍수가 나고 노아 가족을 제외하고는 모두 멸망하게 된다. 그러나 변한 것이라고는 인간이 생각하는 하나님의 형상뿐이다. 인간은 여전히 부분적으로 약하다. 홍수가 끝난 직후 노아가 포도주에 취하고 그의 둘째 아들은 그를 비웃는다. 이에 노아는 그에게 저주를 퍼붓는다. 이 땅 위에 남아 있는 '선한' 인간에게는 길조가 좀처럼 보이지 않는다.

인간 자신이 홍수에 의해 변화되는 것은 인간 자체가 아니라 인간의 하나님에 대한 이해이다. 여기서부터 하나님의 자기 인식이 성장하는 것으로 성서는 묘사한다. 하나님은 그의 창조물인 인간 안에 들어 있는 피할 수 없는 악의 실체를 인식하신다. 인간이 인간인 이상, 악은 늘 인간과 함께 존재한다. 그래서 하나님은 이렇게 말씀하신다.

사람은 어려서부터 악한 마음을 품게 마련, 다시는 사람 때문에 땅을 저주하지 않으리라. 다시는 전처럼 모든 짐승을 없애 버리지 않으리라.[7]

양극성의 문제를 해결하려는 또 다른 시도가 창세기에 기록되어 있는데 그 사건은 지금까지 대체로 무시당해 왔다. 우리는 이미 앞에서 야곱이 그의 대적자와 씨름해서 이긴 이야기를 다루었다. 바로 여기에 그 해결점이 암시되어 있다. 만약 인간이 자신 내부에 있는 대적자와 의식적으로 씨름하려 한다면 그는 축복을 받는다는 것이다. 왜냐하면 그것은 하나님과 씨름하는 것이기 때문이다.

창세기에서 양극성의 문제를 해결하는 데 실패하자 출애굽기에서 율법의 형태를 띤 또 다른 시도가 이루어졌다. 그 율법은 도덕적이고 종교적인 법령의 총체라 할 수 있는데, 성서에 따르면 그것은 모세의 지배 아래 있던 족장들의 법에서 시작하여 제사장들의 복잡한 법률로 끝난다. 이 세상에서 일상생활을 영위함에 있어서 필요한 규율과 도덕적 조언을 이 율법만큼 광범위하게 다룬 것은 없다. 이 율법이 양극성의 문제에 대해 제시하는 해결책은 다음과 같다.

우리는 인간들이 지켜야 할 규칙과 법률을 만들 것이다. 만약 인간이 이 율법을 지키면 하나님께서 그와 함께하실 것이요 그는 번영하게 될 것이다.

---

7 창 8:21.

여기서 하나님과 인간과의 합의가 이루어졌다. 이 합의를 계약 또는 약속이라고 하며 구약이란 말도 여기에서 온 것이다. 모세는 그것을 이렇게 서술하고 있다.

> 너 이스라엘이 너희 하나님 야훼의 말을 들어 순종하고 그가 보시기에 바르게 살며, 그 명령을 귀에 담아 모든 규칙을 지키면 이집트인들에게 내렸던 어떤 질병도 너희에게는 내리지 아니하리라. 나는 야훼, 너희를 치료하는 의사이다.[8]

이것은 인간이 따라야 할 일정한 생활방식이요 규율을 제공하였다. 인간이 그것을 따를 때 악은 힘을 잃게 된다. 그러나 슬프게도 인간에게는 또 다른 악이 존재하고 있기에 인간이 그 법을 이행하지 못하는 어려움이 있는 것이다. 의식적으로 마음을 다하고 애써도 인간은 계속해서 실수를 범한다.

그런데도 구약성서 속의 사람들은 옛 계약이나 율법을 실행하려고 노력했다. 아마도 예언자들은 사람들이 어느 한도까지 율법을 지켜야 할지를 알면, 더욱더 노력하여서 그 임무를 달성할 것이라고 생각했던 것 같다. 그래서 위대한 예언자들의 시대가 시작되었다. 아모스, 예레미야, 호세아 그리고 많은 예언자들은 사람들에게 율법을 지킬 것을 외쳤으며, 동시에 가증스러운 이방신을 숭배하지 말고 오직 유일하신 하나님만을 섬기라고 했던 것이다. 그러한 과정 속에서 이스라엘 사람들의 하나님에 대한 인식은 측정할 수 없

---

8 출 15:26.

을 정도로 증대되었다. 민족의 신 야훼가 온 세계의 하나님이 되신 것이다. 예언자들은 또한 인간의 도덕의식을 예리하게 다듬어 우리 인류에게 큰 영향을 준 유대-기독교적 양심이라는 날카로운 칼을 만들어 냈다.

그러나 하나님이 정의, 올바른 예배, 자비로운 행동을 요구하신 다는 것을 그토록 중요시했음에도 불구하고 인간이 선이라고 여긴 것과 악이라고 여기는 것 사이의 분열은 더욱 심화되었다(여기서 "선으로 여기는 것과 악으로 여기는 것"이라고 표현하는 이유는, 인간은 엄밀한 의미에서 하나님을 알지 못하는 만큼 선악이 무엇인지도 알지 못하기 때문이다. 우리는 단지 마음속에 있는 하나님의 형상과 지식을 통해 하나님을 이해할 수 있는 것처럼, 우리 인간의 입장에서 악이나 선을 알 뿐이다). 상황은 심히 절망적이 되었다. 검은색은 흰색과 대비될 때 더욱 검게 보이는 법이다. 따라서 예언자들은 사람들에게 최상의 선(善)을 권고할 수는 없었다.

그러나 한편으로 예언자들은 도덕을 강조함으로써 사람의 마음속에 나타나는 분열을 더 심화시켰지만 다른 한편으로는 문제해결을 위한 필요조건을 제공했다고 할 수 있다. 양극성의 문제가 해결되려면 먼저 문제 자체가 명백히 드러나야 한다. 예언자들은 그 문제를 명료화하는 데에는 도움을 주었지만 최종적인 해답을 주지는 못하였다. 비록 인간이 자기 분노, 욕망, 열정, 그리고 이기심을 버리려고 노력할지라도 어두운 부분은 여전히 남아 있었던 것이다.

분명히 그러한 상황에서는 새로운 그 무엇이 있어야 했다. 사람들은 해답이 사람으로부터 나올 수 없으며 하나님 자신이 무엇인가를 하셔야 한다는 것을 점차 깨닫게 되었다. 따라서 구약성서의 후반부에서는 메시아를 대망하게 되었다. 즉 하나님 자신이 세상을 바르게 할 누군가를 보내시리라고 기대한 것이다.

구약성서는 메시아에 관한 체계적인 사고를 보여 주고 있지 않다. 메시아에 대해 언급하는 구절들은 단지 고통당하는 사람들의 열망에서 나온 것이지 이성적인 사고 과정에서 나온 것은 아니다. 그러나 그 구절들은 대체로 하나님이 스스로 특별한 사자, 즉 구세주를 임명하여 그로 하여금 악을 몰아내고 땅 위에 의롭고 선한 새 왕국을 세우실 것임을 가르치고 있다. 예레미야서의 구절들을 보자.

> 내가 다윗의 정통 왕손을 일으킬 그 날이 오고야 만다. 이는 내 말이라 어김이 없다. 그는 현명한 왕으로서 세상에 올바른 정치를 펴리라. 그를 왕으로 모시고 유다와 이스라엘은 살 길이 열려 마음놓고 살게 되리라.[9]

메시아는 '주의 날'에 영접하게 될 것이다. 메시아의 도래는 곧 새롭고 의로운 세계의 창조이며 불의와 오랜 악과 불의의 파괴이다. 따라서 그 날을 대망해야 할 뿐만 아니라 두려워해야 할 것이다.

> 이 땅에 사는 모든 사람이 떨도록 나의 거룩한 산에서 경보를 울려라. 야훼께서 거동하실 날이 왔다. 그 날이 다가오고 있다. 어둡고 음산한 날, 짙은 구름이 덮인 깜깜한 날![10]

---

9 렘 23:5-6.
10 욜 2:1-2.

사람들은 율법으로 이루지 못한 것을 하나님에게 기대하게 되었다. 그분이 직접 인간의 일에 개입하시리라는 희망은 문제 해결을 위한 새롭게 진전된 단계였다. 그것은 그 문제를 해결하는 일이 더이상 인간의 몫이 아니고 하나님이 그 문제를 해결시리라는 것을 의미했다. 그러나 그 메시아가 사용한 방법은 기발한 것이 아니었다. 우리는 다시금 구식의 해결방법을 듣게 된다.

악을 버리고 선을 행하라. 선악 간에 하나를 버림으로써 양극성의 문제를 해결하라.

오직 한 예언자만이 메시아가 사람들이 예상하는 것과 다른 존재라는 암시를 주었다. 이사야는 메시아에 대해 매우 역설적으로 생각하였다. 그는 메시아가 선으로 악을 이긴 왕으로서가 아니라, 참기 어려운 고통을 당함으로써 사람들을 구원하는 역설적인 구세주로 오리라고 예언하였다.

그는 사람들에게 멸시를 당하고 퇴박을 맞았다. 그는 고통을 겪고 병고를 아는 사람, 사람들이 얼굴을 가리고 피해갈 만큼 멸시만 당하였으므로 우리도 덩달아 그를 업신여겼다.[11]

그래서 인간은 자기 문제에 대한 새로운 해답을 기대하였다. 그 새로운 해답이 주어지는 때는 하나님이 정하시는 것이지 사람이 정

---

11 사 53:3.

하는 것이 아니다. 기독교인들은 하나님이 예수 그리스도의 인격을 가진 인간으로 탄생하신 사건에서 이 새로운 해답을 보았다. 인간의 문제를 풀기 위해 하나님 자신이 인간이 되셨다. 예수 그리스도 안에서 살아 계신 하나님과 땅의 인간이 연합한 것이다.

기독교는 인간이 심리적으로 새롭게 발달할 수 있는 가능성을 가지고 있다고 가르친다. "하나님은 인간이 되기를 원하신다"라는 말은 하나님에 관한 것을 말할 뿐 아니라 동시에 인간에 대해서도 말하는 것이다. 하나님이 인간이 되셨기에 인간에게는 새로운 방법으로 인간의 본질을 이해할 수 있는 가능성이 생겼다. 하나님이 인간이 되셨다는 기독교의 가르침은 심리적 완성 상태에 도달할 가능성을 표현하는 것이다. 사람들은 자신의 도덕적 노력을 통해서 하나님 앞에 바로 서려고 노력했으나 실패했다. 그러나 이제 하나님 자신이 인간이 되셨기에 인간은 하나님이 인격의 완성을 가능케 해 주시리라는 새로운 희망을 가지게 된 것이다.

기독교의 신학적 설명들이 심리학적인 의미를 함축하고 있다고 말하는 것은, 신학을 부정하거나 평가절하하려는 것도, 신학은 단지 심리학에 불과하다고 말하려는 것도 아니다. 생각해 보면 신학적인 기술들은 일반적으로 보통 사람들이 평범하게 이해하기 힘든 형이상학적인 영역에 관계되어 있다. 그러한 점에서 기독교 신학은 여기서 논의되지 않은 복잡다단한 의미를 지니고 있는 것이다. 그렇다 하더라도 형이상학적인 영역과 인간 내부의 영역 간에는 일치되는 부분이 있는 것이다. 기독교 신학은 인간의 경험과 동떨어져 있지 않으며 오히려 깊게 관련되어 있다. 인간에게는 경험에 상응하는 심리적인 실체들과 가능성이 존재한다. 기독교 신학은 심리적이고 경험적인 차원에서 양극성의 문제를 해결하는 데 도움을 주고 있다.

심리적인 양극성의 문제에 대해서 하나님은 그리스도를 통해서 다음과 같이 말씀하신다(여기서는 물론 비유적으로 말하는 것이다).

내가 너의 삶 속에서 충분히 나타날 때 비로소 너희 전체적인 본성이 드러나게 된다. 왜냐하면 나 자신이 스스로 너희 인간의 본성을 택했기 때문이다. 너희 전체가 표현될 때라야 양극성의 문제가 풀린다. 그리고 그때 나의 본질이라고 할 수 있는 조화가 네 속에서 이루어질 것이다.

하나님이 인간 안에서 자신을 나타낼 때 인간은 스스로의 본성을 완전히 표현할 수 있게 된다. 달리 말하면 인간이 완성된 자신을 드러낼 때, 그것은 창조주를 드러내는 것이 된다는 것이다. 이것은 하나님과 인간의 총체적 자아가 맺고 있는 밀접한 관계를 보여준다.

하나님과 인간의 관계에 대한 유대교의 전통적인 이해와 그리스도의 새로운 이해 사이에는 물론 크나큰 대립이 있었다. 오래된 것과 새로운 것은 형식상 큰 차이가 있었으므로 그리스도 안에서 유대교의 새로운 표현을 받아들인 유대인들은 그들의 동료로부터 소외당했다. 애초에는 유대교의 완성으로 시작됐던 기독교가 이제는 독립하여, 영예로운 부모로부터 분리되어 홀로 서게 되었다. 의식 세계에의 새로운 돌파를 위해서는 인간의 이기주의와 관습으로부터 오는 반대를 극복해야 한다. 양극성의 문제에 대해 하나님께서 급진적인 대답을 하신 경우가 그렇다. 예수님은 헤롯왕이 나라를 다스리던 때에 태어났다. 헤롯은 거의 완전히 굳어버린 이기주의를 문자적으로 상징적으로 잘 나타내준 왕이었다. 즉 그는 '새로운 왕'이 그의 자리를 차지할까봐 두려워서 그 아이를 죽이려고 했다. 꿈을 통해 하나님의 힘이 개입되었기에 새로운 생명이 죽음을 모면했던 것이다. 예수님이 다시 선교의 길을 떠날 때 그의 길을 막으려는 큰 세력과 부딪치게 되었다. 먼저, 사탄이 나타났다. 사탄은 '너의 힘을 사용해서 인류를 배부르게 하라'고 말하였다. 이 말은 곧 인간에게 진정으로 필요한 것(전체성)이 아니라 인간이 자기에게 필요하다고, 생각하는 것(빵)을 주라는 것이다. 또 사탄은 '너의 힘을 사용하여 온 세상을 지배하라'고 말했다. 이 말은 땅의 것인 유형의 자산들을 위해서 영혼의 왕국을 포기하라는 뜻이다. 마지막으로 사탄은 '자기 영광을 위해 힘을 사용하라'고 했다. 즉 완전한 인간의 능력으로 하나님이 아닌 자기를 찬양하라는 것이다. 우리는 이 이야기에서 예수님이 그의 거대한 일을 수행하기 위해 겪어야 했던 내적 투쟁과 핵심권력에 다가갔을 때 우쭐해지는 자아가 겪어야 할 위험을 충분히 엿볼 수 있다. 그러한 경우에는 자아의 동기를 확실히 의식하는 것이 필요하다. 그런데 예수님은 또한 그 시대에 가정 생활에서 소중히 여겨졌던 전통적이고 집단적인 가치에 대항해서 투쟁해야 했다. 그는 이것을 날카롭게 지적하고 있다.

누구든지 나에게 올 때 자기 부모나 처자나 형제자매나 심지어 자기

자신마저 미워하지 않으면 내 제자가 될 수 없다.[12]

우리는 성서의 여러 부분에서 예수가 가족의 지나친 유대에 반대하고 있다는 것을 알 수 있다.

어떤 사람이 예수께 와서 예수의 어머니와 형제들이 밖에 와 서서 그와 말씀을 나누고자 한다고 알렸다. 예수께서는 말을 전해준 사람에게 '누가 내 어머니이며 내 형제들이냐?' 하고 물으셨다. 그리고 제자들을 가리키시며 '바로 이 사람들이 내 어머니이며 내 형제들이다. 하늘에 계신 내 아버지의 뜻을 실천하는 사람이면 누구나 다 내 형제요 자매요 어머니이다' 하고 말씀하셨다.[13]

그리스도 안에서 일어나고 있었던 일은 아주 새로운 것이었기 때문에 그 일을 성취하려면 과거의 집단적 가치와의 격렬한 충돌은 불가피한 것이었다. 과거의 집단적 가치들이 아무리 귀한 것이었다 하더라도, 그것은 지나치게 관습에 젖어 있어 하나님께서 새롭게 표현하시는 것을 전달할 만한 수단이 되지 못한다.[14]

그러나 어떻게 복잡한 인간의 본성을 완전한 인간, 즉 그리스도와 같은 인간으로 표현할 수 있을까? 조화될 수 없는 양극의 것들을 어떻게 하나의 삶으로 표현할 수 있을까? 그것은 하나님만이 아는 비밀인 화해라는, 고도의 역설적인 축을 통해 하나님의 개입으로

---

12 눅 14:26.

13 마 12:46 ff.

14 참조. 마 10:37 ff; 막 10:29 ff; 눅 8:19; 2:43 ff.

성취될 수 있는 것이다. 초기 기독교인들은 하나님이 성령의 개입에 의해 마리아의 몸을 통하여 태어나시기로 결정하셨다고 고백했다. 그것은, 그들은 인간의 능력으로는 기적이 일어날 수 없다는 것을 알기 때문이었다. 제한된 이성을 가진 인간의 의식으로는 양극성의 문제에 대한 해답을 생각해낼 수 없다.

그리스도의 삶은 십자가 위에서 끝날 수밖에 없었다. 인간은 하나님께서 제시하신 급진적인 해답을 아직 받아들일 준비가 되지 않았다. 그래서 그리스도는 십자가에 달려 처형당해야 했다. 십자가의 바깥으로 뻗은 팔은 중앙에서 만나는 양극의 요소들을 상징적으로 잘 표현해 주고 있다. 네 개의 팔을 뻗친 십자가는, 원 또는 사각형으로 전체성을 표현하는 도안, 또는 상징인 만다라(mandala)의 표본이다. 그러나 보다 추상적 도안인 동양의 만다라와는 달리 기독교의 상징은 땅에 뿌리를 두고 있다. 사실 기독교는 정신의 전체성은 땅 위의 삶에서 완성되는 것이지 정신을 땅에서 뽑아 하늘로 가져간다고 이루어지는 것이 아니라는 것을 강조한다. 그리스도는 두 강도들 사이에서 십자가에 달리셨는데, 한 사람은 회개했으나 다른 한 사람은 그러지 않았다. 양극성의 주된 요소인 천국과 지옥은 이처럼 끝까지 계속되었던 것이다.[15]

---

15 안드레 행전에 다음과 같은 이야기가 나온다. "아! 십자가, 정말 영광스럽습니다! …나는 당신이 세운 그 신비를 압니다. 왜냐하면 당신은 불안정한 것을 세상에 세웠기 때문입니다. 당신의 한쪽은 하나님으로부터 벗어나 오른쪽과 왼쪽으로 뻗어 있습니다. 그 양쪽은 중앙에서 모이게 됩니다. 그리고 다른 한쪽은 땅에, 그 깊은 곳에 뿌리박고 있으며, 그것은 땅에 있는 것과 땅 아래 신성한 것을 모으기 위해서입니다. 아! 땅에 뿌리박고 하늘의 열매를 맺는 십자가! 십자가 이름에 모든 것이 있구나!"(M. R. James, tr., *The Apocryphal New Testament*,

예수를 십자가에 못 박은 사람들은 살인자나 강도가 아니라 보통의 '죄인들'이었다. 사람들은 그가 자각을 요구하는 것을 받아들일 수 없었기 때문에 그를 죽인 것이다. 그리스도를 십자가에서 처형시키자고 한 것은 그 당시 최고의 종교지도자들이었다. 예수는 전통적이고 집단적인 종교 개념을 완전히 뒤집으려고 했으므로 그들은 예수님을 용납할 수가 없었다. 사람들은 항상 새로운 의식을 일깨워 주는 변화에 강하게 저항하게 마련이다. 그리스도는 바로 그러한 변화였다.

예수는 그의 유대인 제자들까지도 감당하기 어려울 만큼 앞서서 가는 사람이었다. 그리스도가 하신 일을 이해한 사람은 지극히 적은 몇 사람뿐이었다. 그들 역시 처음에는 그분을 저버렸다.

그러나 그리스도가 하신 일은 그렇게 쉽사리 소멸될 수 없었다. 하나님이 하셨던 일을 인간은 이해할 수 없었다. 그래서 십자가의 죽음 다음에 부활이 있었던 것이다. 하나님의 비합리성이 인간의 합리성을 이긴 것이다. 심리학적으로 말해서, 인간 안에는 화해라는 장치가 계속 살아 있어서 인간에게 희망을 주고 있다. 그로 인해 인간은 부활하신 그리스도의 기적을 믿게 되었으며, 율법을 받들어 이룰 수 없었던 자기 완성이 가능하다는 것을 깨닫게 되었다. 현대에 사는 우리의 경우도 마찬가지다. 우리가 내면의 갈등을 깨달음과 동시에 자아의식이 그리스도와 함께 죽고, 양극성을 가진 십자가 위에서 없어질 때, 우리 존재의 중심과의 새로운 관계를 통하여

---

359-360). 참조. Irenaeus, *Against Beresies*, Bk. V, 17장; Lactantius, *Divine Institutes*, 2장; Hippolytus, *Treatise on Christ and Antichrist*, par. 4.

다시 '그리스도와 함께 부활하는' 것이다.

상반되는 양극의 요소들은 그리스도 안에서, 하나님에 의해 역설적으로 연합할 수 있는 것이다. 그러한 해결은 인간의 합리적인 지성을 능가하는 것이며 또한 개념으로 정리할 수도 없는 것이다.

성육신(聖育身)과 그리스도의 십자가 사건의 의미는 논리적으로 들어맞는 이론으로는 설명할 수 없다. 그런데도 그것들은 사람들에게 깊은 영향을 주고 있다. 초기 기독교 문헌에서 그리스도가 유대인에게 끼친 영향을 살펴보자. 바리새파였던 사울이 회심하여 바울이 된 이야기이다. 그 이야기에서 우리는 적나라한 역설 속에서도 화해하시는 그리스도의 본성을 깨닫게 된다. 바울도 스스로 양극적인 요소들 사이에서 괴로워하고 있었다. 그는 로마사람들에게 다음과 같은 편지를 썼다.

> 나는 내가 하는 일을 도무지 알 수가 없습니다. 내가 해야겠다고 생각하는 일은 하지 않고 도리어 해서는 안 되겠다고 생각하는 일을 하고 있으니 말입니다. … 그렇다면 그런 일을 하는 것은 내가 아니라 내 속에 도사리고 있는 죄입니다. … 나는 내가 해야겠다고 생각하는 선은 행하지도 않고, 해서는 안 되겠다고 생각하는 악을 행하고 있습니다. … 여기에서 나는 법칙을 발견했습니다. 곧 내가 선을 행하려 할 때에는 언제나 바로 곁에 악이 도사리고 있다는 것입니다. … 나는 비참한 인간입니다. 누가 이 죽음의 육체에서 나를 구해 주겠습니까?[16]

---

16 롬 7:15 ff.

이것은 곧 이러지도 저러지도 못하는 인간의 본성을 깨달은 지극히 양심적인 사람의 말이다. 바울은 자신 안에서 결코 화해할 수 없는 양극의 요소들이 자기 의지에 반하여 싸우고 있음을 깨달았다. 그의 거듭남은 합리적으로 설명할 수 없다. 왜냐하면 이는 비이성적인 경험에서 나온 것이기 때문이다. 그는 "나의 주님이신 예수 그리스도를 통해 하나님에게 감사드린다"라고 말했다. 그리스도는 말로 설명할 수 없는 신비를 통해 바울을 궁지에서 구했다.

바울은 근본적으로 변화되었다. 그의 과거는 자아의식과 함께 사라졌다. 바울은 그리스도와 더불어 세례를 받고 그와 더불어 죽었으며 그를 통해 새 생명을 얻었다.[17] 바울의 정신적인 삶은 더 이상 자아 중심이 아니다.

> 나는 그리스도와 함께 십자가에 달려 죽었습니다. 이제는 내가 사는 것이 아니라 그리스도가 내 안에서 사는 것입니다.[18]

신학적으로 바울은 그리스도를 하나님의 성육신으로 이해하였다. 또한 심리학적으로는 그를 자신과 화해하게 한 자기 내부의 살아 있는 능력으로 그리스도를 이해하였다. 신학적인 이해와 내적이고 심리적인 경험은 상쇄되지 않을 뿐만 아니라, 그 둘은 서로에게 속해 있다.

그런데 인간의 심리적 딜레마에 대한 바울의 해답은 오늘날 어

---

17 롬 6:3-4.
18 갈 2:20.

떻게 되었는가? 목회상담자와 정신과 의사들은, 십자가 사건에도 불구하고 많은 사람들이 구원받았다는 것을 느끼지 못하거나 구원받은 사람답게 행동하지 않는다는 것을 알고 있다. 그 오래된 갈등은 우리 모두의 마음속에서 무의식적으로 일고 있다. 그리고 이 세상을 잘 살펴본 사람이면 누구나 이 세상이 아직 구원받지 못했다는 것을 알게 된다. 구원받지 못한 세계에서 투쟁하고 있는 양극의 요소들을 우리는 누구에게나 느낄 수 있다. 그렇다면 왜 삶은 기독교인들이 구원받았다는 것을 느끼지 못하면서도 이를 문제 삼지 않을까? 혹시 착각은 아닌가?

심리학적인 관점에서 보면 그럴 수밖에 없는 것이 당연하다. 보통의 기독교인들은 예수 그리스도를 이해할 때 하나님과의 관계에서 느끼는 인간의 어두운 면은 도외시한다. 기독교인들이 신앙생활의 의식적인 목표로 삼는 것은, 양극의 요소들을 화해시켜 전인적인 인간이 되기보다 한쪽으로 치우쳐서 '완전한' 사람이 되는 것이다. 그러나 이는 인간의 어두운 면을 그냥 내버려둔 것일 뿐이다. 그때 사람은 무의식 속에서 계속 양극적 요소들의 갈등을 겪게 된다. 심리학적 의미에서 우리는 아직 구원받지 못한 상태에 있다고 단언할 수 있다.

심리학적으로 보면, 그리스도가 역사 속에 오신 것은, 인간 안에 있는 양극의 요소들을 역설적인 방법으로 하나 되게 하여 인간의 완전성을 회복시킬 수 있는 화해의 중심점이 나타난 것과 부합된다. 신학적인 그리고 역사적인 의미에서 예수 그리스도가 인간의 구원을 가능케 하였다고 하는 것은, 인간의 내부에 그리스도적인 중심점이 있다고 보는 심리학의 입장과 유사하다. 그리스도적인 중심을 체험하면 바울과 같이 죄에서 해방되고 내면적인 조화를 이루게 되며, 하나님과 하나 되는 것을 느낄 수 있게 된다. 이런 역설은 그 당시에 사람들이 이해하기 어려운 것이었다. 특히 사람들은 도덕적으로 애매모호한 면을 인간의 전체성을 표현하는 데 포함시키는 것을 용납지 않았으며, 양극 사이의 갈등이 신인(神人)이요 화해자인 그리스도에 의해 비합리적으로 해결된다는 것을 받아들일 수 없었다. 결과적으로 심리학적 의미의 완성은 충분히 실현되지 않았고 양극의 갈등은 해소되지 못했다. 후에 기독교인들의 성숙 과정을 살펴보면 양극의 갈등을 이해할 수 있다.

신약성서 후반부의 서신에서도 상반되는 두 요소의 갈등이 확연히 드러난다. 이 점을 볼 때 신약성서도 인간성의 분열에 대해 해결점을 찾지 못하고 있는 것이다. 요한과 베드로의 서신은 "악을 멀리하고 선을 행하며"[19]와 같은 권면의 말로 가득하다. 요한 1서의 저자는 이렇게 쓰고 있다.

> 만일 우리가 죄 없는 사람이라고 말한다면 우리는 자신을 속이는 것이고 진리를 저버리는 것이 됩니다. 그러나 우리가 우리의 죄를 하나님께 고백하면 진실하고 의로우신 하나님께서는 우리의 죄를 용서하시고 우리의 모든 불의를 깨끗이 씻어 주실 것입니다.[20]

---

19 벧전 3:11.
20 요I 1:8-9.

'깨끗케 해주실 것'이라는 말을 주시해 볼 필요가 있다. 이 말은, 악이 더 이상 존재하지 않도록 악을 제거하고 깨끗해져야 한다는 것이다. 그러나 불행하게도 많은 기독교인들은 출발지점으로 다시 되돌아간다. 인간이 깨끗하게 되자마자 악은 다시 나타난다. 인간에게 있는 얼룩은 사라지지 않는다.

그래서 갈등은 더욱더 심화된다. 다시 한번 사악한 대적자를 찾아내려 필사적으로 투쟁한다. 결국 계시록에서 언급한 대로 극한 상황에 이르게 된다. 즉 그리스도는 그리스도 반대자나 사탄과 마주치게 되어 극렬히 싸운다. 이러한 싸움 속에서 그리스도는 구원하고 용서하는 모습이 아닌 무자비한 악의 복수자로 나타난다.

나는 또 하늘이 열려 있는 것을 보았습니다. 거기에는 흰 말이 있었고 '신의'와 '진실'이라는 이름을 가진 분이 그 위에 타고 계셨습니다. 그분은 공정하게 심판하시고 싸우시는 분입니다. 그분의 눈은 불꽃같았고 머리에는 많은 왕관을 썼으며 그분밖에는 아무도 알지 못하는 이름이 적혀 있었습니다. 그분은 피에 젖은 옷을 입으셨고 그분의 이름은 '하나님의 말씀'이라 하였습니다. 그리고 하늘의 군대가 희고 깨끗한 모시옷을 입고 흰 말을 타고 그분을 뒤따르고 있었습니다. 그분도 친히 쇠 지팡이로 모든 나라를 다스리실 것입니다. 그리고 전능하신 하나님의 분노의 포도를 담은 술틀을 밟아서 진노의 포도주를 짜내실 것입니다.[21]

십자가상에서 보여 주었던 구원자로서의 그리스도의 모습은 선

---

21 계 19:11-15.

과 동일시되어 악에 대항하여 싸우는 용서 없는 심판자의 모습으로 바뀌었다. '의로움'으로 분노를 폭발시키는 분으로 바뀌었다. 우리는 한쪽 면에 치중하는 것이 어떠한 결과를 초래하는지를 알고 있다. 그럴 때 인간에게는 여지없이 불행이 닥친다. 오직 14만 4천 명만이 구원을 받고 나머지는 지옥에 떨어진다.

> 이 생명의 책에 그 이름이 올라 있지 않은 사람은 누구나 이 불바다
> 에 던져졌습니다.[22]

깊이 생각하지 않아도, 이제 양극의 갈등은 기독교 전통에서 이전만큼이나 강하게 다시 일어났다는 것을 알 수 있다. 많은 기독교인들은 자신이 저주받을 위험성이 있으며 그들의 구원자가 이제 심판자로 바뀌었다는 것을 깨달았다.

초대교회는 예수의 인간성의 의미에 대해서 줄곧 논쟁을 벌였는데, 그것은 곧 양극의 요소들이 화해할 수 있다는 역설을 이해하기 시작했음을 뜻한다. 공관복음서에 나오는 대로 예수님의 삶을 생각해 본다면, 우리는 거기서 바로 전인적인 인간을 발견할 수 있다. 물론 우리는 공관복음서가 얼마나 믿을 만한 역사적 기록인가를 증명할 수 없으며, 또한 엄격히 말해서, 역사적 예수의 모습을 말할 수도 알 수도 없다. 그런데도 우리는 복음서의 기록들을 볼 수 있으며, 그것은 적어도 몇몇 사람들이 예수에게서 받은 인상이었다고 말할 수 있을 것이다. 복음서에서 우리는 다음과 같은 사실을 알 수

---

22 계 20:15.

있다. 즉 그리스도는 마구간에서 평범한 촌부의 아들로 태어났다. 여느 사람처럼 그 역시 유혹을 받았고 이 때문에 사탄에 대항하여 싸워야 했다. 그는 화를 내기도 했고 서기관과 바리새인들의 위선을 보고 분을 터뜨렸으며 성전에서 돈 바꾸는 사람들을 쫓아냈다. 또한 겟세마네 동산에서 두려움을 극복하고자 혼신의 노력을 다했다. 그는 죄인들과 함께 먹고 마시고 그들과 사귀었으며 "음식을 탐하고 마시기를 즐기는 자"[23]라는 말을 들었다. 요컨대 그의 인간성은 우리의 인간성과 똑같이 현실적이었다.

예수님이 인간 본성을 모두 갖추었다는 사실이 처음에는 옹호되다가 초대교회의 가르침에서는 모호해지거나 잊혀졌다. 교부들은 신인(神人)에 대한 메시지의 본질을 파괴하려는 이단자들과 대항해 왔다. 이단자들이란 예컨대 영(靈)과 육(肉)의 실체를 인정하면서도 그들을 서로 아무 관련이 없는 전적으로 분리된 것으로 생각했던 그노시스교도들을 말한다. 그들은 인간의 감각적이고 세속적이며 육적인 면은 악마에게 속하는 것이라고 믿었다. 따라서 하나님이 인간이 될 수 있다는 것은 생각할 수도 없는 일이었다. 따라서 '~처럼 보이다'란 뜻을 가진 헬라어 도케인(dokein)에서 유래된 가현설(Docetism)이 생겼고, 그 가현설은 그리스도는 그저 인간으로 보일 뿐이라고 가르쳤다. 그리스도는 인간의 역할을 담당하여 마치 자기가 고통을 당하여 죽은 것처럼 행동하였다. 그러나 실제로 그분은 인간이 아니라 하나님이었으며 따라서 그리스도는 육적인 불완전성에 속할 수 없다는 것이었다. 초대교회는 용감하게 이와 같

---

23 마 11-19.

은 이단에 대항했으며 그리스도 안에서 하나님과 인간이, 그리고 영적인 것과 육적인 것이 하나가 되었다는 기독교의 역설적인 교리를 지켜 나갔다.

한편으로는 양자론을 주장하는 자들도 있었다. 그들은 예수님이 하나님의 능력을 가지고 있고, 하나님에 대한 사랑으로 하나님과 하나가 된 특별한 사람이지만, 본질적으로는 하나님과 똑같지는 않다고 가르쳤다. 이 교리에 따르면 그리스도는 본질적으로 단지 사람에 불과했다.

이 같은 교리는 니케아 신조와 같은 가톨릭 교리와는 달리 일반 신도가 이해하기 쉽다는 장점을 지니기도 했다. 이 교리가 그 당시 사람들을 혹하게 했을지는 모르지만 신학적으로나 심리학적인 관점에서 보면 대단히 잘못된 것이다. 왜냐하면 그것은 완전한 인간에 대한 신비, 곧 풍부한 삶에서는 인간적인 것과 초월적인 것 둘 다 나타난다는 사실을 도외시했기 때문이다. 따라서 교회가 이러한 이단을 거부한 것은 다행스러운 일이다. 교부들이 온갖 인내와 슬기로 기독교의 본질을 지켜나갔다.

그러나 불행하게도 교회가 이 역설적 진리를 지키지 못한 적도 있었다. 교부들은 그리스도가 하나님이며 사람이라는 교리를 지켜 나가길 원했다. 그러나 그들은 인간의 불완전함이 예수님에게도 있다고 생각할 수 없었다. 그래서 복음서에서는 인간인 그리스도의 모습이 불명료하게 나타나 있거나 점차 한쪽으로 치우친 의로움만 강조되었다. 그리스도는 선하시고 죄 없는 완전한 사람이 되었다. 그런데 실재의 인간은 온갖 죄와 악의 덩어리처럼 보였다. 따라서 인간의 어둡고 본능적이며 또한 육적인 면은 하나님과의 관계에서 제외되었으며, 그래서 심리학적으로는 교부들이 신학적으로 반박한 영지주의(그노시스의 교리)의 희생물이 되고 말았다. 육체와, 육체로부터 솟아나는 감정과 욕망은 기독교인의 목표로서 내세우는 인간성에서 제외되었다. 교회는 진노, 열정, 세속적인 사랑, 성적 욕구 등의 인간성을 부정했다. 하나님과 관계를 맺는 것은 몸이 아니라 영혼이라고 주장했다.[24]

인간의 육체적 본성을 왜 이렇게 다루었는지는 당시 시대상황을 통해 이해할 수 있다. 기독교는 극히 방탕한 시기에 생겨났다. 그래서 불확실하게 주어진 기독교적 양심과 영적 시야는 그 시대를 지배했던 타락성에 쉽게 물들었다. 초대교회는 인간의 육체를 거부할 때에만 영혼을 구원할 수 있다고 생각했기 때문에 영과 육은 화해할 수 없었다. 이와 같은 이유로, 교부들의 글이 비록 재기가 넘치기는 하지만, 복음서에 나타난 예수님의 모습에서 느낄 수 있는 전인성과 인간적인 따스함을 느낄 수 없다.

기독교 역사에서 그리스도와 그의 인간성, 그리고 구원의 본질을 교회가 어떻게 가르쳤는가를 추적해 보는 것은 흥미로운 일이다. 중세의 교회는 율법으로 구원에 이를 수 있다고 가르쳤다. 즉 특별한 행위나 성례전을 통해 인간의 죄를 제거할 수 있다고 생각했다. 종교개혁 시대에 마틴 루터는 예수 그리스도가 화해의 중심

---

24 많은 다른 것 중에서 특히 빛나는 예는 아우구스티누스의 저서 중 첫째 권에 있는 그의 158번째 편지에 나온다. Eerdmans series, *The Ante-Nicene Fathers*, 510.

이라는 바울의 체험을 재생하려 했다. 그러나 이러한 해결은 다시 청교도주의와 칼뱅의 완고한 도덕주의로 빠져 인간 내부에서는 더욱 극심한 대립이 생겼다.

인간 안에 내재해 있는 양극 사이의 오래된 갈등은 어떤 결말로 치달을까? 세상을 일별해서 보면 인간이란 완전하지 않다는 것을 알게 되며, 인간의 무의식의 세계를 깊이 들여다보면 어느 누구에게서나 양극적인 면이 계속 갈등을 일으키고 있는 것을 깨닫게 된다. '찬란히 빛나는 돌'이라고 융이 표현한 것처럼 성육신과 십자가에 대해서 우리는 아직도 경건한 두려움을 가지고 있다. 그러나 우리는 무의식 속에 있는 이 경건한 두려움에 상응하는 화해의 상징과 교신하지 못하기 때문에 경건한 생각으로도 좀처럼 내면의 삶이 바뀌지 않는 것이다. 기독교라는 나무가 뿌리째 뽑혀 유리관 속에 보존되어 있다면 우리는 그 나무의 차가운 아름다움을 볼 수는 있으나 그 나무의 생동감을 느끼지 못할 것이다. 왜냐하면 기독교라는 나무의 뿌리가 영혼의 흙 속에 뿌리박고 있지 못하기 때문이다.

우리 시대의 종교적 과제는 이 기독교라는 나무를 살아 있는 본질을 가진 인간 내면에 뿌리내리게 하는 일이다. 그럴 때 우리는 그리스도가 생명을 주신다는 상징적인 의미를 깨닫고, 완성에 대한 희망을 가지고 살 수 있다. 신비롭고 놀라운 방법으로 나타나는 꿈은 우리 삶의 과정을 반영하며, 따라서 우리는 꿈을 통해 그리스도와 같은 조화의 상징, 즉 전체성의 의미를 깨닫게 된다.

3

양극의 갈등은 여전히 해결되지 못하고 있다. 나는 이 문제를 기독교인들의 문제라 부른 적이 있다. 전(全)기독교 문화는 이 문제로 고통 받고 있다.

도리스의 경우는 그녀의 부모를 통해서 갈등을 처음으로 경험했다. 그녀의 부모는 기독교인으로서, 선하고 도덕적이라고 여겨지는 것만 인정했다.

한쪽으로 치우친 생각 때문에 그들은 자기 자신 안에 있는 인간적인 면을 외면하고, 민감한 시기의 딸을 심리적으로 괴롭힌 것이다. 그들은 5일 동안 딸을 사람들로부터 격리시켜 악의 손에 넘겨주고도 이를 정당하다고 생각했다. 계시록의 심판자처럼 사랑이 심판으로 바뀌었다. 부모는 악을 제거하려고 했지만, 도리스는 오히려 그 악의 희생물이 되었던 것이다.

도리스는 또한 자신의 전체성을 찾으려고 했을 때 그와 똑같은 문제에 부딪히게 되었다. 그러나 마음에 있는 집단적 양심의 요구를 줄여 나가고, 마음에 있는 '악마'와 적극적으로 대결하는 법을 알았다 할지라도, 의식의 표면 아래 잠적해 있는 양극적인 요소들은 좀처럼 쉽게 처리할 수가 없었다. 양극의 요소는 화해될 수 없는 것처럼 보였다. 그러나 그녀가 그렇게 바라던 일체성을 얻기 위해서는 빛과 어둠의 화해가 그녀 내부에서 일어나야만 했다. 도리스의 이러한 실제적이고 인간적인 상황은 앞서 논의했던 종교사와 직접적으로 연관되어 있다.

그렇다면 꿈이 이러한 문제에 대해서 어떻게 말하고 있는지 알아보자. 여기서 우리는 자신 안에 양극의 갈등으로 몹시 괴로워하고 있는 어느 한 사람의 세 가지 꿈을 살펴보기로 한다. 도리스와 마찬가지로 그 또한 과민한 양심을 지닌 사람이다. 그는 자기 자신이 아주 선하다고 생각하고 있다. 따라서 그는 마치 깨닫지 못한 어두운 느낌과 감정의 공격에 희생물이 되었다. 그 결과 그의 내부에는 심한 분열이 일어났으며 마침내 그 문제를 해결하기 위해서 자기 꿈을 연구하게 되었다. 그의 첫 번째 꿈은 다음과 같다.

꿈에 제 나이 또래의 한 남자가 나타났습니다. 그는 저를 미워했습니다. 저는 그를 만나자마자 심하게 다투었습니다. 한참 씨름하고 있는데 옆으로 불타는 자동차가 떨어지고 있었습니다. 차 안에 탄 사람이 저와 싸우던 사람을 불렀습니다. 그러자 저와 싸우던 남자는 차 안에 탄 늙은 남자와 함께 가버렸습니다. 저는 그들이 떠나는 것을 바라보았습니다. 어느 모르는 남자가 제 옆에 서서 함께 그 광경을 바라보았습니다.

독자들은 그가 꿈에서 자신의 그림자와 씨름했다는 것을 곧 알 수 있을 것이다. 그의 '다른 면'은 그를 이기려는 적대자로 나타났다. 이것은 잘 알려진 주제이다.

그러나 그림자에도 두 가지 유형이 있다. 톰의 경우에[25] 그림자는 개발시키지 않거나 억압했던 그의 삶 속의 어떤 자질을 나타내

---

25 1장을 참조.

는 것이었다. 이것은 톰의 과거에서 비롯된 개인적인 그림자이다. 이 꿈에서는 이러한 개인적인 그림자 외에도 집단무의식의 상징인 원형적 그림자를 생각해 볼 수 있다. 이 원형적 그림자를 우리 삶의 특별한 부분 또는 행위와 관련지을 필요는 없다. 그것은 우리 시대의 정신이 거부하거나 무시해 온 인간 본성 전체를 나타내는 것이다. 이러한 경우에 그림자는 꿈꾼 사람의 만회되지 못한 개인적인 과거를 나타내는 것이 아니라 한쪽으로 치우친 현재의 우리 문화를 나타내는 것이다. 한쪽으로 치우친 문화란, 곧 인간 본성 중 어둡고 오류에 빠지기 쉬운 면을 통합하지 못하고 의도적으로 모든 사람들에게 한쪽 면만을 강요하는 문화를 말한다.

이 꿈을 꾼 사람은 '참된 기독교인'이 되려고 애를 썼다. 그는 자기가 선하고 친절하며 이타적이고 분별력 있고 조용한 성품의 소유자라고 생각했다. 그러나 인간 본성 중에서 완전하게 고귀하고 선한 것은 없다. 그것은 마치 반으로 쪼갠 사과를 '온전한 사과'라고 할 수 없는 것과 같다. 모든 사람의 마음에는 정반대의 성향들이 있는데 그것은 무의식의 상태로 남아 있으며, 그 사람의 내부에서 또 다른 인간이 된다. 꿈에 등장한 '제 나이 또래의 남자'는, 지속적이고 자기본위적인 인간이고, 합리적 인간이 아닌 비합리적 인간이며, 영적인 인간이 아니라 육적인 인간이다.

우리 자신의 이러한 다른 면, 즉 마음에 있는 분리된 면을 어떻게 다룰 것인가? 분리된 그림자를 제멋대로 활동하도록 내버려 두어선 안 된다. 욕망이나 잔인한 행위, 또는 이기주의에 빠진다면 아무것도 통합하지 못한다. 그것은 단지 다른 긍정적인 면을 억누를 뿐이다. 그림자에게 특권을 주는 것처럼 위험한 일도 없다. 문제는 통합이다. 우리의 선한 면과 화해가 이루어지면 인간의 열등한 본성에 도움의 손길을 뻗쳐 둘을 통합시킬 수 있다.

따라서 통합은 '둘 중의 하나'(either-or)가 아니라 '둘 다'(both-and)의 문제이다. 이전에 가지고 있던 도덕적 가치를 버리고 그림자를 택할 수는 없다. 왜냐하면 전통적인 도덕에는 전인격을 이루는 훌륭한 가치가 내포되어 있기 때문이다.

꿈에서 불안하게 싸우는 것도 바로 이 때문이다. 그의 그림자가 그를 압도하지 못하도록 한 것은, 그때 그의 자아의식이 약해져서 그림자에게 굴복하려 했기 때문이다. 굴복 역시 다른 방향으로 치우친 것이다. 자아와 그림자의 긴장은 일치점을 찾을 때, 즉 자아와 그림자의 가치가 둘 다 똑같이 의식 속에 표현될 때까지 계속된다.

융은 집단적 그림자를 일컬어 '90% 순금'이라 했다. 자신의 그림자와 접촉이 없을 때, 우리는 독선적이고 생명력이 없고 인간에 대해 제대로 이해하지 못하며, 또한 성격적으로 냉랭해진다. 또한 다른 사람과 살아 있는 관계를 맺지 못하며 고립된 상태에서 순진한 바보가 되고, 무의식적으로 가공할 만한 잔인성을 드러내기도 한다. 자신을 의인이라고 생각하고 있는 청교도들에게서 그러한 예를 찾아볼 수 있다. 세계사를 보면 자기를 선하고 의롭다고 생각하여 잔혹행위를 저질렀던 사람들이 많다. 유명한 탕자의 비유에서 형이 탕자인 동생을 인정해야 했듯이, 만약 우리가 인간적이고 융통성 있고 용서하는 마음을 가지려고 한다면 자신의 그림자를 인정하고 받아들여야 할 것이다.

꿈꾸는 사람의 그림자도 자신의 맡은 바를 다해야겠지만, 만약 자아와 그림자가 서로 대적한다면 문제는 분명히 해결되지 않을 것이다.

그런데 그림자를 불타는 차에 태우고 가버린 그 노인은 무엇을 의미하는가? '불타는 차'는 엘리야를 하늘로 데리고 간 불타는 마차와 아브라함에게 내린 불타는 화로[26]를 연상시킨다. 불은 폭발적인 감정이요 힘이다. 그리고 그것은 화학적으로 본질을 변화시키는 역할을 하며, 활성이 없는 물질에서 에너지를 방출하여 빛과 열의 형태로 만든다. 심리학에도 마찬가지로 에너지, 즉 근본적인 정신력이 있다. 정신의 불은 알지 못하는 방법을 통해 자율적인 혼 또는 불로 변화되는 신체의 생화학적 생기에서 비롯된다. 그것은 파괴적인 불이 되어 자아를 흥분시켜 격정적인 행위를 하게 하든가, 자아가 감당치 못할 에너지로 자아를 태워 버릴 수도 있다. 또한 이 불은 창조적인 불이 될 수도 있다. 자아에 창조의 바탕과 영감을 불어넣어 위대한 사람으로 승화될 수 있는 것이다.

이러한 관점에서 보면, 파괴적인 불은 악마의 불이고 창조적인 불은 성령의 불이다. 성서에서는 불이 하나님에 대한 상징으로 나타난다. 하나님은 모세에게 말씀하실 때와 이스라엘 민족을 이끄실 때 불을 통해서 역사하셨으며, 야훼의 날에 있을 심판도 불을 통해서 하시려 한다. 또한 사도들이 영감을 받은 것도 불의 혀를 통해서였다. 심리학적으로 우리는 근본적이고 정신적인 에너지인 불과 창조적으로 만날 때 하나님을 알게 되는 것이다. 우리가 이 불을 받아

---

26 창 15:17 ff.

들일 수 있다면 성령을 체험하게 되며, 그렇지 않으면 불타는 지옥에 빠지게 된다. 왜냐하면 악마 역시 자신의 불을 가지고 있기 때문이다.

차에 탄 사람은 이 불과 관계가 있다. 그는 불을 조절할 수 있고 특별한 목적에 사용할 수 있다. 우리는 그가 자아 또는 전인(total man)이라고 추측할 수 있다. 그림자는 이 전인에게서 나와 꿈꾸는 사람으로 하여금 싸우게 하는 것이다. 그림자와 자아는 항상 밀접하게 연결되어 있는데 그것은 야곱이 하나님과 씨름한 이야기에서도 발견할 수 있다.

그런데 싸우는 와중에 꿈꾸는 사람 옆에 말없이 서 있던 낯선 사람은 누구인가? 꿈꾸는 사람은 거의 그를 개의치 않았다. 그 낯선 사람 역시 아무 말도 하지 않았다. 그는 아마도 불타는 자동차에 탔던 사람과 관계가 있는 듯하다. 꿈꾸는 사람이 싸움을 받아들였기 때문에 그 자신 속에 자아가 아닌 자아를 초월한 낯선 사람을 가지게 된 것이다. 그 꿈은 고무적인 상태에서 끝났다.

그러나 근본적으로 그 꿈은 거의 해결될 기미가 없는 양극적인 요소들의 치열한 갈등을 보여준다. 어떻게 선과 악, 이기주의와 이타주의, 그리고 본능과 도덕성이 조화될 수 있을까? 어떻게 여성과 남성이 보다 나은 전체로 통합될 수 있는가? 어떻게 육적인 인간이 영적인 인간과 화해할 수 있는가? 싸움이 그렇게 격렬했는데 결판이 나지 않다니!

꿈꾼 사람은 통찰력이 있었으므로 꿈에서 일어난 일의 의미를 알고 있었다. 여러 달에 걸쳐 이 상반되는 요소들을 진지하게 추적한 끝에 그는 다음과 같은 꿈을 꾸었다.

북부인과 남부인 간에 싸움이 벌어졌다. 양쪽의 대표자들이 협상하기 위해 만났습니다. 거기에 버지니아 사람들이 있었습니다. 그들은 매우 잔인했으며 총을 가지고 있었습니다. 저는 그들 곁에서 어슬렁거리고 있었지만 싸우지는 않았습니다. 그들의 지도자인 한 젊은이가 우리를 지하의 넓은 공간으로 안내했습니다. 여기서 그들은 지옥의 무리들처럼 대대적인 시위를 벌였습니다. 그것은 마치 멋들어진 독창과 합창이 어우러진 거대한 오페라와도 같았습니다. 그들의 지도자는 에롤 플린(Errol Flynn)과 약간 비슷했습니다. 그들은 자신들이 막강한 힘을 가지고 있어서 반드시 승리할 것이라고 확신하고 있는 것 같았습니다. 시위가 끝날 때쯤 역시 청년인 저는 그들을 만나러 조용하게, 좀 수줍어하면서 내려갔습니다. 저는 악마들의 지도자에게 손에 든 카드 비슷한 것을 보였습니다. 그 지도자는 그것을 들여다보자 기절할 듯이 놀라는 기색을 하였으며 패배를 시인했습니다.

꿈꾼 사람은 남북전쟁 당시 학생이었다. 그는 그 전쟁을 화해될 수 없으며, 몹시 치유하기 힘든 분열로, 그리고 무자비하고 두려운 싸움으로 생각하였다. 그는 에롤 플린을, 고도의 기독교적 양심을 가진 그와는 아주 대조적으로 부도덕한 사람으로 받아들였다. 꿈꾼 사람은 자기 손에 들고 있었던 것이 무엇인지 잘 몰랐다. 그는 꿈에서 그것이 무엇인지를 알고 있었고, 또 누군가에게서 그것을 받았다는 것을 알고 있었던 것 같은데 잠에서 깨어나자 그것이 무엇인지 알 수 없었다.

　그 꿈은 양극적 요소들의 문제를 인격 내부의 남북전쟁, 즉 남부인과 북부인 간의 불화를 보여 주는 것으로 시작된다. 이 꿈의 주제는 이전의 꿈에서 나타난 바 있으나, 이번 꿈에서는 화해의 여지가 있다. 왜냐하면 각 집단의 대표자들이 협상을 시작하고 있기 때문이다. 즉 양쪽은 타협하기 위해 조금씩 양보할 준비가 되어 있는 것이다. 이제 꿈꾼 사람 자신은 북군의 지도자로 나타난다. 남군의 지도자는 자신의 그림자이다. 꿈꾼 사람은 북쪽에서 태어나 자랐다. 그러나 그의 어머니는 원래 남쪽 출신이었다. 그래서 남쪽이 곧 그에게는 고향과 같은 곳이었다. 이것은 꿈꾼 사람의 그림자와 사랑, 본능, 정열을 의미하는 '어머니 세계'와의 관계를 암시한다. 그 어둠의 아들이 나타나자 사태는 걷잡을 수 없는 것 같았다. 이전의 꿈에 나타났던 적대자처럼 그는, 꿈꾼 사람의 마음에 도덕적인 것과는 반대되는 모든 것, 즉 비도덕성, 악마적인 기질, 반역적인 기질 등을 나타낸다. 그는 증오와 탐욕을 알고 악을 행할 수도 있다.

　그러나 꿈이 끝날 때쯤 되어서 꿈꾼 사람은 사탄의 아들에게 나아가서 손에 든 무엇인가를 보여 주었다. 이를 본 사탄의 아들[27]은 깜짝 놀랐다. 그것은 아주 단순한 것을 암시하지만 무의식 속에 있는 적대자를 놀라게 했다. 즉 어둠의 지도자로 하여금 패배를 인정하도록 만들었다. 꿈꾼 사람이 무엇을 가지고 있었기에 그런 기적 같은 일이 일어났는가? 그것 때문에 그는 어둠의 군대와 협상을 벌

---

27 꿈에 나오는 두 주역이 아들의 모습으로 나타난다는 사실은 꿈꾸는 사람에게 탕자의 비유에 나오는 두 아들을 상기시켰던 것이다.

일 수 있었고, 그들의 정복욕을 포기하게 만들 수 있었다. 그것은 꿈꾼 사람 자신은 가지고 있지만 무엇인지 알지 못하는 비밀스러운 것이다.

'그것'은 인격 속의 어두운 부분을 제압하거나 없애기 위한 것은 아니다. 꿈꾼 사람은 이 어두운 부분과 기꺼이 타협하여 남부도 미합중국의 일부라는 것을 인정하려고 한다. 실제로 남부로 상징되는 다른 면이 설사 악한 점을 지녔다 할지라도 그것을 악하다고 부를 수는 없다. 그것은 단순히 의식과는 다르며 의식과 사이가 나쁠 뿐이다. 인격의 반항적인 힘과 타협하도록 만드는 미지의 그 무엇은 누구나 본래 가지고 있지만 무엇인지 알지 못한다. '그것'은 구원의 상징이자 전인(total man)이며 역설적으로 결합된 전인격이다.

그러나 이러한 통합을 가능케 하는 것이 정확히 무엇인지 꿈꾼 사람은 알 수가 없다. 꿈꾼 사람은 그것을 지니고 있지만 그것은 아직도 미지의 것인 채로 대체로 그의 무의식에 가까이 있는 것이다. 그래서 그는 몇 달 동안 이따금 우울증에 빠지곤 했다. 그러던 어느 날 다음과 같은 놀라운 꿈을 꾸었다.

우리들은 매우 애쓰고 있었습니다. 우리는 무엇인가를 자꾸 해보려고 했습니다. 내 아내가 깊이 잠들었는데도 이른 아침까지 저는 일에 매달려 있었습니다. 그 일은 쇠 조각을 다루는 일이었다. 그때 강한 절망감이 엄습해 왔습니다. 저는 무엇인가를 조립하려 했습니다. 마침내 저의 손은 쇠로 된 입방체 모양 위에 놓여 있고 그때 매우 놀라울 도로 쇠 조각이 이상하게 움직이기 시작했습니다. 그것은 마치 살아 있는 것처럼 보였는데, 자석처럼 물건을 끌어 당겼습니다. 저는 몹시 놀라서 아내를 불렀습니다. 정말이지 소스라치게 놀랐습니다. 그것은 이상하기도 했고 무섭기도 했습니다. 놀랍고, 기이하고, 두려운 일이었습니다. 무서웠습니다.

꿈에서 나타난 좌절감은 꿈꾼 사람의 실제적인 감정을 반영한 것이었다. 그가 참고 기다렸음에도 불구하고 성공의 기미가 거의 없었던 것이다. 꿈꾼 사람은 자석을 제외하고 개인 생활에서 그 쇠조각과 비슷한 것을 기억할 수 없었다. 이 꿈은 그에게 깊은 인상을 주었으며 그를 우울증에서 건져 주었다.

그 꿈은 시시한 금속들을 변형시켜 금이나 혹은 다른 훌륭한 물체로 바꾸려는 연금술과 흡사하다. 이 연금술 과정의 최종적인 목적은 '철학자의 돌'을 발견하는 것이었다. 융은, 연금술사가 물질을 가지고 화학실험을 하는 과정을 정신의 무의식적 변화로 이해할 수 있다고 말했다.[28] 연금술사들이 찾으려 했던 금이나 놀라운 금속은 심리학적으로 보면 다름 아닌 자기(self) 또는 전인(whole man)이다. 융에 따르면, 연금술 과정은 인간 본성 안에 있는 상반되는 두 면, 즉 선(善)과 악(惡)을 통합시키려는 시도를 상징한다.

위에서 말한 꿈과 연금술의 심리학적인 의미는 상당히 일치하는 점이 있다. 꿈꾸는 사람은 자신 속에 있는 양극의 요소들을 서로 연관시키려고 하면서 자기도 모르게 심리학적인 연금술사가 된 것이다. 그렇다고 그가 연금술에 대해 생각한 것은 아니다. 사실 그는

---

28 C. G. Jung, *Psychology and Alchemy*.

연금술에 대해서는 전혀 몰랐고 단지 치료방법을 찾고 있었을 뿐이다. 우물을 찾으려고 땅을 팠던 사람이 물 대신에 석유를 발견하여 뜻하지 않게 유전의 주인이 된 것과 같이 꿈꾼 사람은 자신의 내부에 들어가서, 수백 년 전에 연금술사들이 무의식적으로 행했던 심리적인 작업을 뜻하지 않게 수행했다.

꿈꾼 사람이 손에 쥐고 있었던 이 금속 조각은 연금술의 상징을 알고 있는 집단무의식의 창고를 통해서 이해할 수 있다. 연금술사들은 그 금속을 '살아 있는 것', 즉 영적 생명이 스며들어 있는 본체라 일컬었다. 연금술의 목적은 그 금속을 발견하는 것이다. 그 금속의 발견을 위해 연금술이 시작되었고, 만일 그 물질을 만들 수 있다면 연금술은 완성되는 것이다. 이러한 상징적 의미가 꿈에서는 입방체인 금속의 모양 때문에 한층 더 커진다. 입방체는 모든 변의 길이가 같고 양극끼리 끌어당기는 자성이 있으므로 총체성을 상징한다.

우리는 또한 기독교 전통에서 이러한 상징과 비슷한 예를 찾아볼 수 있다. 성서는 그리스도를 여러 번이나 '살아 있는 돌'(living stone)로 묘사했다. 베드로전서에 이렇게 기록되어 있다.

주님께로 가까이 오십시오. 그분은 살아 있는 돌입니다. 사람들에게는 버림을 받았지만 하나님께는 선택을 받은 귀한 돌입니다.[29]

바울은 광야에서 이스라엘 사람들에 대해 다음과 같은 편지를

---

29 벧전 2:4.

쓰고 있다.

> 그들은 또 똑같은 영적 음료를 마셨습니다. 그들의 동반자인 영적
> 바위에서 나오는 물을 마셨다는 말입니다.[30]

물론 아우구스티누스(Augustine)도 다음과 같이 말하고 있다.

> 우리는 놀라운 방법으로 쇠를 끌어당기는 자석을 알고 있다. 나는
> 그것을 처음 보았을 때 떨렸다.[31]

    꿈꾼 사람은 그가 직면한 사건의 놀랍고도 두려운 특성에 대해
이와 똑같은 느낌을 받았다. 성찬식에서도 이와 똑같은 상징을 발
견하게 된다. 물질과 영혼이라는 양극의 요소들이 빵과 포도주라는
실체 안에서 하나가 된다. 육적이고 세속적인 본질에 그리스도의
영적인 실체가 더해진다. 즉 하나의 상징을 통해 양극의 요소들이
결합한다. 마치 자석 속에 살아 있는 영혼이 있는 것처럼 성체(聖
體)의 본질 속에 살아 계신 성령이 있다. 우리가 꾸는 꿈과 연금술
이 그렇듯이 성찬식 또한 하나님과 인간의 일이므로 인간의 노력과
집중을 필요로 한다. 사실 '예배'(liturgy)란 말 자체는 '인간의 일'
(work of the people)을 의미하는 것이다.
    꿈에 등장한 살아 있는 금속은 연금술의 상징, 성서적인 어떤 상

---

30 고전 10:4.
31 St. Augustine, *De Civitate Dei*, Bk. XXI, 5장 4절.

(像)들과 유사하다. 심리학적으로 보면, 그것은 꿈꾼 사람이 자신의 정신적 구심점을 향하여 가는 것과 같다. 즉 정신적 구심점은 그가 개념적으로 접근하여 이해할 수 있는 것으로, 말하자면 그의 손에 쥘 수 있는 것이다.

정신적 구심점에 대한 상징으로서의 자석은, 이 꿈이 꿈꾼 사람에게 미치는 영향에 대해 설명해 준다. 꿈꾼 사람은 이 꿈을 무섭고 놀랍다고 회상한다. 그 감정은 오랫동안 계속된다. 놀라움, 두려움, 경외의 감정은 종교적 감정 같은 것이다. 오토(Rudolf Otto)가 그의 책『거룩의 개념』(The Idea of the Holy)에서 쓴 대로 그러한 감정들은 종교적 체험을 특징지어 주는 신성한 감정이다. 성서에는 야곱의 꿈, 아브라함이 주의 천사들과 만난 것, 모세가 불타는 가시떨기에서 하나님과 만난 것, 에스겔이 환상을 보고 칠일 동안이나 정신을 잃은 일, 이사야 예레미야의 소명 등 경이롭고 두려운 종교적 체험을 기록한 대목이 많다. 신약에서는 변화산상의 체험, 바울의 다마스커스 도상에서의 환상 체험 등이 그것이다.

우리는 무의식적인 부분을 직면할 때 두려움을 느끼게 된다. 예컨대 원형이나 자아를 상징하는 것과 대면할 때 그러한 느낌을 갖게 된다. 일상에서 만나는 사람이나 사물에서 원형적 특성을 발견할 때도 똑같은 느낌을 갖게 된다. 얼마 동안 나에게 상담을 하러 왔던 한 여성이 있다. 그녀는 사무실에 들어올 때 마음이 떨리는 것이 꼭 사무실 공기에 전기가 흐르는 것 같다고 말했다. 그녀의 정신 속에 두려운(numinous) 힘 또는 그러한 전기가 있는 것이다. 상담 중에 자아(self)가 나타날 때마다 그녀는 나와 그녀 사이에서 이러한 힘이 일어난다고 느꼈다. 상담자와 내담자가 자아에 대한 투사로서 이 두려움의 종교적 이미지를 의식하지 못할 때 그것을 성적 욕구로 받아들일 수도 있다. 그러나 우리가 체험의 능력 그리고 체험과 관계된 환상이란 자아의 에너지이며, 그것은 양극의 요소들이 결합할 때 방출된다는 것을 이해한다면 그러한 체험을 통해 하나님에게 더 가까이 접근해 갈 수 있을 것이다. 꿈꾼 사람이 자석에 대해서 느꼈던 두려운 감정은, 자석과 정신적 구심점 간의 상징적인 관계를 다룰 때 지적되는 종교적 체험의 가능성을 보여준다.

20세기에 사는 현대인의 꿈에서 그리스도와 같은 화해의 상징이 살아 있는 금속으로 형상화된다는 것을 독자들은 이상하게 생각할지도 모른다. 그러나 나는 그리스도가 항상 지금의 우리들처럼 사실적으로 말씀하시지는 않았다는 것을 생각한다. 앞서 지적했듯이 성서에서 그리스도는 '살아 있는 돌', 또는 '활활 타오르는 불',[32] 희생양,[33] 생명의 빵과 물,[34] 문 혹은 길,[35] 밤중의 도둑,[36] 십자가 위에 있는 뱀[37] 등 여러 가지 이미지에 비유된다. 초대교회에서는 그리스도를 물고기, 호랑이, 독수리, 양, 해, 불사조로 불렀지만 그것들은 그분에 대한 몇 개의 상징에 불과하다. 근세에 이르러 우리

---

32 히 12:29. 또한 외경에 나오는 예수님의 말씀을 보면 "불 가까이에 계신 분은 내 가까이에 있다"라고 한다. 도마복음서 참조.
33 계 5:6 ff.
34 요 4:14; 6:35.
35 요 14:6.
36 살전 5:2.
37 요 3:14.

는 미지의 영적인 실체에 보다 가까이 접근할 수 있는 능력과 그 상징을 잃어 버렸다. 그러나 꿈은 계속해서 그러한 이미지를 통해 말하고 있다.

그러한 이미지 속에서 인격의 핵심을 살펴보는 것을 불합리하다고 말할 수는 없다. 분명히 무의식의 작용은 생소하며 그러한 작용을 묘사하는 데 사용되는 상징 또한 생소할 때가 있다. 그러나 상징이나 이미지가 아닌 그 밖의 어떤 방법으로 인격의 핵심을 보여 줄 수 있겠는가? 꿈에 나타난, 자력을 가진 살아 있는 금속이라는 이미지 말고 어떤 다른 이미지로 양극의 두 요소들을 일치시키는 균형 잡힌 힘을 가장 잘 표현할 수 있을까? 똑같은 면을 가지고 있는 입방체의 이미지로 우리는 전체성(totality)의 개념을 표현했다. 또한 자석이라는 이미지를 통해 인격 안에 있는 다양한 것들을 하나 되게 끌어당기는 힘에 대해 생각했다. 물질적인 실제 안에 있는 살아 있는 것의 영상은 인간 존재가 '유령과 같은' 실체임을 알게 해준다. 인간의 육적인 몸과 두뇌는 영적 삶과 더불어 맥박 친다. 얼핏 보면 꿈은 인간 실체와 무관한 상징처럼 보이지만, 숙고해 보면 인간이라는 역설적인 실체를 더 단순하게 표현해 줄 상징을 상상한다는 것은 어려운 일이다.

이러한 꿈의 내적 진행을 추적해 가는 것은 쉽다. 우선 상반되는 두 면의 피할 수 없는 분열과 어느 한편의 패권을 장악하기 위한 격렬한 투쟁이 일어난다. 이때 바로 희망, 즉 협상이 이루어질 가능성이 보이지만 '악마'는 계속 반란을 일으키려고 한다. 그런데 이때 꿈꾼 사람은 무엇인가를 손에 쥐고 있었다. '이것' 때문에 악인이 놀라는데, 이로써 손에 쥐고 있던 것이 내적 상황을 완전히 변화시키리라는 것을 알게 된다. 세 번째 꿈에서는 꿈꾼 사람이 손에 쥐고 있는 것이 무엇인지를 깨닫는다. 즉 그것은 신비스러운 목표, 자성을 띤 쇠붙이, 인격을 화해시키고 통일시키며 전인의 가능성을 제공해 주는 인격의 구심점이다. 그것은 그리스도가 하나님이며 인간이라는 신학적 개념에 일치하는 심리학적 실체이다.

이 꿈들은 내적 활동의 본질을 보여준다. 인간의 내적 활동에는 의식과 무의식 모두 필요하다. 자아는 혹심한 내적 갈등을 겪어야 하며, 큰 위험에 용감히 맞서야 하며, 인내심을 발휘하여 불안을 극복해야 한다. 그러나 마지막 해결책은 인간의 힘으로는 불가능하다. 하나님으로부터 선물로 주어진다. 기적적인 금속은 의식에 의해 형성된 것이 아니라 다만 무의식의 심층에서 온 선물이다. 그래서 꿈은 인간의 한쪽으로 치우친 태도를 보완해 주며, 기독교인의 체험에서 겪을 수 있는 내적 해방과 화해를 경험하도록 해준다.

이 장(章)의 결론을 말하자면 다음과 같다.

양극의 갈등은 인간의 가장 오래된 문제이다. 이는 심리학과 종교 양쪽의 문제이기도 하며 성서가 다루고 있는 근본적인 문제 중의 하나이다. 또한 영혼을 다루는 정신과 의사나 목사들이 직면한 오늘날의 문제이기도 하다.

우리는 인간에게 내재해 있는 상반되는 두 면에 관한 문제가 어떻게 현대 기독교인들을 극심하게 괴롭히는가를 살펴보았다. 이것은 추상적이고 철학적인 문제가 아니라, 매일 우리에게 일어나는 일이다. 우리는 성서에서 양극의 갈등을 보았으며, 그리스도의 인격을 통해 해답을 발견했다. 그러나 이 해답이 너무 역설적이기 때문에 이해하기 힘들다. 우리는 아직 그 해답을 받아들일 만한 준비가 되어 있지 못하며 그리스도와 십자가라는 구원의 상징에서 위축감을 느낀다. 무의식은 고도의 보상적 기능을 가지고 있어서 우리에게 그 갈등을 역설적으로 풀어가도록 유도한다. 이것은 치료과정 중에 꾸었던 일련의 세 가지 꿈에서 볼 수 있는데, 자아가 역설적 구심점과 접촉할 때 비로소 화해가 가능해진다.

하나님은 인간존재의 심층에 계신다. 정신이 창조적 활동을 하며 끊임없이 보다 높은 의식과 고도로 진화된 상태로 나아가려는 것도 바로 이 때문이다. 하나님은 최초이자 최상의 창조자이시다. 오늘의 시대에서는 양극적 요소들의 갈등이 절망 상태에 이르렀지만 무의식의 심층에 있는 창조성 때문에 희망을 가질 여지가 있다. 그러나 우리 기독교인들은 하나님의 대변자인 영혼을 거부한다. 꿈은 양극의 요소들의 문제를 밝혀주며 우리를 치유하여 새롭게 하는 비합리적이며 역설적인 면이 우리 인격에 있다는 것을 깨닫도록 해준다. 하나님은 꿈을 통해 말씀하시는데, 우리는 그 꿈을 무시하며, 거부하고, 두려워한다.

우리는, 꿈을 가능케 하는 무의식의 영역은 본질적으로 어둡고 악하다고 생각한다. 그런데 무의식의 영역이 어두운 이유는 우리가 온갖 어두운 것을 무의식의 심층에 쫓아 보냈기 때문이다. 우리는 자신의 부당함을 인정하지 않는다. 즉 무의식으로 하여금 우리 안에 있는 모든 어둠을 흡수하도록 강요하기 때문에 무의식이 어둡다는 것을 알지 못하는 것처럼 우리는 행동한다. 또한 우리는 어리석게도 눈을 감아버리면 그림자의 문제를 피할 수 있다고 믿는다. 우리는 역사의 교훈과 심리치료를 받아들이려고 하지 않는다. 악과 대화하기를 거절한 나머지 악을 무의식으로 몰아낸다. 악을 방종하도록 내버려둠으로써 철저한 악마가 될 능력을 악에게 준다.

여기에 비극이 있다. 우리는 정신의 무의식적인 면을 무시해 왔기 때문에 현재 우리를 극도로 억압하는 문제의 해결점을 찾지 못한다. 꿈이 우리에게 계속 구원의 메시지를 제공해 주는데도 꿈에서 하나님의 음성을 듣지 못한다. 마음에 내재해 있는 상반되는 요소들을 화해시키는 것, 즉 의식과 무의식을 정신적 원리로서 똑같이 받아들이는 것이 기독교인의 근본적인 과제이다.

오래 전 예언자 이사야는 양극의 화해와 더불어 찾아올 평화와 영광을 예언하면서 메시아가 될 하나님의 아들에 대해 다음과 같이 썼다.

늑대가 새끼 양과 어울리고,
표범이 숫염소와 함께 뒹굴며,
새끼사자와 송아지가 함께 풀을 뜯으리니,
어린아이가 그들을 몰고 다니리라.
염소와 곰이 친구가 되어,
그 새끼들이 함께 뒹굴고,
사자가 소처럼 여물을 먹으리라.
젖먹이가 살모사의 굴에서 장난하고,
젖 뗀 어린아이가 독사의 굴에 겁 없이 손을 넣으리라.

나의 거룩한 산 어디를 가나,

서로 헤치거나 죽이는 일이 다시는 없으리라.

바다에 물이 넘실거리듯,

땅에는 야훼를 아는 지식이 차고 넘치리라.[38]

이사야의 예언대로 되는 것은, 그리스도가 인간으로 태어나고, 인간은 다시 완전하게 되어 하나님의 모습을 나타낼 때일 것이다.

---

38 사 11:6-9.

## 9장
## 하나님의 음성

등산가처럼 잠시 쉬면서 지금까지 걸어온 길을 한번 돌아보기로 하자. 우리는 몇 가지 실례를 들어 꿈에 대해 논의하였다. 1장에서는 톰에게 종교 생활에 절대 필요한 자기대면에 이르게 함으로써 견딜 수 없을 것 같은 상황을 극복하도록 꿈이 도와준 사실을 살펴보았다. 2장에서는 마가렛이 어떻게 꿈을 통해 용서라는 어려운 종교적 문제를 해결할 수 있었는가를 설명했다. 3장에서 우리는 공간과 시간을 초월한 차원이 실제로 존재하고 있다는 징후를 꿈을 통해 알게 되었으며, 중요한 예로 죽음을 초월한 삶을 암시한 꿈을 소개했다. 4장에서는 꿈이 살아 있는 영적인 세계와 우리를 다시 연결시키기 위해 오늘날 관습적이고 편파적인 사고를 어떻게 없애려고 하는지를 보았다. 5장에서는 완전하고 전인적인 인간이란 어떠한 것인가 하는 미묘한 문제를 다루었다.

II부에 들어가서 우리는 성서에 나오는 인물들의 종교적인 체험에서 꿈이 주된 역할을 하였다는 데 눈을 돌리고, 이어서 초대교회

생활에서 꿈이 중요한 작용을 하였다는 사실을 주목했다. 그 다음으로 꿈의 일반적 성격과 구조를 논하면서 가장 오래된 인간의 영적 문제 가운데 하나, 즉 전체성을 찾기 위해 자신 내부에 있는 상반되는 것들을 어떻게 다룰 것인지 논의하였다. 여기서 우리는, 꿈이 상반되는 요소들을 역설적으로 결합시키는 정신적 구심점의 존재를 알려준다는 것을 알았다. 또한 이처럼 양극의 것들을 일치시키는 인격의 구심점과 그리스도가 지닌 화해의 특성에 대한 기독교의 이해를 서로 비교해 보았다. 꿈과 종교적 구원은 밀접한 관계가 있으므로, 꿈을 '잊혀진 하나님의 언어'라 불러도 좋을 것 같다.

그러나 꿈과 하나님과의 그토록 긴밀한 관계를 어떻게 상세하게 밝힐 수 있을까? 이 문제는 간단히 해결된다. 즉 꿈은 전체성(wholeness)을 회복할 수 있게 해주는 인간 내부의 정신적 구심점에서 나오는 음성이다. 이 정신적 구심점은 화해를 가능케 하는 그리스도와 같은 특성을 지니고 있다. 이 구심점을 체험한다는 것은 인간의 삶에 있어 가장 고귀한 것이다. 즉 인간들은 그러한 체험을 하나님을 아는 것이라고 말한다.

그러나 꿈과 하나님과의 관계를 이렇게 간단히 공식화할 때 몇 가지 의문이 제기된다. 자기(self)의 활동과 전통적인 기독교 신학의 계통적 설명을 어떻게 더 비교해서 말할 수 있겠는가? 무엇보다도 중요한 것은 꿈이 자아의 소리 또는 우리 안에 있는 하나님의 상(像)이라는 것을 인정한다는 것은, 곧 꿈이 인간 정신의 능력을 초월하는 실체 즉 형이상학적인 하나님을 표현한다고 말하는 것인가?

그러면 한편으로는 자기(self), 정신적 구심점 또는 내재하는 하나님과 다른 한편으로는 모든 인류가 멸망할지라도 계속 살아 있을 실재, 즉 초월적 실체이신 하나님을 가능한 조심스럽게 구별해 보기로 하자.

하나님은 누구인가? 아무도 모른다. 그는 존재이다. 그는 생명이며 존재하는 모든 것의 근거이다. 그러나 스스로 존재하는 그분이 누구인지 아무도 말할 수 없다. 성서에서는 "하나님을 본 사람은 없다"[1]라고 말하고 있지만 신의 존재에 대한 생각은 인간의 역사만큼이나 오래되었으며, 사실상 인간은 항상 스스로 신에 의해 심적인 영향을 받는다고 생각해 왔다. 비록 하나님을 명백하게 증명할 수는 없으나, 의식적으로 꾸민 것이 아닌, 무의식의 근원에서 유래된 하나님에 대한 생각을 우리는 가지고 있다. 융은 이 무의식의 근원을 정신적 구심점으로 설명할 수 있다는 것을 보여 주었다. 그것을 그는 자기(self)라고 부른다. 하나님에 대해 심리학적으로 말하고자 할 때에는, 궁극적인 실체로서의 하나님과 인간 정신 속에 존재하고 있는 자기 또는 하나님의 내적 형상을 세심하게 구별해야 한다.

하나님의 내적 형상은, 하나님이 자신을 세상에 드러내실 때의 하나님의 실제적인 실체와 일치한다는 것을 믿기는 해도 증명할 수는 없다. 불충분하지만 예를 들어 설명하면 이렇다.

우리 교회는 최근에 새로 건축됐다. 건물을 짓기 전에 건축가가 설계도를 작성했다. 건물 설계도를 보면서 사람들은 건물의 모습이

---

1 요 1:18; 요Ⅰ 4:12.

어떨지를 상상할 수 있었을 것이다. 그러나 그 설계도가 정확했을 지라도 그 건물과 똑같지는 않았다. 즉 정신 속에는 '하나님에 대한 설계도'라고 말할 수 있는 것이 있다. 융은 그것을 '자기'(self)라고 부르고 하나님의 내적 형상이라고 설명한다. 우리는 인격의 여러 양상들을 화해시키고 조화시키는 것을 자기의 기능이라고 앞서 언 급한 바 있거니와, 자기(self)는 전체성과 의미의 원형(archetype) 이라 할 수 있다. 자기 또는 인간 안에 있는 하나님 형상이 활동하면 인간의 의식은 하나님을 감지할 수 있다. 정적(靜的)인 건물의 설계 도와는 달리 자기(self)는 활력이 있고 능동적이기 때문이다. 그러 나 자기 또는 내적인 하나님의 형상은 절대적이고 초월적인 의미의 하나님의 모습과 일치하는가? 심리학은 이 질문에 대답할 수가 없다.

융이 심리학자로서 하나님에 대해 말할 때는, 정신에 내재해 있 는 하나님 형상을 말하고 있는 것이다. 그는 형이상학적인 실체에 대해 설명하는 것이 아니다. 인간의 무의식적 정신은 꿈과 그 밖의 정신적 체험을 통해 의식에 전달된 하나님의 형상을 포함하고 있으 며, 또한 그것은 하나님에 대한 생각을 창출한다는 것을 말하고 있 다. 우리가 호수에서 고기를 잡고 있는데, 이 호수의 깊은 곳에는 희귀한 큰 물고기가 살고 있어서, 그것이 물결을 일으키면 우리가 탄 작은 배를 전복시킬 위험이 있다고 가정해 보자. 우리는 물론 이 물고기에 대해 대단한 흥미를 가지고 그 물고기에 관하여 갖가지 생각을 할 것이다. 이와 유사하게 하나님의 형상은 정신 속에 살면 서 작용하여 하나님에 관한 상상을 불러일으키는 것이다. 그래서 인간은 그것을 훨씬 능가하는 실체와 융합하는 것 같은 종교적 체험, 즉 하나님과의 '신비스러운 결합'(*unio mystica*)에 이르게 된다.

융은 그의 후기 저서에서 하나님은 초월적인 하나님일 뿐만 아니라 심리적 실체라는 개인적인 확신을 드러내곤 하였다. 그러나 자신이 심리학자로서 '하나님'에 대해 말할 때 형이상학적으로 진술하지 않고 경험적으로 진술한다고 조심스럽게 강조하고 있다. 그는 이렇게 말하고 있다.

내가 심리학자로서 하나님은 원형(archetype)이라고 말할 때 나는 정신 속에 있는 '형'(型, type)을 의미한다. 이 '형'이란 말은 알다시피 '인쇄', '타격', 또는 '인상'(imprint)에서 비롯된 말이다. 즉 이렇게 원형은 새기는 주체를 전제로 한다. 인간의 정신을 다루는 과학인 심리학은 그 주제를 제한해야 한다. 형이상학적인 주장이나 신앙적 고백으로 심리학의 한계선을 넘어가는 것을 경계해야 한다. 심리학이 가설로라도 하나님을 내세운다면, 그것은 은연중에 하나님의 존재를 증명할 수 있다고 주장하는 것이 될 것이고, 전적으로 불법적인 방법으로 월권을 하는 셈이다. 과학은 단지 과학일 따름이다. 즉 '과학적인' 신앙고백이란 있을 수 없다. 우리는 정신의 기원에 대해 아는 바가 없는 것처럼 원형의 궁극적인 기원에 대해서도 아는 바가 없다. 경험적인 과학으로서의 심리학은 비교조사를 근거로 둘 뿐이다. 이를 통해 정신 속에 각인된 인상이 '하나님의 형상'이라고 합리적으로 말할 만한 것인지 아닌지를 확인할 수 있을 뿐이다. 영웅의 원형이 영웅의 실제적 존재를 증명하지 못하는 것처럼, 하나님의 존재 가능

성에 대해서도 긍정적, 혹은 부정적으로 주장할 근거는 없다.[2]

영국의 정신의학자인 아들러(Gerhard Adler)는 이에 대해 다음과 같이 말하고 있다.

인간이 '하나님'이라 부르는 원형이 정신 속에 존재하며, 그것이 의식적인 마음에 부딪혀 올 때 사실적으로 감지된다. 이 때문에 우리는 경험적이고 심리학적인 진술을 할 수 있는 것이다. 엄밀히 말해서 우리는 종교란 마음의 근본적인 활동이며, 인간의 정신 속에는 신의 원형적인 상(像)이 깊이 그리고 영원히 새겨져 있다는 것을 말할 수 있을 뿐이다. 심리학은 하나님의 존재를 긍정할 수도, 부정할 수도 없다. 그러나 하나님의 원형적인 상인 '자기'(self)를 입증할 수는 있다. 여기 심리학과 종교는 다른 분야에서 서로 마주 보면서 떨어져 있기도 하고 만나기도 한다.
심리학이 정당하게 할 수 있는 것은 '우리' 안에 있는 '하나님'이 초월적 실체와 일치하는 존재일 가능성도 있다는 것을 주시하고 그것을 받아들이는 것이다.[3]

정신 안에 있는 하나님의 상은 생명력 있고 활기에 넘치는 실체이다. 자기는 정신적 힘을 분출하며 정신의 구심점이며, 정신 발달

---

2 C. G. Jung, "The Religious and Psychological Problem of Alchemy," introduction to Psychology and Alchemy, Vol. 12, *Collected Works*.
3 Gerhard Adler, *Studies in Analytical Psychology*, Routledge & Kegan Paul, Ltd., 1948, 162-163.

을 도모한다고 한다. 자기는 정신 안에 있는 나선형 모양의 원에 비유할 수 있다. 그것은 정신적 힘과 잠재력을 둘러싸고 있는 원주이다. 그것은 또한 원 안의 모든 것들과 관계를 맺는 원 중심이요 원의 방향을 설정해주는 나선형 원의 운동이기도 하다. 따라서 자기는 꿈에서 종종 원이나 동그라미 모양으로 상징화되어 나타난다. 또 어떤 때는 힘을 내포하는 상징, 즉 불, 바람, 폭풍, 거대한 짐승, 엔진의 모습으로 나타난다. 성서를 읽은 사람이라면 하나님을 상징하는 이와 유사한 이미지들을 잘 알고 있을 것이다. 즉 하나님은 불, 바람, 폭풍, 불타는 병거, 돌아가는 바퀴, 타오르는 횃불로 나타나고 있다. 심리학적으로 볼 때 이러한 상징들은 엄청난 정신적 에너지, 힘들의 본질적인 결합, 그리고 목적 있는 운동을 나타낸다.

우리의 정신 속에 이렇듯 힘이 넘치는 하나님의 형상이 있다는 것을 깨달을 때, 비로소 성서에 나오는 사람들과 초대교회 사람들이 꿈을 하나님의 계시라고 생각했던 이유를 알게 될 것이다. 사실 꿈은 정신의 내적 힘을 나타낸다. 즉 꿈은 우리를 이 힘의 중심점과 연결시켜 주며, 우리는 그 힘의 도움을 받아 무의식의 지시를 받게 된다. 요컨대 꿈은 우리 속에 있는 하나님의 마음을 나타내는 것이다. 이와 같은 이해를 통해서 우리는 종교 발달의 필연적 요소들을 이해하게 되며, 심리학과 전통적인 기독교 신학의 교리를 더욱 흥미롭게 비교할 수 있게 된다.

다신론(多神論)을 예로 들어보자. 인간이 남신, 여신, 귀신, 유령 등 여러 가지 신을 믿는 것은, 인간 내부에 여러 종류의 정신적 힘들이 존재하며 그것들이 인격화된 형태로 인간의 외면으로 투사되기 때문이다. 초대교회 교부들도 이러한 정신적 실체들이 존재하고 있다는 것을 부인하지는 않았다. 교부들은 이교도들이 신이라고 생각했던 것이 사실은 악마이며 보다 열등한 정신적 힘들은 예배의 대상이 될 수 없지만 실재한다고 밝혔다.[4] 여신 아프로디테(Aphrodite)를 예로 들어보자. 한 남자가 사랑에 빠졌다. 그것은 의식의 세계에서는 미처 깨닫지 못했지만 무의식의 세계에 잠재해 있었던 힘과 정열이 느닷없이 흘러나온 결과이다. 이제 그는 이전의 그와는 다르게 변화된 것이다.

고대인들은 이렇게 사랑에 빠지면 인간이 이 새로운 감정의 주인이 아니고 오히려 그 감정이 인간을 지배한다는 것을 알았으므로, 자신이 신적 존재에 의해 영향 받고 있는 것이 당연하다고 생각했다. 그래서 희랍인들은 그 존재를 '아프로디테'라고 명명했다. 현대 심리학의 입장에서 보면 다음과 같이 이야기할 수 있다. 즉 사랑에 빠진 남자가 이러한 감정에 젖어들고 그에게 새로운 힘이 넘치게 되는 것은, 바로 그 남자의 아니마(anima) 때문이라는 것이다. 그러나 장미는 향기롭긴 하지만 가시가 있지 않은가! 이제 귀신에 대해 생각해 보자. 고대인들은 그 무엇에 사로잡힌 격렬한 힘에 압도된 사람을 보았을 것이다. 또 바로 그 무엇이 인간 자신을 제어할 힘을 파괴시키고 있다는 것도 알았을 것이다. 자아의 힘보다 뛰어난 힘에 사로잡혀 있는 사람을 우리는 단번에 알아볼 수 있다. 이

---

4 예를 들면 Eusebius, *Church History*, Bk. X, 8장 10절; Lactantius, *Divine Institutes*, 7장, Dionysius of Alexandria, 단편 "From the Books on, Nature," 3장; Justin Martyr, *First Apology*, 5장; Tertullian, *Apology*, 23장.

사로 잡는 힘을 고대인들은 '신'(god)이라고 불렀으며, 특히 '악신'(demon god)이라고 하였다. 이에 대해 오늘날 우리는, 자아가 자생적 이상심리, 즉 겉으로 드러나지 않은 복합적인 감정에 사로잡혀 있는 것이라고 설명할 것이다. 다시 말해서 자생적 이상심리가 갑자기 폭발하여 자아를 삼켜버린 것이라고 할 것이다.

그렇다면 일신교(Monotheism)는 어떠한가? 일신교에서는 인간에게 영향을 미치는 내적인 힘들은 본질적으로 하나라고 본다. 만약 인간이 스스로를 서로 관련이 없는 수많은 힘들의 희생물이라고 생각한다면, 그는 다신교도이다. 그러나 인생 경험과 내적인 힘 또는 성적 충동 등이 서로 다른 것들로 보이지만, 근본적으로는 통합된 하나라는 것을 깨달은 사람이 있다면 그는 유일교도이다. 따라서 일신교는 다신교를 넘어선 진보된 종교라고 할 수 있다. 왜냐하면 인간의 전인성에 접근할 수 있는 통로를 열어주기 때문이다.

심리학에서 말하는 하나님의 상(像)과 기독교의 삼위일체 개념 간에는 흥미로운 유사점이 있다. 우리는 이미 하나님의 상을 원초적 근원, 중심, 또는 정신적 힘을 분출해내는 원동력으로 묘사했다. 그러나 이것들은 세 가지의 다른 힘이 아니라 하나의 힘이다. 현대의 기독교 신학은 성부 하나님, 성자 하나님, 성령 하나님, 즉 삼위(三位)가 한 하나님 안에 있다고 가르친다.

첫째는 창조주이신 하나님이고, 둘째는 예수 그리스도의 인격으로 나타나신 하나님이며, 셋째는 지금 인간이 사는 세상에서 역사하시는 하나님이시다.

성부 하나님은 심리학적으로는 정신적 에너지의 원천인 '하나님'이다. 정신 깊은 곳에서는 하나의 힘이 '수면 위를 운행하면서' 자아를 포함한 정신세계가 존재하도록 하고 있다.

신학적으로 성자 하나님은 신인(神人)인 그리스도 안에서 성육신(聖育身)하신 하나님이다. 심리학적으로 보면 성자 하나님은 인간으로 표현된 '하나님'이다. 따라서 심리학적으로 볼 때 성자는 인간 속의 중심과 같다. 바울이 "이제 내가 사는 것이 아니라 그리스도가 내 안에서 산다"라고 말한 것은, 더 이상 그의 자아가 삶의 중심이 아니고 그의 삶과 활기는 그 안에 살아 있는 새로운 중심과 연결되어 있다는 것을 의미한다. 그리스도와 같은 중심을 통하여 인간의 완전한 자기는 실현되고 하나님과 인간, 무의식적 힘과 인간의 자아는 하나가 될 수 있다.

성부 하나님은, 경험적으로 우리 내부에 있는 무의식적 힘들의 목적성으로 감지된다. 성령은 실제로 인간 안에서 활동하는 하나님의 대리자로서 하나님의 깊은 뜻을 실현시키고자 하며 인간으로 하여금 그리스도와 같은 삶을 살아가게 한다.

> 진리의 성령이 오시면… 그분은 나를 영광스럽게 하실 것이다. 왜냐하면 그분은 내게 있는 모든 것을 가지고 너희에게 알려주실 것이기 때문이다.[5]

꿈이 우리를 우리 자신의 중심으로 이끌어 줄 때 '진리의 성령'이 임한다. 성령이 체험을 통해서 역사한다.

---

5 요 16:13-14.

여기서 우리가 사용하는 표현은 새로운 것인지 몰라도 하나님을 인간 영혼 안에 있는 힘으로서 인식한다는 것은 기독교계에서 새로운 일은 아니다. 그것은 예로부터 기독교의 의미를 파악하는 데 사용되어 온 방법이지만 지금은 그것을 소홀히 하는 경향이 있다. 위대한 기독교적 신비주의자 에크하르트(Eckhart)는 다음과 같이 말하였다.

나는 종종 영혼 안에 힘이 있다고 말한다. 하나님 자신은 이 힘 안에 계셔서 끊임없이 빛을 발하며 온갖 광채를 띠고 타오르며 말할 수 없는 황홀경의 기쁨을 터뜨린다.

하나님은 그의 외아들을 보내셔서 정직하고 주의 깊은 영혼 속에 영원무궁토록 거하게 하신다. 성부 하나님이 인간 본성으로 그의 독생자에게 준 모든 것을 나에게도 주셨다. 주시지 않은 것은 하나도 없다. 완전함도 신성함도 주셨다. 하나님은 그의 아들에게 모든 것을 주신 것처럼 나에게도 모든 것을 주셨다.6

교부 히폴리투스(Hippolytus)도 비슷한 말을 하였다.

당신은 하나님이 되셨습니다. 인간으로 있을 동안 당신은 온갖 고통

---

6 Meister Eckhart, *Vom Wunder der Seele*. Reclam Verlag, Stuttgart, 1959, 설교와 저서 60, 68 그리고 72. 나는 시애틀에 있는 훌륭한 나의 친구 George Doozi에게 감사한다. 그는 내가 에크하르트(Meister Eckhart)에 관심을 갖도록 권유한 바 있다.

을 당하셨습니다. 하나님께서 그러한 고통을 당신에게 주신 것입니다. 당신은 죽을 운명에 놓여 있었던 것입니다. 그러나 하나님은 무엇이나 주시는 분이며 그것들도 하나님이 당신에게 주시겠다고 약속하신 것입니다. 당신은 숭배 받게 되었고 영원불멸하게 되었기 때문입니다. '네 자신을 알라'는 말 속에도 이런 뜻이 담겨 있습니다. 왜냐하면 그분은 그분의 형상대로 당신을 만드셨기 때문입니다. 자아에 대한 지식은 하나님의 지식과 일치합니다. 그것은 하나님 자신이 당신을 부르시기 때문입니다.[7]

아우구스티누스도 그것을 분명하게 말하고 있다.

우리는 자신 안에 삼위일체이신 하나님의 형상이 있다는 것을 진정으로 인정한다. 비록 그 형상이 하나님과 같지 않으며 또한 그 형상이 그분과 영원 공존할 수 없는 것이고 동질의 것이 아니라 하더라도 하나님이 창조하신 다른 어떤 작품보다는 본질에 있어 그분과 가장 가깝다. 그러므로 형상은 회복될 것이고 인간은 더욱 그분과 닮게 될 것이다.[8]

심리학은 우리 안에서 삶의 과정이 진행되고 있다고 파악하며 융은 이 삶의 과정을 개체화라고 부른다. 이러한 삶의 과정은 인간

---

7 Hippolytus, *Elucidations*, 30장. Hippolytus(A.D. 170-236), 포르투스 감독은 리용(Lyons)의 가장 위대한 가톨릭 신학자인 이레니우스(Irenaeus)의 제자이다.

8 St. Augustine, *City of God*, Bk. XI, 26장.

에게 있는 하나님 형상을 '하나님과 보다 가깝게 닮도록' 회복시키는 것이라고 말한다 해도 지나치지는 않을 것이다.

그렇다면 사탄이란 무엇인가? 성서에서 보면 사탄은, 세상에서 활동하면서 하나님의 뜻을 방해하며 파괴적인 영향을 끼치는 것들을 상징하는 인물로 나타난다. 인간의 본성에는 자아를 파괴하거나 전인성을 향해 가는 전체 과정을 망쳐 놓는 많은 악마적인 격정과 감정이 있다고 심리학에서는 말한다. 이는 신학적 개념과 관련성이 있다. 심리학적으로 '사탄'이란 인간 내부에 있는, 악마적인 것처럼 보이는 집단적 힘이 인격화된 것이다. 제2차 세계대전 중에 인간의 탐욕, 권력의 남용, 야만성이 인간의 마음을 사로잡아 세계를 공포로 몰아넣었을 때 사탄이 우리에게 존재한다는 것을 기억했다면, 우리는 '사탄이 그 짓을 했다'고 쉽사리 이야기했을 것이다. 어떤 감정이나 열정 또는 비열한 동기 등이 인간의 자아를 사로잡아 마침내 자기중심과의 연결이 끊겨 내부에 있는 긍정적인 힘들이 표출되지 못하는 경우가 있는데, 그것은 사탄의 소행 때문이다.

한때 기독교인들은 사탄이 인간의 정열을 이용하여 인간으로 하여금 살인, 간음, 정욕의 죄를 범하도록 유혹한다고 생각했다. 물론 인간에게는 인간의 발달을 위협하는 사탄적인 강렬한 충동을 제어할 수 있는 능력이 없다고도 생각했다. 그러나 이제는 상황이 바뀌었다. 무엇보다도 인간 내부에서 하나님의 하시는 일을 방해하는 것은 인간 자신의 무의식이다. 자신의 내부를 들여다보면 자신이 악마적인 충동과 타협하고 있다는 것을 알게 될 것이다. 오늘날 인간의 가장 나쁜 적은 영적인 나태함, 타협, 그리고 이기주의이다.

하나님의 목적에 반하는 행동을 하는 이유는, 인간이 자기 자신과 자신의 무의식을 살피지 못하기 때문이다. 인간이 자기의 영혼을 부인하게 하고 급기야는 악마적인 것에 굴복케 하는 상황을 외면하기 때문이다.

사탄과 삼위일체와의 관계에 관한 문제는 융이 대단한 관심을 가졌던 어두움과 신성한 것과의 관계, 즉 '3과 4'에 관한 유명한 질문이다.9 비록 우리가 아직 하나님이 모든 것을 책임지신다고 보는 철저한 일신론을 주장하더라도 대부분의 신학적 관점에서 보면 하나님과 사탄은 서로 아무 관계가 없다. 이 같은 신학적 입장을 철학적으로 규명한다는 것은 분명히 어려운 일이다. 그러나 신학의 이러한 입장이 심리학에서는 그다지 어렵지 않게 받아들여진다. 성서에서 하나님과 사탄이 절대적으로 분명하게 나뉘어 있지만은 않다는 것은 흥미로운 일이다. 한때 성서에 나오는 하나님의 형상은 선과 악을 동시에 포함하고 있었다. 예를 들면 사무엘서 상에서 보면 사울이 다윗에게 화를 냈을 때 "하나님에게서 온 악령이 사울에게 내리 덮쳤다"10라고 하였다. 이사야서에는 "빛을 만든 것도 나요, 어둠을 지은 것도 나다. 행복을 주는 것도 나요, 불행을 주장하는 것도 나다. 이 모든 일을 나 야훼가 하였다"11라고 기록되어 있다.

---

9 C. G. Jung, *Aion: Researches into the Phenomenology of the Self*, Vol. 9, Pt. 2, *Collected Works*.

10 삼상 18:10.

11 사 45:7. RSV 성서에서는 "악"(evil)이라는 단어 대신에 "재난"(woe)이라는 단어를 사용했다. RSV에서 그 외 대부분은 히브리 단어 "ra"를 "악"으로 번역했는데 잘못된 번역같다. 그러한 실수는 하나님이 악의 창조자가 될 수 없다는 번역자의 주관적 편견에서 나온 것이 틀림없다.

구약성서에는 이러한 예가 많이 나오며, 그중 몇몇 구절은 하나님에게 있는 선과 악은 서로 비슷한 점이 있다는 것을 보여 주고 있다.12

이 책에서는 하나님과 사탄이 점차 분화된 것을 상세하게 설명할 형편이 못 된다. 그러한 분화는 계시록에서 그 절정을 이루고 있다. 거기서 사탄은 하나님의 선한 면, 즉 그리스도와 분명하게 구별된다. 심리학적으로 성서에 나오는 하나님과 사탄과의 관계의 진전은 우선 점차적으로 선과 악, 옳은 것과 그른 것을 분화해가는 인간의 양심의 발달에 상응하며, 둘째로 어둡고 악마적 잠재력을 가진 인간의 내적 힘을 의식적인 삶으로 통합하려 할 때 겪게 되는 극도의 어려움과도 관계가 있다. 왜냐하면 이것은 사리에 맞는 도덕적 판단을 요구하기 때문이다.

우리들 대부분은 하나님을 선하시기만 하고 사탄은 악하기만 하다고 말하는 것에 만족하고 있다. 그러나 불행히도 사람들은 사탄을 하나님의 형상과 지나치게 분리시킨다. 그렇게 함으로써 어두운 힘들을 의식하지 못하고 그것들이 제멋대로 우리와 무관한 상태로 있게 내버려두기 때문에 우리는 희생 제물이 된다. 앞 장(章)에서도 보았듯이 우리 속의 어두운 부분을 통합하는 데 성공하려면, 먼저 어두운 힘들을 우리가 의식하고 있는 하나님 형상에 통합시켜야 한다. 깊은 무의식의 심층에서 유래하는 자기의 상징들은 어두운 부분까지 포함하여 인간의 전체를 표현한다.

하나님과 사탄이 겉으로 보기에는 결코 화합할 수 없는 정반대

---

12 참조. 욥 2:10; 암 3:6; 욜 2:13; 출 4:24 ff.,; 출 33:12 ff.

의 존재인 것 같지만, 사탄이 없다면 인간의 자아는 결코 충분한 의식을 갖지 못하며 하나님을 인식하고 표현할 만큼 분화되지 않았을 것이다. 에덴동산에 뱀이 없었다면, 인간은 도덕적 백치로 남았을 것이다. 세상에 악이 없다면 오늘날 인간들은 안락하고 행복한 영적 저능아가 되었을 것이다. 인생이라는 연극에서 마지막 막이 올라갔을 때 거기서 하나님과 사탄이 계속해서 비밀스러운 동맹을 맺고 있었다는 것을 발견하게 될지 누가 알겠는가? 그리고 하나님의 선은 인간이 생각하는 것보다 훨씬 더 위대한 것인지 누가 알겠는가?

이제 다시 우리 주제로 돌아가 보자. 꿈속에는 영적 세계를 구성하는 온갖 무리가 살고 있다. 악마들과 천사들, 사탄과 하나님의 영적인 힘들, 그리고 최초의 기독교인들이 이야기했던 모든 영적 세계들이 밤에 우리를 위해서 다시 나타나는 것이다. 그러나 궁극적으로 꿈은 전인적인 인간이 되도록 도와주며 인격의 정신적 구심점을 이룬다. 우리가 꿈을 이해하고 행동할 때13 꿈은 우리 내부에 있는 하나님의 형상과의 의식적인 관계를 맺도록 도와준다. 이런 점에서 꿈은 하나님의 음성이다.

그러나 꿈에 왜 그렇게 자주 어둡고 불길한 것이 나타나는가 하는 질문이 제기될 수 있다. 어떻게 그 모든 것을 하나님의 목소리라

---

13 '영향을 끼치는 것'(Acting upon)은 어느 정도 꿈이 우리 자신을 변화하도록 한다는 것을 의미한다. 즉 꿈은 우리 삶에서 표현되는 것이다. 인격의 완성 (wholeness)이란 정지된 상태이거나 정신 속에 닫혀버린 것이 아니라 실현시키기 위해 움직이고 있으면서 변화하고 있는 상태이다. 우리들의 꿈은 일종의 내면적인 완성으로 인도하는 것이다. 그러나 우리가 그런 내적인 완성을 실현시키려고 한다면 그것은 작업, 다른 사람과의 관계, 사랑, 약속이라는 외적인 생활 속에서 표현되어져야 한다.

고 할 수 있는가? 그것은 가끔 악마적인 것에 더 가까운 것 같지 않은가!

꿈이 어둡고 매우 불길한 생각, 충동들과 사건들을 표현할 수 있다는 데에는 의심할 여지가 없다. 우리는 그러한 불길한 꿈의 예를 톰의 꿈에서 보았다. 그 꿈의 주제들은 폭력, 살인이었으며 꿈이 표현한 무의식적 상황은 실제로 심각할 정도로 그의 건강을 해치고 있었다. 8장의 앞부분에서 소개한 두 가지 꿈도 마찬가지 경우이다. 거기서도 꿈꾸는 사람은 꿈속에서 몹시 위험한 적대자와 싸워야 했다. 꿈은 부정(不貞)한 정사(情事)에 연루되고 싶은 유혹, 살인적인 생각, 그리고 갖가지 악마적인 충동으로 오염된 상태 등을 우리에게 보여준다. 최악의 경우 꿈은 가끔 희망이 없어 비통해진 정신 상태를 비추어 주기도 한다. 특히 고통스러운 것은 절망적인 정신상태가 어린아이의 꿈에서 표현되어 어린아이가 그것을 떠올릴 때일 것이다.

그런데도, 정신 속에서 일어나는 불길한 일들을 표현한다고 해서 꿈을 탓해서는 안 된다. 꿈은 그러한 불길한 운명들을 초래하지 않고 그것들을 표현할 뿐이다. 인간이 정신적으로 위험스럽고 파괴적인 영향을 받을 수 있다는 것은 주지의 사실이다. 어린이는 사랑을 박탈당하거나 부모가 불화할 때, 또는 질병으로 자기 인생이 거의 희망이 없는 것처럼 보일 때 상처받게 된다. 그러나 그러한 악은 피할 수 없는 인생의 한 부분이다. 우리 꿈은 삶에 충실하므로 실제로 존재하는 악을 표현하는 것이다. 비록 꿈이 부정적으로 보일지라도 그 자체는 나쁜 것이 아니다. 그것은 오직 악을 표현하려고 할 뿐이며, 의식으로 하여금 악을 확인하여 치유를 시작할 수 있도록 해준다.

융은 하나님을 심리적 실체로 이해하였다. 한편 우리에게는 내적인 하나님의 형상 이면에 있는 심리상태를 기술할 능력이 있다. 따라서 우리는 융 심리학과 다른 심리학의 도움으로 꿈이 하나님의 언어라는 사실의 의미를 보다 상세히 알 수 있게 되었다. 또한 심리학자로서 융은 인간 영혼을 뛰어넘는 초월적인 하나님의 존재를 다루고 있지는 않다는 것을 알았다. 그렇다면 그러한 초월적인 하나님은 존재하는가? 만약 인간이 멸망하면 하나님도 죽는가? 꿈이 내적인 하나님 형상뿐만 아니라 초월적인 하나님의 실체도 나타낸다고 말할 수 있는가?

여기서는 이 점을 문제 삼는 것도 또 무시하는 것도 모두 도움이 되지 않는다. 우주에 궁극적 목적(신)이 있는지 없는지에 관한 질문은 모든 인간이 스스로 돌이켜 생각할 문제이다. 나는 이 책에서 지금까지 인간 정신에 관해 관찰 가능한 사실들을 근거로 한 경험적인 입장에서 이야기해 왔다. 그러나 과학이 대답할 수 없는 질문이 있다.

이제부터 나는 평범한 인간이자 목사로서 말하겠다. 나는 우리 마음속에 있는 정신적인 하나님의 형상 이면에 궁극적인 실체가 없다는 것을 생각할 수 없다. 정신 속에 있는 하나님을 통하여 창조주 자신의 뜻과 능력이 우리에게 전해진다. 우리의 삶이 우리를 움직이고 있는 하나의 목적을 표현할 때, 그것은 또한 전체적인 창조의 목적을 표현하는 것이다. 심리학적으로 파악된 방법으로 자기

(self)를 인식함으로써 우리는 역사에 나타난 초월적인 그리스도와 관계를 맺을 수 있다. 물론 나는 이것을 증명할 수는 없다. 왜냐하면 과학은 관찰 가능한 것 이상은 알 수 없기 때문이다. 그러나 자신이 꾼 꿈을 알고 그것의 영향을 느끼는 사람이면 스스로 자신보다 훨씬 더 큰 존재의 의미와 목적을 깨닫게 될 것이라고 확신한다. 그것은 내가 가지고 있는 신념이며 신앙이다.

만약 이 신앙이 사실과 일치한다면, 내재하는 하나님의 음성인 우리의 꿈은 우주 너머에 계신 초월적 하나님과 또한 연결되어 있는 것이다. 그러나 그 반대라면 창조적인 힘들과 화해의 핵심, 목적성 등을 갖추고 있는 인간 존재와 놀랍도록 조직화된 인간 정신은 의미 없는 우주 속의 환상적인 우연에 지나지 않는 것이다. 그렇다고 모든 것이 개인을 떠나서는 아무 의미가 없다는 것은 결코 아니다. 또한 그것은 우리 삶 속에서만 심리학적인 사실로서 하나님과 의미가 있는 것이지 모든 삶을 떠나서는 하나님도 의미도 없다는 것을 뜻하지 않는다. 꿈은 근본적인 그리고 심리학적으로 입증할 수 있는 실체를 표현하는 것으로, 여러 가지 면에서 우리가 가지고 있는 과학적 지식을 초월하여, 궁극적인 실체와 연결되어 있다.

나는 우리 영혼 안에 있는 하나님의 형상과 우주의 궁극적 질서인 초월적인 하나님이 근본적으로 동일하다고 생각하기 때문에, 사람들이 인식할 수 있는 하나님의 목적에 협력하라는 요청을 무의식의 작용 속에서 보게 된다고 믿는다. 이것은 분명히 자신과 협력하여 인격의 완성을 추구하며, 인간의 삶의 근거를 자아가 아닌 그보다 더 위대한 정신적 실체에 두라는 요청이다. 우리는 하나님이 우리 안에서 실현되도록 하나님을 추구할 뿐만 아니라, 동시에 우리 이웃들이 그들의 삶 속에서 하나님을 인식하도록 도와주라는 소명을 받았다.

이웃을 위한 자기 책임을 다하지 않고, 하나님이 그들에게서 실현하시고자 하는 것에 대한 책임을 다하지 않으면 자기완성에 이를 수 없다. 예수님의 제자들은 하나님 안에서 구원을 얻으려고 했고, 또 거기서 구원을 얻었을 뿐만 아니라 하나님의 역사의 의미를 다른 사람에게 전하는 것을 소명으로 알았다. 결국 우리는 정신적 구심점에서 화해와 창조성을 찾을 수 있다. 그것은 사랑이 있을 때 표현되는 것이며, 그러한 사랑의 한 동아리에서 다른 것을 제외시켜서는 완성될 수 없는 것이다. 그러므로 자아가 우리 마음속에 있는 양극의 요소를 무조건적으로 통합하려 한다면, 그것은 또한 우리를 이웃과 연합하게 하려고도 할 것이다.

인간은 의식적인 면과 동시에 무의식적인 면을 가지고 있다. 무의식적인 정신의 실체는 의식적인 삶만큼 실제적이며 근본적인 것이다. 그것은 셀 수 없이 많은 방식으로 자기의 실체를 나타낸다. 그중 하나가 꿈이다. 의식적인 삶의 중심은 자아(ego)고 우리 전체 정신세계의 중심점은 자기(self)다. 자기는 우리의 의식을 통해 인간의 본질 전체를 나타낸다. 인간의 본질 전체를 체험한다는 것은 단지 심리학적으로 체험한다는 뜻만은 아니다. 자아가 인식할 수 있으나 소유할 수 없는 의미나 목적과 관계를 맺으려 한다는 점에서 그것은 종교적 체험이기도 하다. 꿈은 인간의 영적인 완성을 돕는다. 그리고 인간이 총체적으로 살아가도록 자아(ego)를 영적인 구심점과 연결시킨다. 꿈은 내재하시는 하나님을 보여주며 인간에게 하나님의 음성을 똑똑히 들려준다.

심리학적인 면에서 볼 때 하나님을 체험한다는 것은 깊고 높고 통합된 우리 자신의 정신을 체험하는 것이다. 하나님을 찾는다는 것은 인간의 심오함과 고귀함을 찾는 것이며, 완전히 그리스도를 닮은 인간이 되려고 하는 것이다. 그러한 인간은 우리 안에서 자신이 의식적으로 실현되고 인간관계를 통해 표현되기를 기다리고 있다. 하나님을 찾는다는 일은 곧 자기를 실현하는 것이다. 그러나 자기실현을 '제한된 자아'의 목적을 실현하는 것이라고 혼동해서는 안 된다. 자아는 자기 자신의 목적뿐만 아니라 우리에게 있는 더 넓은 인격의 보다 깊은 목적도 개발해야 한다. 인간은 주인이 아니라 다만 내재하는 하나님의 종일뿐이다. 비록 자기를 실현하는 데 있어 자아가 활기 있게 역할을 수행한다고 할지라도 이러한 겸손한 마음이 없다면, 파국의 길로 접어들 위험이 있다. 자아가 의식적으로나 무의식적으로 그 자체를 영혼의 중심과 동일시하고 하나님과 같은 역할을 맡으려 할 때 이러한 위험에 처하게 된다. 이렇게 하나님과 동일시하려는 예가 다양한 형태의 무분별한 행위들 속에서 그리고 역사 속에 분명하게 나타난다. 예를 들면 히틀러(Adolph Hitler) 같은 경우가 그렇다. 이러한 동일시는 자아와 정신의 구심점이 밀착되어 있기 때문에 이루어진다. 또한 이러한 밀착된 관계는 종교적 체험의 핵심을 이룬다.

세계가 하나님이라는 내적인 실체를 고의적으로 무시하는 것도 이해할 만하다. 왜냐하면 하나님과 관계를 맺는 것은 놀라운 체험일 수 있기 때문이다. 하나님을 우리 삶과 힘의 내적인 원천으로 그리고 꿈, 관계, 일상생활의 사건을 통하여 말씀하시는 분으로 이해할 때 우리는 그분에게서 위로를 받게 된다. 하나님을 신학자들에게 맡겨 버리고 진정제로 근심을 달래며 남을 비방함으로써 답답함을 해소하는 것이 훨씬 위로가 될지도 모른다. 그러나 자기(self)는 의식에 대해 엄청나고 놀라운 요구를 한다. 만약 이러한 요구들을 무시하면, 영혼은 격분한다. 그때 사탄이 나타나고, 사탄은 우리가 무의식 상태에 그대로 머물러서 하나님이 떠나가기를 기다리라고 유혹한다.

그러나 우리가 무서워하는 무의식 세계의 모든 것 이면에는 위대한 사랑이 존재하고 있다. 사랑은 우리 자신의 영혼에서 분출한다. 그러나 하나님의 이러한 사랑은 매우 강렬하고, 요구하는 것이 많으므로 우리는 그 사랑과 관계 맺기를 주저한다.

나는 하나님의 심리학적 의미를 어느 정도 명확하게 말해보려고 했다. 그러나 우리 속에 새겨진 하나님의 모습을 제대로 인식하는 것은 그렇게 간단한 일이 아니다. 융은 평생을 바쳐 인간에게서 전인적인 인간이 실현되는 과정을 연구하고 서술하였다. 그는 그 과정을 개인화(individuation)라고 했다. 그의 설명이 완벽하고 체계 있는 것이라 할지라도, 우리가 찾아내야 할 것들은 훨씬 더 많이 남아 있다. 정신의 전체성을 실현시키는 것은 일생을 통해 이루어지는 일이다. 우리가 한순간 스스로를 지극히 훌륭한 전체로 인식한다 할지라도, 동시에 우리 존재에 대해 종교적 성찰을 가지게 되기란 매우 드문 일이다. 더욱이 정신적 전체성을 실현시키는 것은 혼

자서 되는 일이 아니다. 완전한 인간의 삶은 우리 이웃들의 삶, 그리고 우리 시대의 갈등과 관계를 맺는 데서만 실현된다. 완전한 인간이 되기 위한 이러한 과정에서 우리는 자기중심적 태도를 끊임없이 고통스럽게 포기하느라 무진 애를 써야 할 것이다. 이러한 과정에서 자아는 명령하지 않고 시중을 들게 된다. 즉, 의식적 마음은 자기(self)의 보다 높은 권위를 수용하고 심사숙고해야 한다. 꿈은 더 높은 권위를 가진 자, 즉 인간에 내재하는 하나님의 음성이다. 만약 이 하나님이 우주의 궁극적 질서, 의미와 같다면, 인간의 꿈은 초월적인 하나님의 뜻을 표현하고 있는 셈이다.

꿈, 잊혀진 하나님의 언어

2018년 5월 16일  초판 1쇄 인쇄
2018년 5월 23일  초판 1쇄 발행

지은이 ┃ 존 A. 샌포드
옮긴이 ┃ 정태기
펴낸이 ┃ 김영호
펴낸곳 ┃ 도서출판 동연
등  록 ┃ 제1-1383호(1992. 6. 12)
주  소 ┃ 서울시 마포구 월드컵로 163-3, 2층
전  화 ┃ (02)335-2630
전  송 ┃ (02)335-2640
이메일 ┃ yh4321@gmail.com

Copyright ⓒ 도서출판 동연, 2018

이 책은 저작권법에 따라 보호받는 저작물이므로
무단 전재와 복제를 금합니다.
잘못된 책은 바꾸어드립니다.
책값은 뒤표지에 있습니다.

ISBN 978-89-6447-404-4  03180